I Significati dei Tarocchi

Francesco GUARINO

D1662364

Scuola TdM ti rivela un preciso sentiero che conduce ad una completa e sicura comprensione della vera natura spirituale dell'individuo e della sua relazione con se stesso, con la famiglia, con i gruppi, con l'umanità, con l'universo materiale e con quello spirituale. Per fare questo ribaltiamo la visione abituale della realtà che ti circonda scardinando gli stereotipi che non ti permettono di vedere le cose come stanno. Poniamo l'esoterismo alla portata di tutti attraverso un modo innovativo di studiare i Tarocchi. Divulghiamo in modo semplice e comprensibile le complesse nozioni presenti negli Arcani e nel mondo esoterico in generale. Promuoviamo una mentalità giovane ed analitica nel percepire i Tarocchi, inglobando un insegnamento sull'uomo, sulla sua natura, sull'amore e sulla libertà dell'individuo in un mondo pieno di sfide e di difficoltà.

www.scuolatdm.com
scuolatdm@scuolatdm.com

Sommario

NOTA DELL'AUTORE

Ogni parola è composta da due realtà drammaticamente unite ed inseparabili. Alla stregua di un foglio di carta che non è solo un foglio, ma sono due facce che restituiscono un'unità, così il significante, cioè la parola scritta o pronunciata, è l'elemento percepibile con i sensi. Il significato, di contro, è l'immagine presente nella mente, il senso, il concetto. Una parola diviene dunque un insieme di significante e di significato, di suono e di immagine, di lettere e di senso. Ecco perché esiste un intero mondo dietro il singolo lemma, anche se non ce ne accorgiamo e ne siamo vittime incosapevoli. Sì, le parole si prendono quotidianamente gioco di noi, ma oggi possiamo ribaltare la situazione. Possiamo imparare le regole del gioco e darci una possibilità unica: vincere la partita. Quale partita? In primis, quella che giochiamo contro noi stessi. Presenterò - in questo libro - i concetti degli Arcani alla stregua di formulazioni concise, chiavi che apriranno le porte del Tarot. Leggili, leggili e leggili ancora. Non tutto sarà percepito nell'immediato. La vera comprensione potrà arrivare come intuizione e ribaltare addirittura il senso. Per non parlare del fatto che molti concetti utili vengono spesso dimenticati. Io stesso non li ricordo tutti e, ad essere sincero, non li capisco nemmeno completamente. So solo che funzionano. Comunque puoi giocare a questo gioco. Ogni mattina prendi il tuo mazzo di Tarocchi e scegli intuitivamente un Arcano. Poi tuffati nelle pagine di questo libro. Forse questa sarà la chiave per ricordare i molti concetti e, perché no, risolvere alcuni problemi della tua vita.

CriptoTarot

Quando si usano i Tarocchi per prevedere il futuro ci si lancia, senza troppa cognizione di causa, in uno strano tentativo di controllare la realtà. Se ci pensi bene questo è un paradosso a tutti gli effetti. La realtà non può essere realmente controllata, dopotutto - in quanto reale - lei rappresenta ciò che è. Solo il porsi dei chiari obiettivi per il futuro risulterà essere una chiave di volta nel processo di costruzione del tuo strato di mondo. Sai perché? Perché il futuro è ciò che ancora non è. Ora, esistono infiniti modi, tecniche e strategie per provare a lavorare in tal senso. Tu stesso ne avrai già provate a bizzeffe. Un ausilio concreto è fornito dalle tecniche di meditazione e focalizzazione per mezzo dei Tarocchi.

Ho cominciato ad interessarmi a questo discorso molti anni fa quando studiavo gli uomini di successo, anche lontani dal mondo spirituale (c'è realmente qualcosa di lontano dal mondo spirituale?). Queste persone hanno fatto letteralmente tutto come volevano. Non riuscivo a capire come lo facessero e - sotto sotto - nemmeno loro stessi capivano fino in fondo perché la vita continuava a metterli davanti a semafori verdi. Forse era una specie di dono della natura oppure un superpotere. Poi mi sono prefissato un compito impossibile: sviluppare io stesso questo dono e farlo sviluppare alla gente comune. In questo contesto, quando parlo di "gente comune", intendo tutte quelle persone che non sono lanciate in particolari convenzioni esoteriche, ma con onestà intellettuale, voglia di mettersi in discussione e trasparenza spirituale, cercano realmente di approfondire il discorso. Il compito ha richiesto molto tempo e, ad essere completamente sincero, mi è costato molto tormento interiore. Tuttavia si è dimostrato fattibile.

Cosa ho scoperto? I superpoteri non sono prerogativa dei supereroi. Tutti li abbiamo, devono solo essere sbloccati. Lo sblocco, in questo caso, comporta una totale centratura con la nostra essenza. Quando viviamo centrati intuiamo (anche se non lo sappiamo spiegare) che il mondo poggia su due lati che compongono la stessa medaglia: uno fisico ed uno meno fisico. Ho già parlato abbondantemente di questo in altri libri. Ora il punto è un altro: possiamo penetrare il mondo meno fisico sviluppando il dono dell'intuito.

Seppur relativamente difficile discorrere in modo comprensibile del tema, consiglio di percepire l'intuito alla stregua di un corpo fisico. Molti lo pensano come un'energia oppure un flusso astratto, ma questo rende complesso capire di cosa stiamo parlando. Forse sarà più semplice, per il nostro scopo, figurarsi e sentire, a tutti gli effetti, questa energia. Pensa all'intuito come ad un plesso energetico che si trova al centro del tuo petto, nella zona perineale oppure nella tua testa. Insomma, immaginalo come un intreccio, un organo oppure un muscolo, ma perlopiù rudimentale o atrofizzato perché nessuno ci insegna ad utilizzarlo. Quando l'intuizione è in uno stato vigile allora si apre, permettendoci di vedere cose che - solitamente - non possiamo o non riusciamo a vedere. Il lavoro quotidiano con i Tarocchi tonifica questo muscolo. Più usi i Tarocchi e più divieni intuitivo.

A questo proposito sottolineo un aspetto importante: l'errore che si fa è cercare di sviluppare l'intuito per mezzo di letture estremamente elaborate. Non basta lanciarsi in consulti di Tarocchi - giorno dopo giorno - per sviluppare l'intuito. Questo perché si corre il grande rischio di trasformare l'intuito in immaginazione. D'altronde, pensaci bene, se il dono intuitivo non è ancora sviluppato nella tua essenza, non puoi approcciare alla lettura tarologica partendo proprio da questo. Capisci che è un controsenso? Rischi di compensare la tua deficienza intuitiva con una forma creativa di immaginazione che va bene all'interno di uno spaccato artistico, ma non tarologico. L'intuito deve essere allenato!

Uno dei modi più semplici per lavorare in tal senso, avendo i Tarocchi come guida, è quello di estrarre quotidianamente due carte e concentrarti su queste senza aver necessariamente posto una domanda. Lascia fluire i tuoi pensieri. Dopo qualche secondo dall'inizio di questa meditazione attiva, sentirai che il plesso energetico che avrai associato al tuo intuito si muoverà, dandoti delle sensazioni particolari. La meditazione deve essere eseguita in uno stato di totale presenza, prendendo il controllo della tua attenzione e svegliandoti dal sonno nel quale permani quotidianamente ad occhi aperti. Tutto questo deve essere fatto in modo semplice e veloce. Meditare due carte è un atto che richiede qualche secondo o - al massimo - qualche minuto. Funzionerà benissimo. Nel tempo avrai delle intuizioni così importanti e precise da darti la strana impressione che ciò che sta accadendo nel tuo mondo non sia reale. Magari dirai cose del tipo: "No, non ci credo, non può essere!". Io stesso sono costantemente sorpreso da quanto un semplice esercizio con due carte possa fornire visioni ed intuizioni del mondo reale. Sono più di vent'anni che lavoro in tal senso e proprio non riesco ad abituarmi al fatto che questo sia possibile e funzioni. È magico, ma anche molto strano. Però devo ammettere che nulla è più stimolante della pratica reale. E basta un po' di allenamento e di sistematica aderenza all'esercizio per capire la praticità e la potenza di ciò che ti sto spiegando.

Smettila di aspettarti qualcosa dalla realtà e smettila di sperare che qualcosa arrivi. Impara a chiedere la tua realtà. Chiedi sempre. Questa deve diventare un'abitudine. Non sempre funzionerà nell'immediato, ma come tutte le cose più complesse è questione di tempo e coerenza. L'intuito si stratifica e si ispessisce con la pratica. Più è sviluppato e più funziona. Perché e come funziona sono domande non banali e troverai le mie risposte multidimensionali su tutti i libri della serie TAROT. Il quesito che invece serpeggia tra i paragrafi di questo capitolo riguarda l'essenza del Tarocco: perché questo strumento dovrebbe aiutarci a sviluppare il nostro intuito?

Come prima cosa perché è un agglomerato simbolico e la prerogativa del simbolo è quella di sviluppare la dote intuitiva. Come secondo punto, ripeto che il Tarot ci permette di gestire la nostra realtà. Ancora più precisamente, una certa parte della nostra realtà e solo in una certa misura. Lo metto nero su bianco perché è stupido e piuttosto elementare pensare che sia davvero tutto sotto il nostro stretto dominio. Allora, rimanendo più fedele possibile all'enunciato, posso dire che questa è una pseudo gestione della realtà o controllo indiretto. Insomma, chiamalo come meglio credi, ma il concetto non cambia.

È vero che abbiamo appena sostenuto che la realtà non è gestibile nel momento presente, ma il paradosso in questo caso è rimosso dall'evidenza che non si cambia a tutti gli effetti la realtà compiuta, ma si passa su quella che potremmo chiamare "un'altra linea della vita" dove la realtà è già compiuta in modo diverso. Un vero e proprio passaggio quantico accompagnato da forti sensazioni. So benissimo che nel leggere queste righe il tutto diviene facilmente fraintendibile. D'altronde vent'anni di insegnamento dei Tarocchi mi hanno portato a capire la facilità con la quale un ragionamento logico e lineare possa essere travisato, figuriamoci concetti di questa natura. Non dimentichiamoci che tutto questo è troppo insolito per la nostra mente. Lei cercherà in tutti i modi di difendersi da questi nuovi input. Forse è possibile capire fino in fondo il concetto solo se appreso in modo indiretto, magari mentre dormiamo. Durante i sogni la nostra mente si addormenta. È tenera perché sembra cadere, innocente, in uno stato letargico. La freddezza con la quale domina sovrana da sveglia fa spazio al suo lato fanciullesco. Così, mentre siamo sprofondati nel sonno più totale, a nessuno viene in mente di dare un'occhiata al mondo onirico circostante.

Nei sogni ci accade qualsiasi cosa eppure, proprio perché la ragione è spenta, percepiamo il tutto come fosse ordinario. Nessuno mette in discussione che ciò che sta accadendo è così magnifico da sembrare una favola. Sapevi che i bambini sotto i quattro anni non distinguono nemmeno il sonno dalla veglia? È interessante notare che ci sono voluti ben quattro anni per convincere la mente che il sogno non è reale. Tuttavia, il fatto di entrare in questo flusso farà la differenza. Ti sembrerà di correre con la vita e non più di contrapporti ad essa. Personalmente uso sempre l'esercizio delle due carte perché mi ha semplificato enormemente l'esistenza e ne ha migliorato la qualità. Anzi, senza timore di essere smentito posso sostenere che si vive letteralmente come in un sogno "consapevolmente controllato".

Ecco un esempio della mia pratica ordinaria. Dovevo fare dei lavori nella mia casa di Roma. Il costo avrebbe dovuto essere ripartito tra più persone. Per un motivo o per un altro, in sole due settimane, mi è arrivato l'annuncio che mi sarei dovuto fare carico di più di 30.000€ di spese da solo. È stata come una doccia fredda, non tanto per la cifra in sé (che è comunque importante), quanto perché avevo ulteriori uscite in quel periodo e l'emorragia economica iniziava a pesarmi in modo concreto. Continuavo a meditare sulle coppie di carte che estraevo ogni giorno e queste mi sollecitavano alla calma interiore e al non lasciarmi prendere dal panico o dallo sconforto. Ero in una situazione particolare perché, parliamoci chiaramente, i soldi sono oggettivi. Quando hai una scadenza e non hai i soldi, le cose possono scivolare via in modo particolarmente rapido.

Devi sapere che, quando mi alzo la mattina, non accendo mai il mio telefono. Per circa un paio d'ore preferisco connettermi semplicemente con me stesso. Tuttavia, quella mattina, forse lo stress oppure i pensieri, mi avevano portato a saltare giù dal letto e ad accendere immediatamente il mio smartphone. Dopo qualche secondo, il bip di un'email entrante richiamò la mia attenzione. Era un mio broker che mi ricordava di alcuni soldi investiti circa 10 anni prima e sui quali sarebbe stato meglio creare un nuovo portafoglio adeguato alla situazione geopolitica del momento. Ti dirò la verità: mi ero completamente dimenticato di quei soldi dato che, quando avevo acquisito i miei primi asset, il piano di investimento era conforme al mio profilo di investitore (rendimenti attesi ed indice di volatilità più alti) con un orizzonte temporale di 10/15 anni. Inoltre era uno dei miei primi investimenti e lo feci più per prova che per reale guadagno. Ok, non ti annoierò con discorsi finanziari, ma la cifra che entrò nelle mie tasche fu di quasi 19.000€. Ora, ecco il punto: chi ha fatto tutto questo? Io, il mio broker, l'Universo? La risposta è ancora più semplice e ti sorprenderà: né io, né il mio broker, né l'Universo. Quando l'impossibile diventa possibile nel mondo ordinario, allora il processo di comprensione dell'evento non è più utile. Le domande cessano. Le risposte si vivono. La realtà è quella che è. Questo è ciò che è stato fatto.

I Significati dei Tarocchi

Questo libro è quel che è. Parleremo un po' di Tarocchi, certo, ma prima di condividere ciò di cui parleremo, chiariremo ciò di cui non parleremo. Non parleremo di cosa sono gli Arcani e del perché dovrebbero "funzionare". Di contro, cercheremo di capire chi siamo noi grazie al Tarot e come può, questo strumento, esserci utile nel nostro secolo. La mia decisione di evitare lungaggini, anche se poi lungaggini non sono, nasce dal fatto che negli ultimi anni il Tarocco ha conosciuto uno slancio di notorietà incredibile, essendo entrato in risonanza con moltissime persone. Questo ci ha portati a profondissime prese di coscienza, ma in modo molto veloce, forse troppo. Ormai tutti parliamo dei Tarocchi e, partire nuovamente da zero, renderebbe noioso e particolarmente ripetitivo il tema trattato.

Inoltre, come dico sempre, stabilire per partito preso che il Tarot è uno strumento immenso, che ci aiuta a sbloccare dei ristagni psicologici o che è in grado di rendere fluido il nostro inconscio, può significare tutto e può significare niente. Certo, è sempre bello, arricchente e profondo discorrere su questi temi. Io stesso ho scritto fiumi e fiumi di inchiostro al riguardo. Ad ogni modo, se dovessi riassumere in poche righe le risposte, ecco lo schema che verrebbe fuori:

Cosa sono i Tarocchi? Un gioco per sviluppare l'intelligenza.

Ma perché, siamo idioti? Qualcuno sì, qualcuno no, ma l'intelligenza di cui parlo io, in questa sede, è un'intelligenza intuitiva.

Bello, come fare? Te lo spiegherò in questo libro.

E a cosa serve sviluppare questa forma di intelligenza? Serve per leggere i Tarocchi permettendoti di collegarti ai messaggi mandati dagli Arcani in modo più profondo, personale e trasversale, oltre che per avere una visione più chiara della realtà che ti circonda. La bellezza della dote intuitiva è che la potrai applicare sempre, indipendentemente dal mondo tarologico. Vivrai la tua vita cogliendo elementi e particolari che non tutti notano. Questo ti permetterà di godere di una centratura nel presente e di fluire con la tua vita nel futuro.

Per sbloccare questa consapevolezza dobbiamo procedere in modo molto particolare. La particolarità dello studio che propongo è la seguente: iniziare a far lavorare l'intuito fin dall'inizio. Ecco cosa intendo: in tutti i libri, corsi, forum e blog, si propone un approccio teorico importante nella (falsa) consapevolezza che, ad una buona base nozionistica seguirà sicuramente un altrettanto buono sviluppo pratico. Così, lettura dopo lettura, l'interprete dovrebbe affinare la sua visione trasversale, ovvero il suo intuito. Fattelo dire in quattro semplici parole: questo approccio non funzionerà.

Fino ad oggi i Tarocchi sono stati studiati in modo tale da fornire, carta per carta, i significati dei singoli Arcani. Vengono così sciorinati i vari concetti e poi si forniscono, al neofita di turno, una serie di metodi di lettura che lui potrà adattare in base alla domanda. Si conclude con il famoso "scarico di responsabilità", ovvero si delega alla capacità intuitiva del neofita la bravura nel cogliere il messaggio mandato dalle carte. Questo modo di procedere è stupido e superficiale, oltre a celare tutta la sua inutilità. Se dovessi incappare in corsi o in libri in cui tutto il programma (mi raccomando, ho detto "tutto il programma") suona come qualcosa del tipo "Il Bagatto significa questo…", "La Papessa significa questo…" allora scappa. Sai perché? Perché mentre siamo impegnati a memorizzare le parole chiave, stiamo sollecitando l'emisfero sinistro del nostro cervello. Quando, invece, dobbiamo leggere le carte, allora andiamo a sollecitare l'emisfero destro, che è quello vicino all'arte ed alla creatività. Ma come possiamo lanciarci in modo ottimale in questo percorso se abbiamo trascurato questa parte cerebrale? Semplice, non possiamo!

Si rende così necessario affrontare la materia in modo diverso. Dobbiamo introiettare gli Arcani con la totalità delle nostre aree cerebrali. E come si possono sviluppare entrambi gli emisferi? Esistono infiniti modi, dall'arte agli esercizi psicologici mirati. Però noi stiamo lavorando con i Tarocchi ed è proprio con i Tarocchi che faremo. Come? Studieremo le loro relazioni simboliche e concettuali. Quindi, non solo carta per carta, ma anche per confronti.

Negli anni ho voluto fortemente sviluppare un metodo di studio e lettura che permettesse, fin dal primo passo, di lavorare con il proprio intuito. Lo ripeto e lo ripeterò sempre: l'intuito deve essere allenato da subito ed i Tarocchi saranno un valido alleato. Quindi, nelle prossime pagine troverai i significati delle carte, ma anche le tecniche per sviluppare da te tutte le parole chiave che vuoi. Per ogni carta avrai la spiegazione generale, i suoi lati ombra, le parole chiave che io impiego più spesso, un'area per inserire i tuoi concetti ed alcuni significati che nascono da particolari più o meno nascosti nell'Arcano. Questo ti permetterà di avere una conoscenza trasversale di ogni singola carta.

Ultime considerazioni necessarie da comprendere: chi ci assicura che le parole chiave condivise sono davvero quelle "corrette"? Insomma, indipendentemente dal fatto che questi significati siano presi dal libro che hai tra le mani, da ciò che ti ha detto tua nonna o dal super convegno del tarologo migliore del mondo, chi ha attribuito quei significati alle carte? E se esistesse davvero un canone univoco, perché aleggia sempre questa eterogeneità di concetti per ogni singolo Arcano? Le motivazioni sono molteplici. Ti riporto le prime tre, che sono anche quelle più importanti:

- **Ogni mazzo ha i suoi significati.** Non ti basta studiare i significati dei Tarocchi, ma dovresti capire se stai studiando i significati dei Tarocchi nel mazzo di Marsiglia, Rider-Waite, Sola Busca e così via.

- **L'intuito del lettore può sbloccare parole chiave durante un consulto.** Queste parole chiave non fanno propriamente parte dei significati di un dato Arcano, ma sono comunque corrette.

- **Il lettore ha notato**, in anni di pratica, **che una particolare carta tende ad avere quel determinato significato** indipendentemente dal fatto che sia annoverato nella lista dei più usati o più usuali.

Proprio con la domanda riguardo i significati "giusti" delle carte ho dovuto fare i conti fin da subito. Fondamentalmente le parole chiave che condividerò con te non provengono solo dalla Tradizione. Quando mi riferisco alla Tradizione intendo, forse impropriamente, tutto quel registro di significati che viene tramandato da secoli. Queste parole chiave sono quelle che, molto spesso, devono essere studiate a memoria perché non c'è realmente un senso o meglio, il senso è intuibile, ma rimane in superficie. Per esempio, stabilire che Il Diavolo rappresenta la bugia è giusto e facilmente capibile, ma non esaurisce di certo lo spettro interpretativo dell'Arcano. Queste parole chiave sono così, punto e basta. Nonostante possa apparire controintuitivo rispetto al timbro di studio che sto imprimendo al testo, debbo anche evidenziare che, reiterandosi nei secoli, suddetti significati non possono essere trascurati dato che formano una sorta di "inconscio collettivo tarologico". Se nell'immaginario popolare, una data carta è sempre stata vista in un certo modo, quel modo caratterizzerà anche l'inconscio del consultante quando l'Arcano specifico comparirà nella sua lettura. Bisogna sempre tener conto di questo fattore.

Altri tre tipi di significati che potremmo considerare "giusti" sono:

- **Quelli che notiamo essere tali** in anni ed anni di pratica (es. L'Eremita può rimandare ad un ciclo che non sta dando più benefici, anche se non riusciamo a chiuderlo. Come vedi, questo aspetto non è presente come concetto cardine dell'Arcano, ma nei miei consulti compare in modo irrefutabile);

- **Quelli giustificati dalla simbologia** (es. La Luna può rappresentare una seconda casa perché nella carta compaiono proprio due strutture);

- **Quelli che risuonano durante una lettura** indipendentemente dal fatto che esista un corpo nozionistico in grado di giustificare l'impiego di queste parole chiave (es. La Papessa potrebbe assumere il senso di "escape room" se il consultante condividesse l'idea proprio perché, magari, ha partecipato al gioco in una stanza adibita a scuola o a sala studio).

Qualora fossi interessato a come si elaborano le parole chiave nel *Metodo TdM*, puoi leggere il mio libro: Tarot - La Grammatica.

Un altro concetto per capire pienamente il nostro viaggio alla scoperta dei significati degli Arcani riguarda la necessità di rendere, ogni simbolo, uno spunto per sviluppare una determinata logica, indipendentemente dal fatto che, a livello storico, esista una giustificazione in tal senso. In questo caso l'esempio può comodamente essere rappresentato dal cerchietto con inscritto un cerchietto che La Giustizia presenta sul suo copricapo. Come saprai, soprattutto se hai letto il mio libro "Tarot - Indietro Nel Futuro", possiamo inquadrare l'elemento in questione con il concetto di "Terzo Occhio" o "Ajna Chakra". Così La Giustizia diviene colei che dovrebbe lavorare per smorzare la tirannia della ragione ed abbracciare il lato più emotivo della vita. Quello dell'Ajna Chakra è un concetto orientale presente in religioni come l'induismo. All'epoca in cui fu sviluppato il Tarocco di Marsiglia (nella versione che stiamo analizzando ed in altre produzioni prossime a livello temporale), l'Europa era interessata solo alla colonizzazione, al commercio di spezie ed al guadagno. Immagino che anche il popolo indiano non fosse particolarmente interessato ad insegnare agli europei concetti come l'Ajna Chakra. Per capire il sentimento che intercorreva all'epoca tra quei popoli puoi prendere a modello opere come la Tigre di Tippu. Ad ogni modo, se dovessimo fare un discorso più elaborato, mi sento di dire che determinate conoscenze esistevano già, ma si palesavano in modo difforme nel mondo.

Per approfondire questo argomento interessantissimo, che sarebbe nemico del libro che hai tra le mani, ti rimando nuovamente al mio testo: Tarot - Indietro Nel Futuro. Qui semplifichiamo il tutto prendendo come assioma il fatto che esiste un substrato comune di conoscenza che trascende il periodo storico, la posizione geografica o la situazione socio-politica di un popolo. La struttura sincretica che compone la simbologia del Tarocco di Marsiglia è (e sarà sempre) scevra dai fattori che caratterizzano l'uomo.

Mi preme anche chiarire il concetto di sinistra e destra perché confonde molti neofiti. Ora, esistono fondamentalmente due modi per concepire la parte sinistra o la parte destra di un personaggio, di un essere vivente, di un oggetto o di una carta in genere. Qualora stessimo studiando la storiografia di quella carta, allora sinistra e destra si riferiscono all'elemento che stiamo valutando. Quindi, a titolo esemplificativo, potremmo dire che Il Papa benedice con la mano destra. Infatti sappiamo che la benedizione apostolica viene impartita proprio con quella mano. Tuttavia, qualora stessimo sviscerando il Tarocco per un discorso mirato alla lettura, allora potremmo convenzionalmente stabilire che Il Papa sta benedicendo con la mano sinistra. Nel libro utilizzerò "la sua sinistra" o "la sua destra" quando mi riferirò all'elemento che sto valutando. Se invece il termine compare in forma generica, allora potrai pensare ad un'analisi dal tuo punto di vista. Ricorda che, proprio come alto e basso hanno il rispettivo significato di spirituale e materiale, anche sinistra e destra rappresenteranno la parte ricettiva (sinistra) e la parte attiva (destra) dell'essere umano. Ultimo concetto che vedremo, qui in modo veloce, ma riprenderemo approfonditamente tra un po', riguarda gli Arcani al rovescio. Personalmente non impiego i Tarocchi al contrario perché lo ritengo un uso improprio dello strumento. Quindi, quando nella spiegazione delle singole carte riporterò anche il loro lato ombra, potrai usare questo aspetto in base al tuo impiego del Tarot. Se usi le carte al rovescio, allora impiegherai quelle parole chiave (Lato Ombra) qualora un Arcano dovesse uscire proprio in questo modo. Se invece, come me, preferisci vedere la positività o la negatività di una carta in base alle relazioni simboliche e concettuali con le altre, allora puoi utilizzare i suoi lati ombra quando i concetti estrapolati mettono in evidenza suddetta necessità.

Indipendentemente dall'uso che ne ne farai, sappi che conoscere i lati ombra degli Arcani è un aspetto importantissimo. Saranno proprio questi a promuovere un lavoro potenziante sulla tua essenza. D'altronde, pensaci bene, è solo capendo blocchi e deficienze che potrai mettere impegno attivo per risolvere ciò che non sta andando nella tua vita. Ecco perché, in questo libro, non ho dato per scontata e non ho semplificato l'interpretazione ombra delle carte. Ho invece scavato nella simbologia permettendoti di inserire questi concetti in modo funzionale nelle tue letture.

Il Matto

Il Matto ha il nome, ma non il numero, tutto il contrario de L'Innominato. Questo ce lo fa considerare come l'Arcano che apre la serie dei Tarocchi (allora rappresenterebbe un inizio, un'energia libera che cerca di realizzarsi) oppure come l'Arcano che chiude tutta la serie (quindi sarebbe la rovina, un progetto non realizzato). Porta con sé un fardello, rappresenta il luogo simbolico dove giace l'essenziale delle sue esperienze. Le conoscenze che si porta dietro sono relative all'individuo e a tutta l'umanità. Il Matto è un pellegrino che percorre le tappe rappresentate dagli altri Arcani.

Essendo un folle, perché dovrebbe camminare dritto? Lo possiamo immaginare mentre cammina all'indietro, o magari potrebbe buttarsi per terra. È interessante vedere la presenza del suolo azzurro. Possiamo addirittura pensare che si muova in cielo. Le scarpe ed il bastone sono rosso vivo, il personaggio è quindi costretto ad una dimensione materiale.

Il bastone rosso riconduce all'asse del mondo. Ritroviamo il medesimo bastone ne L'Eremita. Nella mano destra stringe un uovo, elemento ricorrente anche in altri Arcani. Nella parte superiore del vestito ritroviamo quattro campanelli come in quella inferiore, questo perché cerca di armonizzare materialmente e spiritualmente i quattro centri: emozionale, intellettivo, sessuale e materiale. Il suo copricapo è interamente giallo, simbolo di grande intelligenza e conoscenza, elemento che allontana questa figura dal concetto di pazzia. "Sembrare pazzi è il segreto dei saggi" scrisse Eschilo. Ritroviamo inoltre, sempre sul copricapo, due mezze lune gialle, simbolo di grande ricettività.

Lungo l'asta azzurra poggiata sulla sua spalla scorgiamo un cerchio con inscritto un cerchio. Il cerchio è simbolo di tutto ciò che è celeste: il cielo, l'anima, l'illimitato, Dio. È il simbolo dello spirito che penetra la dimensione di questa carta. La sua mano sinistra non sembra reggere il bastone. Non a caso l'interno è rosa e non azzurro. Potrebbe essere colto nell'atto ti toccarsi la spalla destra. Ad ogni modo fa passare l'asta proprio sulla spalla destra, ma tenendola con la mano sinistra. Un animale selvatico indefinito si poggia sul perineo. Alcuni studiosi ritengono questo gesto una minaccia per l'incolumità de Il Matto, in altre versioni ritroviamo lo stesso animale che lacera le vesti del personaggio ridicolizzandolo davanti alla folla, ma può anche darsi che lo stia avvertendo di qualche pericolo. Massaggiare il perineo scarica le tensioni che si accumulano, difatti è un centro nervoso. Questo animale è azzurro, anch'esso ricettivo. Forse non si trova nemmeno materialmente in scena. Stando dietro a Il Matto non ne influenza il cammino. Possiamo immaginarlo come l'animalità domata e messa dalla nostra parte.

Lato Ombra

Il Matto, nel suo lato ombra, può suggerire che hai concepito un nuovo progetto, ma non sei ancora pronto a farlo decollare in modo concreto. Forse non hai gli strumenti necessari, le competenze e le risorse per raggiungere il successo. Oppure c'è una sorta di sensazione che il momento non sia quello giusto. Insomma, qualcosa ti sta trattenendo o ti impedisce di andare avanti. Potresti scegliere di fermarti perdendo così qualsiasi possibilità di progresso.

Quando questa carta esce in posizione "sfavorevole", il consultante potrebbe avere dei dubbi sulla situazione nella quale si sta cacciando. Forse è arrivato ad un punto morto o forse c'è qualcosa che deve fare per cambiare il risultato. È opportuno bilanciare questa energia negativa con una forte consapevolezza: l'universo può coprirti le spalle per andare avanti, anche se non sei sicuro di cosa succederà dopo.

Qualora stessi passando un momento in cui ti assumi troppi rischi o agisci sconsideratamente, allora il tentativo di vivere in modo spontaneo ed avventuroso potrebbe provocarti più problemi che altro. Guarda il quadro più ampio e considera come puoi mantenere il tuo spirito senza danneggiare te stesso e gli altri. Incarnando un'energia libera e dirompente, il lato ombra di questa carta suggerisce che stai esplorando il tuo spirito di libertà ad un livello più personale e questo non sempre è in grado di portarti su percorsi favorevoli. Il Matto come Arcano problematico può indicare la pazzia vera e propria oppure i colpi di testa in generale. Il consultante potrebbe essere schiavo dei suoi automatismi non padroneggiando il proprio destino. Qui "destino" è inteso come la possibilità di costruire il proprio percorso. Così si sente perennemente vittima di un'energia più grande che dirige la sua vita.

Questa carta potrebbe parlare di un cambiamento repentino di umore, di idee malsane e di incertezza. Insomma, di tutte quelle situazioni vaghe ed indefinite che portano solo confusione e smarrimento. Le comunicazioni tra il piano divino e quello umano sono interrotte e si cammina con i piedi in aria e non piantati solidamente a terra sicché i progetti sono sterili, teorici e confusi. Quando indica un essere umano può rappresentare una persona della quale non ci si può fidare. Un incosciente, colui che spende molte energie senza approdare a nulla. Potremmo parlare di un esaurimento nervoso, dell'angoscia per il cammino da fare o delle ossessioni. Essendo una carta dalle energie dirompenti, allora l'azione sarà violentemente inopportuna, distruttiva, senza spirito. Bisogna stare molto attenti a dove e come stiamo dirigendo la nostra vita. Forse c'è qualche impedimento, l'arresto nel cammino, una confusione su dove stiamo andando, sfiducia e passività.

Le Mie Parole Chiave

Andare verso qualcosa. Pazzia. Libertà. Persona con o senza meta. Evoluzione o involuzione. Fardello che si porta. Cammino. Delirio. Fedeltà. Tarocchi. Stravaganza.

Le Tue Parole Chiave

A livello emotivo, Il Matto rappresenta una persona che vuole essere libera e ha bisogno di avere i suoi spazi. Il cane azzurro rimanda al concetto di fedeltà e, quindi, non è necessariamente una persona che tradisce la sua dolce metà.

Questa carta invita alla leggerezza ed alla spensieratezza, perché ogni nuovo ordine nasce sempre da un caos primigenio.

A livello intellettuale, Il Matto ha un pensiero libero, anticonformista, che poco si adatta con gli stereotipi ed i retaggi sociali. Ha bisogno di mantenere la sua mente priva di costrizioni.

La curiosità è, senza ombra di dubbio, il suo tratto distintivo. È opportuno andare a fare le giuste esperienze rimanendo privi di giudizi e condizionamenti.

A livello materiale, una persona che viene rappresentata dalla carta de Il Matto non da molto valore a ciò che ha, ma sa cogliere la fortuna nell'essenziale delle esperienze che fa. La sua più grande ricchezza è l'esperienza che cerca di fare viaggiando liberamente nella sua vita.

A livello creativo e sessuale, Il Matto sa essere una forza della natura. Questo concetto viene ben evidenziato dal suo bastone rosso e dritto che rimanda proprio alla creatività ed alla passionalità.

Puoi godere di tutto ciò che la tua esistenza ti mette davanti e, se non te lo mette davanti, puoi comunque andarlo a cercare.

Lo Avevi Notato?

Il Matto tiene il bastone azzurro con la mano sinistra, ma lo poggia sulla spalla destra. Questo rende estremamente difficile camminare. Tuttavia, l'interno della mano è rosa. Forse lui non sta realmente tenendo il bastone, ma potrebbe toccarsi la spalla destra. L'indolenzimento della spalla destra, a livello puramente psicosomatico, significa che l'individuo si sente vulnerabile e ha bisogno di riparo. Magari sta passando un periodo di stress perché porta tutto il peso di un problema sulle sue spalle. Nell'altra mano stringe un bastone rosso che pianta saldamente a terra. Questo gesto può rimandare al concetto di "mettere i paletti".

Infatti, se Il Matto fosse realmente libero di andare dove vuole e fare ciò che più lo aggrada, dovrebbe avere anche un sistema etico molto importante per evitare di perdersi e fare una brutta fine. Nella stessa mano che stringe il bastone rosso, nasconde un uovo. La simbologia dell'uovo è articolata e dai risvolti quasi infiniti anche se possiamo rintracciare un significato univoco nella creazione e nell'origine del mondo.

Il Bagatto

Come viene suggerito dal numero, Il Bagatto simboleggia un inizio. Però guarda dietro ed i piedi sono aperti: tutti simboli di incertezza. Forse richiama l'idea dell'inizio con tutti i dubbi e le perplessità annesse. Lo vediamo rappresentato come un giovane, ma potremmo immaginarlo anche come la parte giovanile di un adulto. Nella mano sinistra impugna una bacchetta. Questo è un gesto che compie per cercare un aiuto esterno. La bacchetta, analogamente al bastone, è il simbolo del potere detenuto dagli dei. Non a caso uno degli attributi di Hermes è il caduceo, ovvero il bastone sacro e scettro per lo stesso dio greco. Così, quando un essere umano ha in mano la bacchetta, simbolicamente è considerato un mago dato che detiene il medesimo potere divino. Nell'altra mano una forma indefinita all'altezza del suo sesso indica la masturbazione maschile. Davanti a lui troviamo un tavolo su cui sono disposti diversi oggetti, molti dei quali usati nei giochi di prestigio. Ecco perché dobbiamo considerare Il Bagatto come un prestigiatore e non come colui in grado di piegare le forze della natura a suo piacimento. Tra questi oggetti ritroviamo due coppe, una lama e delle monete che, uniti alla bacchetta che ha in mano, raffigurano i quattro semi degli Arcani Minori (coppe, spade, denari e bastoni). Le monete indicano anche l'indecisione del personaggio se cominciare il suo cammino spiritualmente o materialmente. Inoltre suggerisce che in ogni strada che percorriamo c'è sempre un lato materiale da salvaguardare. Altre tappe materiali saranno L'Imperatore ed Il Carro.

Un piccolo trattino nell'etichetta nominale unisce la T alla E. Leggendo al contrario il nome abbiamo RUELE_TABEL. Per omofonia troviamo la parola LE TABEL = LE TABLE, ovvero: il tavolo. In questa carta è importante il personaggio, ma anche il tavolo e gli oggetti che vi si trovano sopra. Nascosta dentro la sua tasca destra sembra esserci una moneta che rende chiaro il suo messaggio: il trucco c'è! Il piano su cui lavora poggia su tre gambe, la quarta si perde oltre i confini della carta. Il tre è un numero spirituale come il colore azzurro delle gambe stesse. Il Bagatto, seppur lavorando di prestidigitazione è retto da basi spirituali. Un altro piano di lettura introduce il concetto di instabilità materiale. Sempre sul tavolo, tra le monete ed il coltello, c'è una forma fallica. Guardando meglio scopriamo che si trova proprio all'altezza del suo pene. Più in basso, in mezzo alle sue gambe, spunta una forma gialla. Potrebbe essere una forma vegetale come un cactus oppure una vagina. In questo caso è facile vedere nel contorno bianco i fianchi di una donna. Sembra proprio che Il Bagatto controlli totalmente la forza sessuale. Pur essendo giovane è già pronto alla penetrazione. Questa forma vegetale può rappresentare - inoltre - l'apertura di un sipario dietro al quale il ragazzo sparisce una volta finito il suo numero.

Le sue scarpe sono gialle come il colore dei suoi capelli: è una persona intelligente dalla testa ai piedi. Il suo cappello è a forma di otto rovesciato simbolo dell'infinito: la sua mente è aperta. Appena sotto il cappello, dei bellissimi ricci gialli ci fanno capire che è mosso da idee e progetti coscienziosi. Sempre tra le ondulazioni dei suoi capelli, scorgiamo otto boccoli che simboleggiano una condotta ferrea mirata al perfezionamento (il numero otto infatti, ci riporta a La Giustizia). La sua postura è volta verso l'alto, questo ci fa capire che le sue azioni sono ancora materiali, non è in grado di scendere totalmente nella profondità del suo essere. Tutto il contrario de La Forza che compie un gesto dalla cinta in giù. Sempre simile a La Forza è il cappello e la polidattilia, Il Bagatto nella mano sinistra e La Forza nel piede destro.

Lato Ombra

Il Bagatto può mostrare la propensione a desiderare di manifestare qualcosa, senza mai agire. Il problema può essere l'insicurezza oppure potremmo non padroneggiare al meglio i nostri mezzi. Se ci prendiamo cura di ciò che vogliamo produrre, l'universo saprà mostrarci la via.

Con questo Arcano è importante rimanere in sintonia con la propria forza e la propria attenzione, senza fare promesse più grandi di ciò che possiamo realmente mantenere. Il Bagatto può indicare anche la presenza in gioco di diversi fattori e - quindi - l'indecisione riguardo l'azione da intraprendere. Forse non è chiaro nemmeno qual è il risultato desiderato e gli sforzi diventano sfocati.

Questa carta potrebbe anche indicare il fatto di aver perso il contatto con il nostro Sé Superiore. Mandiamo avanti un discorso fruttuoso, ma privo di scopo e, sotto certi aspetti, di soddisfazione personale. In questo caso bisogna fermarsi e tornare un po' indietro. Scavando nella negatività più acuta, Il Bagatto può significare la manipolazione, l'affabulazione, l'inganno e l'avidità. Potremmo trovarci davanti ad una persona magistrale nell'atteggiarsi e questo potrebbe depistarci, facendoci cadere vittime di modi di fare che non rispecchiano l'essenza di chi abbiamo davanti. Se la carta è, invece, in diretta relazione alla nostra essenza, può indicare che abbiamo molte abilità ed altrettanti talenti, ma ci manca la capacità di massimizzare il nostro vero potenziale. Raggiungiamo un punto di svolta quando capiamo veramente di avere molto di più da dare rispetto a quello che crediamo.

Oppure sai di essere bravo in qualcosa, ma non ti sei mai concesso l'opportunità di coltivare e di esplorare questa abilità. Ecco perché è importante capire cosa impedisce di usare al massimo questa capacità o cosa deve cambiare affinché tu possa raggiungere il massimo potenziale. Altri significati de Il Bagatto suggeriti dalla Tradizione rimandano agli inizi difficili, spesso impediti dalla mancanza di iniziativa da parte del consultante. Potremmo anche pensare all'incapacità di affermarsi nell'ambiente circostante, cosa che produce un senso di sfiducia, rinuncia e debolezza.

L'Arcano I potrebbe rimandare alla difficoltà di fare riferimento a se stessi e di camminare sulle proprie gambe. È una carta che indica l'incapacità di superare una prova, problemi sul lavoro o nella propria attività in genere. La mancanza di fiducia in se stessi, l'impotenza, l'incapacità di cambiare ambiente e modo di vivere, la sfiducia nelle proprie capacità e la mancanza di volontà, sono tutte caratteristiche dei lati ombra di questa carta. L'importante è capire come prendere l'iniziativa e, soprattutto, lavorare per riacquistare la massima fiducia in se stessi.

Le Mie Parole Chiave

Lavoro. Dubbio ed indecisione. Avere gli strumenti. Instabilità materiale. Povertà. Saper parlare bene, ma senza far seguire i fatti.

Le Tue Parole Chiave

A livello emotivo, Il Bagatto è volubile e non ha una struttura interiore in grado di supportare un discorso solido e maturo in campo relazionale. Questa leggerezza che mette nei suoi rapporti lo rende incapace di costruire qualcosa di duraturo.

A livello intellettuale, Il Bagatto ha milioni di idee. Questo è rappresentato dal cappello a forma di infinito. Tuttavia, all'atto pratico, un coltello poggiato sul tavolo - quindi a mezz'aria - è un forte richiamo alle spade e mostra la sua totale incapacità di rendere concrete le idee.

A livello materiale, Il Bagatto viaggia sotto la media. È vero che ha gli strumenti per avviare un progetto, ma è altrettanto vero che il tavolo sul quale poggiano, ha solo tre gambe, rendendo instabile la struttura. Una manciata di monete sul tavolo è tutto quello che ha a sua disposizione.

A livello creativo e sessuale, Il Bagatto è pronto alla sessualità, ma la poca esperienza lo rende anche vittima dei suoi stessi entusiasmi. Forse è più vicino al mondo della masturbazione che della penetrazione o, forse, sta vivendo proprio questo momento di passaggio. Tutta la carta è costellata da richiami sessuali che, però, non sembrano mai essere ben definiti.

Lo Avevi Notato?

Il vestito de Il Bagatto è un po' particolare perché vediamo le maniche con forme diverse. A sinistra si alterna una forma ondulata, dritta e poi nuovamente ondulata. A destra, invece, abbiamo una forma dritta, ondulata e poi ancora - presumibilmente - dritta. Anche i bordi delle maniche risultano dissimili: sulla sinistra sono doppi e sulla destra è singolo. Tralasciando qualsiasi richiamo a possibili escamotage per il suo mestiere, questo aspetto può rimandare ad una persona vestita alla bene e meglio, forse per una situazione di povertà.

La bacchetta che usa non è precisa, infatti i due cerchi all'estremità sono uno più piccolo dell'altro. Questo è un forte richiamo al fatto che gli strumenti utilizzati sono rudimentali e grezzi. Ecco perché Il Bagatto dovrebbe affinare un po' più l'uso di questi materiali.

Nella sua mano destra stringe una forma bianca indefinita che ricorda la stilizzazione di un prepuzio. È infatti collocata all'altezza del suo stesso sesso. Così Il Bagatto è colto nell'atto masturbatorio o nel momento in cui esplicita un senso di disagio, proprio come fanno i bambini quando non si sentono integrati all'interno di una situazione. La presenza di questa forma bianca si riscontra anche sul basso ventre de L'Imperatrice. Ovviamente questi due simboli non hanno le medesime fattezze. Ecco perché, nell'Arcano III, il particolare ricorda la stilizzazione della vagina della donna.

La Papessa

L'aspetto più evidente di questa donna, la prima che incontriamo negli Arcani Maggiori, è il suo colorito bianco simbolo di purezza. La Papessa è una sacerdotessa pura e immacolata. Può essere accostata ad una grande figura religiosa come la Vergine Maria. Altri studiosi la associano alla dea Iside o sotto una visione storica può rimandare alla Papessa Giovanna. Se dovessimo lavorare con i colori, invertendo la cromia il suo volto diverrebbe completamente nero. La Madonna Nera è una rappresentazione iconografica di Maria molto diffusa in Europa.

La sua testa è ornata da un mitra di colore giallo costituito da piccoli cerchi che riflettono una forma floreale. Questo ci rimanda all'Asso di Denari. La Papessa dunque, oltre ad essere una donna spirituale, è comunque legata al mondo materiale. Tra le sue mani, poggiato al grembo, ritroviamo un libro aperto. Questo è spesso assimilato al libro della vita. Di colore giallo, che simboleggia la coscienza imperitura, indica che questa donna ha trasmesso la sua parte umana negli scritti. Sembra ora porgerli ad allievi immaginari e lei, rimasta bianca, è in continua gestazione.

Le linee del libro sono 17 (8 in una pagina e 9 nell'altra). Questo numero potrebbe ricondurci all'Arcano XVII, La Stella. Guardando il particolare si nota che La Papessa tocca con i pollici la prima linea e la settima linea come conferma a questa indicazione. Il suo sguardo è perso oltre i confini della carta, ma non guarda il libro perché quel libro è lei stessa.

Il numero 2 è il numero della gestazione; non ci sono dubbi: questa carta indica la fase prima di un'esplosione o di una nascita. Alle sue spalle scende una tenda azzurra da un lato, arancione dall'altro, con risvolti rossi. Tutto quello che volge a La Papessa è destinato alla spiritualizzazione mentre ciò che è all'esterno, alla materia. I risvolti potrebbero rimandare a due fiaccole e, così, questa donna è intenta a studiare nella solitudine della sua clausura. La tenda può anche simboleggiare un allontanamento dal mondo. In questo caso ci dobbiamo augurare che la sua gestazione non diventi freddo dogmatismo. I suoi vestiti sono di colori appartenenti al mondo materiale, ma la croce sul petto indica la presenza dello spirito. La Papessa incarna dunque la materializzazione dello spirito e la spiritualizzazione della materia. Sembra essere un punto d'incontro tra l'uomo e il divino, forse l'unico che potrebbe inseminarla è Dio in persona.

La Papessa può formare una coppia con Il Papa e, spingendoci più in là, intravediamo un abbinamento più sottile: lei che rappresenta una chiesa alternativa, fondata sull'amore, ma occulta; lui il soglio Pontificio, la chiesa ufficiale, quella di Roma. Parliamo di due forme ben distinte di vivere la spiritualità perché nella prima abbiamo una grande influenza della donna (che rappresenta un'eresia per la condotta ecclesiastica) e attorno alla seconda gravitano i Papi, dunque una forza maschile. Forse i due non si guardano per stabilire una distanza tra loro. I cardinali succedono a Pietro diventando Papa, quella che si chiama: successione apostolica. Questa tradizione è soggetta a riti ecclesiastici, sacramenti, cerimonie religiose. La chiesa rappresentata da La Papessa è silenziosa, discreta, riservata. Preferisce guardare l'individualità (per questo osserva l'Arcano I e non la chiesa ufficiale rappresentata dall'Arcano V). V'è un'altra croce nell'Arcano II rappresentata dall'incrocio delle stringhe azzurre sul petto, proprio dove è disegnata la croce più piccola. Questa croce più grande ricorda la pianta di una chiesa ed è adagiata sul cuore del personaggio. Ancora una volta abbiamo una chiesa interiore de La Papessa ed una esteriore de Il Papa.

Lato Ombra

Mentre Il Bagatto è una sorta di guardiano della mente conscia e del mondo tangibile, La Papessa è alle porte del subconscio e dell'intuito. Quando compare ti invita a rimanere calmo e a dirigere la tua attenzione nell'interiorità per ascoltare la voce della saggezza. Potresti essere influenzato dalle opinioni di altre persone o travolto dai loro drammi personali quando ciò di cui hai veramente bisogno è concentrarti su ciò che è giusto per te. È tempo di tacere e di ritirarti dal mondo esterno per osservare ed ascoltare quello che la tua guida interiore ti vuole dire.

Se fai fatica a fidarti completamente della tua intuizione o se dubiti di te stesso o, ancora, se ti senti sciocco ed in colpa per aver ascoltato il tuo intuito, devi capire cosa ti provoca questa sensazione. Qualora decidessi di ignorare tutto ciò, finiresti per negare la tua capacità di sintonizzarti con il Tutto e di ricevere potenti informazioni. La carta indica anche che puoi tenere nascoste le tue capacità intuitive agli altri temendo il loro giudizio o le loro opinioni. Se questo ti risuona, sappi che la tua intuizione è il tuo super potere per guidarti ed aiutarti. Abbi fede nell'universo e permetti a te stesso di vivere in un flusso potenziante con le sue energie.

Questa carta può indicare anche qualsiasi tipo di problema con gli scritti, dall'impossibilità di mandare un messaggio a dei cavilli puramente contrattuali. Puoi pensare a La Papessa come ad un centro calmo dentro di te che non è toccato dal tuo mondo esterno. Ogni volta che ti preoccupi che le cose stanno diventando troppo veloci, trova uno spazio tranquillo e medita in modo da poter sentire la tua voce interiore. Se smetti di pensare o di preoccuparti del tuo problema la risposta emergerà in tutta la sua potenza.

L'Arcano II può anche indicare informazioni o programmi nascosti. Invece di fare supposizioni ed immergerti nelle profondità della tua paranoia, intrattieni una conversazione aperta ed onesta. Secondo la Tradizione, la Papessa rimanda alle avversità non direttamente connesse al consultante, ma ad una sorta di forza ignota che lo coglie impreparato. Possiamo parlare di una conoscenza cavillosa e difettosa dei dati di fatto per cui ci si inganna su qualcosa o, addirittura, c'è il pericolo di essere ingannati. È opportuno iniziare a lavorare su noi stessi per evitare un'errata conoscenza, un blocco psicologico oppure un impedimento che non ci permette di avanzare sul nostro percorso.

Scivolando in un discorso più intangibile, allora questo Arcano rimanda ai sogni ingannevoli e ad un inconscio turbato che andrebbe riequilibrato. Inoltre ci parla dei messaggi extra ordinari da non prendere in considerazione nella consapevolezza che l'intuizione può sbagliare.

Quando esce come lato ombra, La Papessa è una carta molto pesante e può indicare una donna nemica che ha fatto della pazienza una sua virtù. Sai cosa significa? Che può maturare la sua vendetta anche dopo molto tempo! Parla di inimicizie nascoste, inganni (specialmente da parte di donne), conflitti con la madre, staticità e forza d'inerzia pesante e frenante. A tutto questo si può aggiungere una sorta di passività e dubbi corrosivi che non permettono di avanzare.

L'Arcano II rimanda anche ad una leggerezza spiacevole nel tenere un segreto, ai rimorsi, alle piccole ossessioni, alla separazione dal mondo che non porta a nulla di costruttivo. Se il consultante è un uomo, la carta può significare anche una concezione sbagliata della donna, una profonda ostilità contro l'altro sesso che maschera una paura generale verso il mondo femminile o, ancora, un rapporto conflittuale con la madre. Se la consultante è donna, lei avrà profonde difficoltà ad accettarsi come tale ed a vivere il decorso archetipico di questa carta.

Le Mie Parole Chiave

Lo studio. Qualsiasi tipo di scritto. La madre. Il segreto. Non riuscire a vedere le cose da molteplici prospettive.

Le Tue Parole Chiave

A livello emotivo, La Papessa si dimostra una donna anaffettiva, incapace di donare il suo amore fino in fondo. Forse il fatto di essere distaccata dal mondo e chiusa nel suo cono d'ombra non le permette di sviluppare doti come l'empatia e la calda connessione con gli altri.

A livello intellettuale, La Papessa vive delle sue credenze e non è disposta a cambiare o a confrontarsi in modo attivo. Questo aspetto, a volte, viene nascosto da una particolare propensione all'apertura di questa donna che - però - risulta essere superficiale e priva di scopo.

A livello materiale, La Papessa rimanda a qualcosa in gestazione, forse un contratto o un progetto che deve essere studiato meglio prima di vedere la luce. Bisognerebbe valutare anche se si hanno tutte le competenze per iniziare concretamente un dato percorso.

A livello creativo e sessuale, La Papessa mostra la sua algida energia, divenendo scostante, poco appassionata e ancor meno desiderosa del contatto fisico. Il fallo sul suo petto può significare che la sessualità, ove presente, non è vissuta in modo naturale. Rimanda quindi all'astinenza sessuale o, totalmente al contrario, alla ninfomania.

Lo Avevi Notato?

A differenza di molte altre produzioni, ne La Papessa del Tarocco di Marsiglia mancano le colonne dietro la donna. In realtà, a ben guardare questo Arcano, scorgiamo la presenza di una colonna occultata dal velo azzurro. Il velo che nasconde la realtà circostante rimanda ad una credenza dei popoli antichi, che forse conoscerai nella sua versione più famosa come Velo di Maya, per il quale un velo illusorio non permette all'uomo di vedere l'essenza del mondo. Compito dell'essere umano è progredire spiritualmente al fine di alzare questo velo, il che significa cogliere l'aspetto illusorio di ciò che ci circonda al fine di pervenire alla contemplazione della verità.

Sul suo petto, di traverso, compare un fallo stilizzato che avvicina questa donna a tutte quelle mitologie in cui il grande principio femminile ingloba quello maschile. Al fine di una lettura, possiamo interpretare questo simbolo come una donna che vive una sessualità nascosta per qualche tipo di problematica che si capirà meglio durante il consulto.

Il suo volto è l'unico bianco dei Tarocchi e ricorda un uovo. L'uovo giocava già un ruolo simbolico nel mito egizio della Creazione. I romani usavano le uova come offerta funeraria. L'usanza di regalare uova continua ancora oggi, soprattutto a Pasqua, festa della resurrezione e del risveglio della natura. L'uovo è diventato un simbolo di vita perché racchiude l'entità nascente per emergere da esso. Incarna l'idea di rinascita e di ringiovanimento riflessa anche nella sua forma, senza inizio né fine. Ancora una volta ritroviamo un senso di gestazione che pervade questa carta richiamando concetti come: formazione, osservazione, studio e meditazione.

L'Imperatrice

L'Imperatrice stringe uno scettro contro il proprio sesso rappresentato da una fogliolina bianca sul grembo che simboleggia la vagina della donna. Grande provocatrice, è seduta a gambe aperte pur rimanendo completamente a suo agio. Nella mano destra stringe uno scudo in cui appare un aquila con la sua ala destra non completamente formata. L'aquila rappresenta il mondo dell'intelletto: non ha idea di come canalizzare l'energia dirompente che scaturisce dalla sua essenza.

Tornando al blasone, notiamo come l'aquila sia di sesso maschile e la stessa imperatrice presenta un mascolino pomo d'Adamo sul collo; questo perché nei Tarocchi, al centro della più grande femminilità, ritroviamo elementi maschili e viceversa. I suoi occhi sono gialli. Guarda e percepisce il mondo come entità coscienziosa su cui esercitare la propria esplosione di vita. Nell'altra mano stringe uno scettro che culmina con una sfera sormontata da una croce. Quella è la stilizzazione del pianeta Terra. Lei è una donna di potere materiale. Abbiamo un piccolo riscontro quando ci accorgiamo che lo scettro ha un'inclinazione di quasi 23 gradi che è quasi la medesima dell'asse terrestre. L'asse terrestre è la linea immaginaria passante per i due poli terrestri attorno a cui la Terra compie il suo moto di rotazione.

Una piega irregolare dell'abito che dal suo ginocchio destro scende per poi risalire su quello sinistro ricorda un serpentello stilizzato che sembra tentare questa donna, ma ai suoi piedi l'animale diventa azzurro. L'energia materiale, una volta dominata, è puro spirito.

L'apostrofo tra l'articolo determinativo ed il nome è ridotto al minimo. L'IMPERATRICE potrebbe così essere LIMPERATRICE, ovvero LIMPER con il significato di: purificare. Ecco perché questa donna deve purificare le sue emozioni ed i suoi desideri negativi. Ritorna il concetto di purificazione già espresso dal serpente. Questa è la base fondamentale per la ricerca interiore, trasformare le energie negative accumulate. Dobbiamo purificarci e superare l'ego insano.

Le mattonelle presenti ci fanno capire che la scena si svolge all'interno di un luogo, ad eccezione della forma vegetale in basso a sinistra. Con questo Arcano, quindi, abbiamo una forte associazione tra la donna e la natura. Per la strana posizione del braccio destro, potremmo credere che non sia il suo; inoltre, lo sguardo dell'aquila suggerisce la presenza di un elemento di distrazione che si perde oltre i confini della carta. Al centro del petto, un triangolo giallo indica che la via del cuore va seguita con coscienza. In questa carta compaiono moltissimi triangoli: sulla corona, la posizione delle braccia, alcune mattonelle, sul petto. Il triangolo è la forma geometrica che più rappresenta questa carta. La cosa interessante da notare è che in molti pensano al quadrato come alla figura geometrica più forte. In realtà, è il triangolo ad esserlo. Non è possibile modificare la forma di un triangolo senza modificare la lunghezza di almeno un lato. Questo significa che il quadrato, che rappresenta la stabilità materiale, è flessibile e soggetto al cambiamento. Il triangolo, che rappresenta la stabilità spirituale, è molto più saldo ed olistico. Evolvere spiritualmente ci darà un equilibrio senza pari.

Sul collo L'Imperatrice mostra una collana gialla. Il giallo è anche il colore dell'oro e così parliamo dello sfarzo e della parte materiale di questa donna.

Lei non posa il braccio sinistro sul bracciolo giallo perché non si lascia andare totalmente al mondo dell'intelletto. I colori del vestito de L'Imperatrice sono esattamente l'opposto de La Papessa. L'Arcano II, attraverso il suo sapere, ci fa avvicinare alla sua figura di donna-guida ed una volta accostati ci dona l'essenziale; la donna dell'Arcano III, invece, risulta essere schiva e distante, ma una volta sedotta si dimostra una compagna focosa e passionale.

Lato Ombra

Quando l'Arcano III compare nel suo lato ombra, ti incoraggia a rendere la cura per te stesso (e l'amor proprio) una parte importante della tua vita. Forse hai trascurato la parte pratica e tangibile della tua esistenza. Questo Arcano è differente dalla Papessa. Lei indicava un forte isolamento dal mondo oppure un modo completamente sbagliato di vivere la spiritualità, l'Imperatrice incarna le energie della materia e di ciò che puoi toccare con mano. Forse è arrivato il momento di portare la tua energia nuovamente al centro della tua vita assecondando una desiderata o non respingendo una voglia. Se ci sono dei blocchi creativi importanti puoi (e devi) scioglierli.

Potresti anche desiderare una connessione più forte con Madre Terra e la natura. Così, è ora l'occasione perfetta per trascorrere anche solo poche ore in un contesto paesaggistico naturale come un parco, un giardino oppure un bosco. Respirare l'energia radiosa e l'aria fresca mentre sei circondato dalla bellezza del creato ti aiuta a prendere tempo per te. Puoi ora ampliare le tue idee e canalizzare meglio la tua energia che potrebbe essere un po' sottotono.

L'Imperatrice può suggerire che stai percependo un blocco creativo, specialmente se si tratta di dare vita ad una nuova idea o all'espressione di un progetto. Non preoccuparti se sarà un successo o se il tuo lavoro attirerà gli altri. Non preoccuparti nemmeno delle opinioni di terzi o della solidità della tua idea. L'importante è che tu permetta alla tua energia creativa di fluire, anche se ciò significa che – per il momento – devi mantenere le tue creazioni ancora in fase di sviluppo.

Questo Arcano, se in diretta relazione ad una donna, può richiamare l'attenzione su questioni relative all'immagine, all'estetica e al rapporto che si ha con la superficialità e l'inconcludenza. Forse bisogna imparare ad amarsi di nuovo ed a ringraziare per quello che abbiamo, senza rincorrere eternamente utopiche chimere. Nelle relazioni questa donna può diventare molto cinica, cattiva, materiale e priva di empatia. A livello tradizionale, L'Imperatrice ci parla delle azioni avventate che sono sconsigliate perché non ci permettono di pianificare il nostro progetto. Il concetto si amplifica qualora incontrassimo un impedimento o una difficoltà improvvisa.

Potremmo essere inseriti in un processo di sperpero energetico, mancanza di senso pratico, ignoranza e presunzione dovuta principalmente alla poca sicurezza in noi stessi. È un Arcano che rimanda alla vanità, alla civetteria e alla meschinità. Qualora parlassimo di progetti già in corso, allora questi sono di difficile realizzazione, forse perché non si è ponderato fino all'ultimo i possibili risvolti. I desideri che non vengono esauditi, gli ostacoli, la mancanza di entusiasmo, la svogliatezza e la poca concentrazione potrebbero far naufragare in breve tempo la propria idea. Ed infine, L'Imperatrice indica che la concentrazione che dovrebbe essere usata nell'azione, si disperde in dubbi sterili, nella fiducia mal riposta in qualcosa o qualcuno, nella frustrazione e nel qualunquismo.

Le Mie Parole Chiave

Mettere in pratica. Confusione. Iniziare qualcosa mossi più dall'entusiasmo che da un piano a lungo termine. Volere qualcosa.

Le Tue Parole Chiave

A livello emotivo, L'Imperatrice risulta essere una donna che può stabilire delle relazioni emotive solo se passano da una stabilità materiale o da una convenienza finanziaria. Gli inizi di un rapporto risultano rosei, ma il rischio che questa energia briosa si disperda nel giro di poco è veramente alto.

A livello intellettuale, L'Imperatrice è una donna confusa, che non ha le idee chiare e che non vuole o non può creare una certa stabilità razionale. Tuttavia, all'atto pratico, nasconde queste mancanze con l'entusiasmo e la voglia di fare. Ecco perché, a volte, si dimostra inconcludente.

A livello materiale, L'Imperatrice è un'ottima carta ed indica l'inizio di un'attività, la messa in pratica di un'idea o la voglia di riuscire in un progetto. È importante supportare questa energia creativa con un piano più solido che permetta una vera riuscita nel tempo.

A livello creativo e sessuale, L'Imperatrice è un'amante focosa e passionale che ha reso l'estetica la sua religione. Le sue voglie possono essere infinite, il desiderio sessuale portato all'estremo e l'esplosione creativa un credo della sua stessa esistenza.

Lo Avevi Notato?

L'Imperatrice poggia il braccio destro su un'acquasantiera. Nella sua asserzione principale, questo simbolo rimanda al concetto di pulizia e purificazione. Ecco perché possiamo scorgere la necessità di fare maggiore chiarezza nel nostro mentale prima di mettere in pratica le idee che abbiamo. Ovviamente, in un aspetto più spirituale, non necessariamente religioso, questa pulizia riguarderà anche il mondo interiore, con particolare attenzione al nostro Sé Superiore. Forse non è un caso che nemmeno il poggiaschiena sia realmente un poggiaschiena: sono delle vere e proprie ali.

Sembra strano vedere così tanti elementi spirituali in una carta

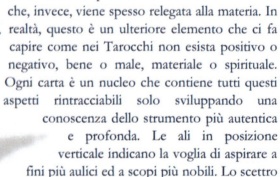

che, invece, viene spesso relegata alla materia. In realtà, questo è un ulteriore elemento che ci fa capire come nei Tarocchi non esista positivo o negativo, bene o male, materiale o spirituale. Ogni carta è un nucleo che contiene tutti questi aspetti rintracciabili solo sviluppando una conoscenza dello strumento più autentica e profonda. Le ali in posizione verticale indicano la voglia di aspirare a fini più aulici ed a scopi più nobili. Lo scettro termina con un cerchio sormontato da una croce. Questa è la stilizzazione del pianeta Terra. Quando le ali si mettono in relazione al globo terrestre, allora rappresentano lo spirito santo.

All'altezza del suo sesso ritroviamo una spaccatura bianca che rappresenta la vagina della donna. Lei ci sta avvicinando uno scettro fallico a sottolineare il mondo delle voglie oppure il concepimento.

L'Imperatore

L'Imperatore è la carta del dominio. Il personaggio è adagiato sul trono perché ormai ha raggiunto la stabilità. Non ha bisogno di stare sull'attenti. Se ne L'Imperatrice il blasone presentava un aquila maschio, ne L'Imperatore la possiamo considerare femmina. Questo per lo stesso concetto di yin e yang che permea ogni carta dei Tarocchi.

Nella mano stringe uno scettro simile a quello dell'Arcano precedente, ma qui è impugnato con la mano destra ad indicare che il suo potere è legato alla ragione ed alla forza. In questo caso potrebbe rimandare a qualche caratteristica negativa dell'Arcano come il dispotismo e la tirannia. Con l'altra mano si tocca la cintura incorniciando i genitali. Questo è un segno che, l'uomo nella carta, vuole rimarcare il territorio ed il dominio su ciò che sente suo. Lo sguardo del personaggio ha ben due chiavi di lettura: possiamo pensare che stia guardando lo scettro stesso e - quindi - si giova del suo valore oppure la carta che sta alla sua sinistra e cosa sta per concretizzare. Una collana gialla, sembra di grano, pende dal collo.

Ai piedi indossa calzature di un rosso vivo per indicare la totale azione nel mondo. Questo tratto distintivo l'avevamo già incontrato ne Il Matto. L'Imperatore ed Il Matto sono gli unici due personaggi ad avere calzature rosse che poggiano su un terreno completamente azzurro. L'unica differenza tra i due è che Il Matto cammino mentre L'Imperatore sta fermo. Il primo è un'azione concreta, ma instabile. Il secondo è concreto, ma stabile.

Colpisce il colore azzurro della barba e dei capelli. È il suo modo per cercare d'innalzarsi spiritualmente. Particolare il copricapo che da molti studiosi è attribuito all'elmo dell'invisibilità. Si scorge una forma simile ad un compasso a determinare che, dentro il quadrato della materia, esiste anche la perfezione del cerchio. Unendo il simbolo del compasso alla posizione innaturale delle gambe che ricordano una squadra, otteniamo uno dei simboli distintivi della massoneria. La massoneria è un'associazione su base iniziatica e di fratellanza morale che si affermò in Europa e nel mondo propugnando una cultura umanitaria.

Sempre riguardo la posizione delle sue gambe, ci interessa vedere come questa postura formi un piccolo quadrato bianco; è la purificazione della materia. La ritroveremo, con qualche differenza, in altre carte come L'Appeso o Il Mondo. Una pianta a sei foglie si trova nella medesima posizione di quella dell'Imperatrice che però era di cinque foglie. Quello che lei aveva iniziato, lui lo armonizza.

Lato Ombra

A livello simbolico e concettuale questa carta è molto simile a L'Imperatrice. Però L'Imperatore invita a valutare il tuo rapporto con il potere, con il controllo, con l'autorità, con la responsabilità e con la disciplina. Stai esprimendo troppo (o troppo poco) uno di questi elementi nella tua vita. E allora inizia a ragionare se tutto questo lavora per te o contro di te.

L'Arcano IIII può indicare una forma di controllo importante e, quando esce capovolto, si riferisce alla prepotenza ed alla rigidità dei modi e dei pensieri. La carta può suggerire un uso eccessivo o un abuso del potere autorevole. Potrebbe anche provenire da te o da un'altra persona, spesso un capo oppure una persona di comando. Considera il ruolo che il potere gioca nella tua vita chiedendoti: "Il modo in cui sto affermando il mio potere fa sentire gli altri impotenti?" oppure "Sto dando via il mio potere personale per compiacere qualcun altro, magari una persona che conta?". Cerca di trovare una soluzione che ti consenta di rimanere saldo ed autorevole davanti agli occhi degli altri pur rispettando la loro integrità e la loro dignità. Se invece sei chiamato ad assegnare dei compiti, allora lo devi fare all'insegna dell'equilibrio e del sano progresso.

L'Imperatore può essere un segno che gli altri ti guardano come il loro leader o come un esperto nel campo, ma ti sei radicato troppo nel ruolo. È importante mantenere un rapporto umano anche con chi ne sa di meno di noi o ricopre un ruolo inferiore al nostro. Esiste poi tutta una serie di circostanze per le quali questo Arcano ti proietta nella parte opposta, ovvero sei tu che non ti rispecchi nell'ideologia dell'autorità. Allora potresti sentirti stufo di un capo prepotente o di un'organizzazione gerarchica e hai voglia di entrare in un ambiente più amichevole, flessibile e aperto. Forse aspiri ad essere il capo di te stesso ed a lavorare in modo indipendente avviando la tua attività. Oppure potresti cercare una carriera in cui puoi avere una maggiore flessibilità e creatività che supporti il tuo viaggio lavorativo.

È arrivato il momento di cambiare un lavoro che ti fa rimanere dentro i confini di una particolare struttura o di un modo di fare le cose. Se stai lottando per vedere dei risultati reali, controlla di avere un piano concreto in atto oppure una routine per sostenerlo. È la dedizione che ti farà tagliare il traguardo. Potrebbe essere necessario diventare un po' più duri con se stessi e fare il lavoro scomodo che - solitamente - si preferisce evitare, ma se riesci a sfruttare l'energia positiva dell'Arcano IIII, i tuoi sforzi porteranno al successo.

In una lettura di una relazione L'Imperatore suggerisce che potresti sentirti tranquillo e sicuro, ma forse manca la passione ed il brio che permette poi ad un rapporto di coppia di svilupparsi in modo sano. Da un altro punto di vista il significato di questa carta rimanda alla prepotenza, alla possessione, alla dominazione e all'autorevolezza. Sebbene tu possa aver cercato l'anima gemella, quella che si prendesse cura di te e ti offrisse una base stabile per il futuro, sappi che suddette qualità si trovano spesso un po' più in là rispetto a quanto sei disposto a cercare. Esci dalla zona comfort! Secondo la tradizione, L'Imperatore è un padrone, un tiranno ed un uomo crudele. È una persona che non ci pensa due volte a conformarsi con l'autorità solo per godere egli stesso di qualche privilegio. Può rappresentare una mente limitata, l'incapacità di governare se stessi e gli altri, l'assenza di morale che permette però di avere dei privilegi materiali.

L'Imperatore non ha dei grandi sentimenti, risulta essere un uomo privo di tatto, arrogante e presuntuoso. Si pone in essere una grandissima difficoltà nel realizzare i propri progetti perché questi sono mal fondati oppure mal sviluppati. Bisognerà così rivederli alla base ed essere capaci di distruggere qualcosa per costruire fondamenta più solide.

Questa carta può parlarci anche delle energie interiori dell'essere umano e, allora, suggerisce una mancanza di solidità, autostima, perseveranza e sicurezza in noi stessi. Se la domanda fosse di natura puramente materiale, allora il lato ombra de L'Imperatore può essere estremamente negativo perché è un Arcano che poggia gran parte della sua energia sulla materialità, il potere, le finanze e la quadratura dei progetti.

Le Mie Parole Chiave

Concretizzare qualcosa, Far quadrare. Stabilità. Zona comfort. Assenza di novità. Entrata nella media. Materialità.

Le Tue Parole Chiave

A livello emotivo, L'Imperatore è un uomo chiuso e poco disposto a lasciarsi andare ad una storia che abbia per base esclusivamente il sentimento. In caso di relazioni può rimandare all'assenza di novità, alla routine oppure alla noia. Su domande di natura sentimentale può indicare l'uomo in generale.

A livello intellettuale, L'Imperatore è una persona in grado di concretizzare le sue idee ed anche quelle degli altri. Ha un sistema di credenze ben definito che non è disposto a mettere in discussione. La sua anima pragmatica lo porta a cercare sempre delle soluzioni pratiche alla vita senza perdersi troppo in nozioni filosofiche o estremamente va a che.

A livello materiale, L'Imperatore è una carta che indica una profonda stabilità oltre che la capacità di portare a quadratura dei progetti materiali. Tuttavia, l'incapacità di innovare un'idea, lo porta anche molto vicino al rischio di farla stagnare e - quindi - naufragare.

A livello creativo e sessuale, L'Imperatore domina la scena con una sessualità potente e la capacità di assecondarla. Non è disposto a provare cose nuove anche se, ciò che sa fare, lo sa fare incredibilmente bene.

Lo Avevi Notato?

La mano che stringe lo scettro non sta realmente stringendo lo scettro. Il bastone, infatti, passa in modo innaturale dietro la mano rendendo impossibile una presa salda. Questo aspetto rimanda all'impossibilità di dominare in tutto e per tutto il mondo attorno a noi. Anzi, a dirla per bene, cercare di gestire il mondo è pura illusione perché questo tende a mutare e, l'impermanenza appena descritta, è nemica della permanenza dell'Arcano IIII. Ecco perché L'Imperatore farebbe meglio a capire come assecondare un cambiamento piuttosto che cercare di stringere qualcosa al fine di lasciarla immobile nel tempo e nello spazio.

Il suo vestito, all'altezza del petto, non è perfettamente cucito. Un tratto discontinuo rompe la geometria dell'abito. Ancora una volta si sottolinea l'impossibilità di raggiungere uno stato di perfezione e di quadratura assoluta. Ogni istanza di perfezionismo è nemica dell'essere umano e, sotto sotto, è solo un'illusione.

L'uomo poggia la schiena su un trono che riporta la stilizzazione di un'oca. L'oca rappresentava l'anima del faraone, che è la versione egizia dell'imperatore romano. Addirittura, quando un faraone saliva sul trono, i cerimonieri erano soliti liberare quattro oche come segno di buon auspicio.

Il Papa

Il Papa è una figura simile a L'Imperatore di cui ne conserva molte caratteristiche, spiritualizzandole. Come La Papessa, anche la tiara de Il Papa culmina con un cerchietto giallo che rimane dentro i confini della carta. Sempre la tiara è divisa in tre livelli che rappresentano le tre autorità del Pontefice: spirituale sulle anime dei fedeli, temporale sullo stato pontificio ed eminente sui re e gli imperatori. Grazie allo studio della tiara, della fisionomia papale (barba e capelli) e delle chiroteche con la croce di Malta, è possibile tracciare un quadro storico del Tarocco più preciso. Per esempio la tiara (o triregno) è stata utilizzata dai Papi a partire dal medioevo fino alla seconda metà del XX secolo. Fu Benedetto XII nel 1342, infatti, a cingere per la prima volta una tiara sormontata da tre corone. Sempre sul copricapo papale, come avevamo già visto anche ne La Papessa, compaiono dei motivi floreali a mo'

di Asso di Denari. È un uomo spirituale anche se relegato ancora ad una condizione materiale. Il Papa siede tra due colonne. Le due colonne possono rimandare a Boaz e Jakin, ovvero le colonne poste all'entrata del Tempio di Salomone. Boaz e Jakin sono un simbolo ricorrente anche nella tradizione massonica e nell'architettura dei templi delle logge secondo una tradizione che viene fatta risalire alla figura leggendaria di Hiram Abif, il figlio della vedova, costruttore dello stesso Tempio di Salomone. Se il tempio è così importante in questa carta, allora Il Papa sarà il maestro ed anche il luogo del sapere. Collocando nella giusta sequenza numerica gli Arcani, al lato destro ritroviamo L'Innamorato. In questa successione Il Papa si trova ad osservare l'angelo de L'Innamorato o, più in generale, il mondo degli angeli con cui è in contatto. È quindi in grado di ricevere e trasmettere delle rivelazioni.

La barba ed i suoi capelli sono azzurri: parole e pensieri si spiritualizzano. Dai lati del capo scendono le due infule gialle. Le mani sono guantate, anche se rosa. Questo è un forte punto di contatto tra l'uomo e Dio. Le chiroteche erano indossate dal Papa fino al momento dell'offertorio, ovvero quando avvengono le offerte dei doni all'altare. Forse gli accoliti in basso sono colti proprio in quel preciso momento. Quello di sinistra, essendo questo un lato ricettivo, accetta le parole de Il Papa senza senso critico. Allora queste divengono dogma. Con questo passaggio viene sottolineata l'ordinarietà in ambito ecclesiastico con cui si accettano i dogmi e la sua tonsura ruota in senso orario a sottolineare lo stato di normalità delle cose. Non si sollevano dubbi, ma si acquietano coscienze. Lo stesso Pontefice, uomo saggio, sembra non dare molta attenzione a questo discepolo, ma predilige quello a destra (sul lato attivo). Potrebbe poggiare addirittura il suo pastorale sulla sua testa in segno di benedizione. Questo discepolo - infatti - è attivo nel campo della fede e non accetta il dogma. Pur essendo rispettoso, vuole ampliare le sue conoscenze. Anche la tonsura gira in senso antiorario, il verso opposto del personaggio precedente. Indica dunque un atteggiamento insolito da parte di un fedele. Ecco perché nella mano sinistra stringe una forma indefinita che potrebbe sembrare un pugnale o un elemento ludico: capisce la finzione religiosa e vuole assassinare Il Papa o si fonde completamente col Verbo e, quindi, dona qualcosa di personale in segno di venerazione?

Il Papa guarda al futuro, la carta alla sua destra rappresenterà quindi la natura di ciò che trasmette. Dobbiamo ricordarci infatti che questa figura è ricettiva verso il cielo (riceve il Verbo divino) ed attiva verso la terra (lo trasmette all'uomo). Allo stesso modo è ricettiva verso la terra (ascoltando le preghiere dei sudditi) e attiva verso il cielo (riproponendole alla divinità). Nella sua essenza è un punto d'incontro ed andrà bene per tutte quelle situazione di intermediazione. Variabile ed indefinito è il contorno della carta. Sfugge se la scena si svolga all'interno di un monastero o di un santuario, oppure siamo proiettati all'esterno, all'aria aperta. Potrebbe essere forse un balcone ed allora - Il Papa - volterebbe le spalle alla folla. Una sostanziale differenza con la controparte femminile, La Papessa, è che questa sacerdotessa "deve credere", ha fatto un voto e lo segue. Il Papa già sa, non ha bisogno di credere ciecamente in un'entità superiore perché lui rappresenta quell'entità, ne è la manifestazione in terra.

Lato Ombra

Il Papa ti ricorda che sei l'insegnante di te stesso, ma potresti avere qualche problema al riguardo! Tutta la saggezza che cerchi viene dall'interno e non da qualche fonte esterna a te. Da questo punto di vista è facilmente accostabile a La Papessa.

Sei guidato ad avanzare sul tuo percorso e ad adottare i tuoi sistemi di credenze spirituali piuttosto che seguire ciecamente gli altri. All'inizio ti potrà sembrare inquietante mentre muovi i primi passi, ma con il tempo imparerai a fidarti più di te stesso e della tua conoscenza interiore piuttosto che dei consigli esterni. Ricorda che altre persone potrebbero mettere in dubbio la tua buona fede oppure il tuo sistema di valori. Non è il momento di dubitare. Nemmeno di cercare uno scontro. Continua a seguire indefesso il tuo cammino. Con Il Papa non hai più bisogno dell'approvazione esterna per avere successo. Sei pronto per andare da solo e per farlo a modo tuo, anche se questo significa andare contro la convenzione. Concediti il permesso di fidarti del tuo "sistema di guida interiore" mentre crei il tuo percorso personale.

L'Arcano V riguarda anche la sfida allo status quo. Vedi modi alternativi di inquadrare il mondo e sei pronto a testare le idee ed i concetti che ti sono stati insegnati come verità assoluta. Non accetti più le strutture rigide, la tradizione ed il dogma che ti circondano. Di contro, sei lanciato verso nuove opportunità che ti permetteranno di ribellarti e di rivendicare il tuo potere personale. Se ti senti limitato o costretto e hai perso il senso di flessibilità che tanto contraddistingueva la tua persona, ora è il momento di stabilire le tue regole. Il Papa ti incoraggia ad esaminare il modo in cui fai le cose ed a chiederti se queste sono in linea con le tue aspirazioni e con i tuoi valori più alti. Potresti aver mandato avanti un'idea oppure un progetto mosso da una sorta di "pilota automatico" che non ti ha permesso di lasciare la tua impronta, ma ora è arrivato il momento di apportare le dovute modifiche e di far sentire la tua voce.

L'Arcano V, nel suo lato ombra, ti mette in guardia sui falsi maestri, i cattivi intermediari o i consigli completamente sbagliati. Questa carta indica una forma di meschinità spirituale che non permette all'individuo di evolversi. Il Papa diviene così la pignoleria, l'intransigenza eccessiva dovuta ad una sorta di grettezza di spirito. Quando è riferita al consultante può indicare che il mancato approfondimento della conoscenza di sé porta a non accettare i difetti propri ed anche quelli altrui. È una sorta di intima natura nascosta in fondo a tutti gli esseri umani per cui si è intransigenti verso le debolezze degli altri mentre lasciamo passare le nostre.

Quando l'Arcano V esprime i suoi aspetti ombra significa che si ha una tendenza limitante ad essere più teorici che pratici, spesso anteponendo all'utilità, la comodità del filosofeggiare e di un modo di esprimersi estremamente vago che nasconde solo una mancanza di praticità e di vera conoscenza. Questa carta può indicare un uomo senza spirito critico o fiducia nelle proprie possibilità. È una persona che predica bene, ma che razzola male. Potrebbe anche riferirsi ad un eccessivo bigottismo che tende a castrare gli altri.

In generale, Il Papa può indicare un maestro che ha un doppio fine, un consigliere che ci sta mandando sulla cattiva strada oppure un intermediario che non sa fare il suo lavoro. A livello concettuale rimanda alla testarda imposizione delle proprie opinioni sugli altri anche se non riusciamo a sostenerle con un confronto logico e verbale. Riassumendo potremmo pensare che l'Arcano si rifà al detto "Non è tutto oro ciò che luccica" oppure "L'abito non fa il monaco".

Infine, è innegabile che questa carta possa apparire in caso di problematica matrimoniale o con la figura paterna. Come in tutte le domande in cui viene espresso in modo evidente un blocco con la famiglia di origine, bisogna valutare attentamente, anche per mezzo di altri consulti mirati, se il consultante possa lavorare effettivamente sul ripristino di determinati rapporti oppure se debba essere seguito da un professionista in grado di aiutarlo in tal senso.

Le Mie Parole Chiave

Trasmettere. Benedire. Innovare. Attenersi alle regole. Il padre. La scuola ed il luogo del sapere. Matrimonio.

Le Tue Parole Chiave

A livello emotivo, Il Papa rappresenta una relazione qualificata da qualsiasi forma di unione come, per esempio, un matrimonio.

A livello intellettuale, Il Papa è schiavo di regole e dogmi che lo tengono prigioniero della sua ideologia. È una carta che indica la necessità di innovare qualche idea per evitare di rimanere impantanati in una certa forma di stasi e di routine.

A livello materiale, Il Papa è una carta un po' particolare perché, nonostante rappresenti la parte spirituale dell'uomo, tutto all'interno della carta lo riconduce al fatto che tiene in profonda considerazione la materialità. Non è un caso che il personaggio appare ben vestito ed estremamente curato.

A livello creativo e sessuale, Il Papa sostituisce qualsiasi bastone, simbolo della creatività e della sessualità, con il pastorale. Significa che ha abbandonato qualsiasi tentativo di far esplodere questo lato della sua vita assecondando invece una chiamata di tipo superiore.

Lo Avevi Notato?

Una particolarità di questa carta è rappresentata dagli accoliti in basso o, ancora più precisamente, dalle loro braccia. Infatti, la mano in posizione bassa al centro appartiene, senza ombra di dubbio, all'accolito di sinistra. Di contro, la mano sulla destra, quella che tiene il falcetto, sembra essere di un arto che esce fuori dai limiti del cartiglio e, quindi, non appartenere necessariamente

all'accolito di destra. Questo può significare che c'è un'insidia nascosta e che in pochi riescono a vedere.

La colonna di destra non è ultimata. Vediamo infatti che una linea verticale è discontinua. Questo concetto lo avevamo già visto sul vestito de L'Imperatore all'altezza del petto ed indicava l'impossibilità di raggiungere uno stato di perfezione e di quadratura assoluta. Anche in questo caso ritorna il concetto dell'imperfezione, ma qui si inserisce all'interno di un discorso religioso ed istituzionale. Allora rimanda alla fallibilità del credo religioso ed invita la persona a maturare un senso di santità all'interno del proprio spirito.

Le croci di Malta che ornano i guanti papali sembrano essere consunte. Questo è l'unico segno che mostra quella che dovrebbe essere l'essenza della religione, ovvero l'umiltà e la dedizione che trascendono l'estetica e la ricchezza. Di contro, nella carta tutto sprizza di ricchezza e di agio. Ecco perché questo Arcano potrebbe avere un forte rimando alla figura del maestro più vicino all'arricchimento che ad altro.

L'Innamorato

Per la prima volta ritroviamo tre persone in modo evidente nella stessa carta che interagiscono tra loro, anche se è difficile definire la natura del rapporto. Questo è l'unico Arcano della prima serie decimale (da Il Bagatto a La Ruota di Fortuna) dove si scorge un angioletto. Inoltre, quello centrale, è l'unico ragazzo ad apparire a gambe nude con una sorta di gonnellino. Quale sarà la situazione rappresentata? I due ragazzi si stanno sposando? La scena è uno squarcio di vita quotidiana, magari al mercato? Stanno litigando, progettando un furto, un'orgia, le due donne si litigano il ragazzo centrale o gli stanno preparando un colpo basso? Potremmo disquisire all'infinito sui rapporti che legano questi personaggi, ma una constatazione ovvia è che l'Arcano VI è una carta vincolata al concetto di unione, di gruppo, di rapporti tra persone. Il personaggio centrale si tocca la cintura con una mano, gesto simile a quello osservato ne L'Imperatore, di cui ne riprende anche il colore rosso delle scarpe. Queste erano ai piedi anche de Il Matto. Tuttavia, a differenza di questi altri due Arcani, qui il terreno non è più azzurro, ma giallo. Composto da varie striature, sembra arato, ed in quest'ottica è la prima volta che compare un terreno lavorato.

Con l'altra mano sembra toccare il sesso della donna più giovane alla destra. Il significato della posizione delle mani cambia a seconda di come interpretiamo la carta. Se ad esempio tra la donna a sinistra ed il ragazzo centrale intercorre un clima di astio, allora le mani della donna lo strattonano e lui - con il suo braccio destro - si para da possibili colpi. Ma se ci fosse attrazione fisica, sembra proprio che la donna lo accarezzi sulla spalla con la mano sinistra e con l'altra si avvicini al suo sesso. In un'ennesima chiave di lettura possiamo vedere la donna con il manto rosso che, avvicinando le mani al suo pene, vuole tentare il giovane come a sottolineare che l'amore passa dal sesso. Questa è - appunto - la tentazione. Di contro è ora facile vedere come la donna dal manto blu tocchi il petto del giovane ad indicare che l'amore passa dal cuore. Questa è la via della virtù. La stessa postura del personaggio centrale è ambigua. Il linguaggio corporeo suggerisce un'attrazione verso la ragazza di destra (quella alla sinistra del personaggio al centro), ma la sua attenzione è calamitata dalla donna di sinistra. Molti studiosi vedono in quest'ultima La Papessa ed in quella di destra L'Imperatrice. La posizione aperta dei piedi è la medesima vista ne Il Bagatto. Anche il ragazzo dell'Arcano VI è dubbioso sulla scelta da fare.

L'ambiente circostante è composto da un terreno giallo. Possiamo immaginare che il ragazzo centrale riceva energia feconda di coscienza cosmica. Inoltre il terreno giallo si interrompe proprio tra i personaggi a destra. La consapevolezza termina là dove ci dovrebbe essere un punto di contatto tra i due esseri umani. Allora, in questo caso, ci sarebbe scissione tra bene e male, buono e cattivo, bellezza e tentazione.

L'angioletto sopra le loro teste sta per scoccare una freccia sulla coppia di giovani ad indicare che la via del cuore è preferibile a quella dell'intelletto. Ecco perché, davanti ad una scelta, è opportuno seguire l'istinto e ciò che vogliamo fare. Il putto contorna un Sole bianco che ricorda la stilizzazione di un cranio. Tra le tante cose, il cranio, indica la sapienza e la mortalità. Essendo collegato al putto in cielo può così indicare un bimbo che non c'è più. Isolando il simbolo del piccolo Cupido ed inquadrandolo sempre come un bambino, può richiamare l'idea di avere un figlio. Se Il Papa era un tramite tra cielo e terra, il piccolo Cupido ha la stessa funzione, ma trovandoci con il numero sei nella sfera spirituale, questo compito passa ad un'entità celeste. Una traduzione del termine "L'Amoureux" rimanda all'amante. Non a caso questa carta indica il concetto di amore, ma con determinati Arcani, come per esempio Il Diavolo, può rappresentare anche un ménage à trois.

Lato Ombra

Questo Arcano, nella sua forma più pura, indica un periodo di armonia. Ecco perché, quando lo vediamo comparire nel suo aspetto ombra, può parlarci di una situazione o di un periodo in cui non siamo sincronizzati con le persone intorno a noi, specialmente se sono i nostri cari. Potresti scoprire che le tue relazioni sono tese e la comunicazione è difficile. Ti sembra anche di non condividere gli stessi valori delle persone attorno a te. Se anche questo fosse il tuo caso, allora torna al motivo principale per cui hai concesso a quella persona di entrare nella tua vita. Se la ami incondizionatamente sappi che questo momento passerà ed il meglio che puoi fare ora è portare amore e compassione.

In altre situazioni potresti renderti conto che ti sei semplicemente allontanato in modo troppo compromettente dall'altra persona e, quindi, risulta impossibile ritrovare un'armonia. Allora è necessario valutare anche se è arrivato il momento di andare avanti, da soli! Se la tua relazione continua ad essere costellata da discussioni e da mancanza di rispetto reciproco potrebbe essere il momento di lasciare perdere. Onora te stesso e anche l'altra persona facendo ciò che è meglio per entrambi.

L'Innamorato può significare che i sentimenti in una relazione non sono reciproci. Una persona può essere più coinvolta emotivamente dell'altra e questo divario potrebbe portare a delusione ed insicurezza. Potresti anche essere riluttante ad aprire il tuo cuore alla relazione per paura di farti male.

L'Arcano VI parla anche dell'amor proprio e del rispetto. Gli studiosi dei Tarocchi sanno che questa è anche una carta di scelta e allora, quando si presenta nel suo lato ombra, potresti dover affrontare una scelta difficile con conseguenze significative. Invece di prendere una decisione basata sui tuoi valori, ti senti tentato di smussare gli angoli evitando la responsabilità delle tue azioni. Allora la scelta sarebbe molto più razionale di quanto prevede questa carta. Ecco perché quando la vedi apparire, la devi prendere come un monito a ripensarci ed a scegliere il percorso più in linea con il tuo Sé Superiore, indipendentemente da quanto difficile possa essere. L'Arcano VI può anche suggerire la presenza di conflitti interiori piuttosto che esteriori. Indica la disarmonia per bilanciare i tuoi sentimenti contrastanti. Ti stai punendo per qualcosa che hai fatto o di cui ti consideri responsabile? Per aiutarti ad uscire da questa confusione dovrai concentrarti sull'articolazione del tuo sistema di credenze e dei tuoi valori personali. La prossima volta ti guideranno per prendere decisioni migliori.

In un momento emotivamente impattante non è poi così impensabile sentire la necessità di tornare all'energia de Il Papa e cercare il consiglio di un mentore spirituale. L'Innamorato indica una scelta difficile e continuamente rimandata. Purtroppo richiama i dispiaceri in amore come un sentimento non corrisposto, la tendenza al celibato o all'amore platonico. Può essere una carta di incertezza e di dubbi dai quali, purtroppo, non si riesce ad uscire fuori. Ci parla di sfiducia in sé e nelle proprie possibilità, soprattutto relazionali e con persone care. Non esiste un giusto mezzo tra gli opposti. Si vive tra la troppa fiducia e l'eccessiva sfiducia, tra la tentazione e la retta via. Questa carta può denotare una sorta di grigiore spirituale, mancanza di entusiasmo, insensibilità e aridità emotiva. Le scelte effettuate non vengono rese operanti e divengonoe sterili. La situazione è turbata da cose futili che appaiono più invalidanti di quanto effettivamente sono.

Le Mie Parole Chiave

Scelta da fare con il cuore. Seguire maggiormente il proprio intuito. Folla. Amore. Indecisione.

Le Tue Parole Chiave

 **A livello emotivo**, L'Innamorato indica l'emozione, il sentimento e l'amore. Quando compare in una lettura ed è attorniato da carte che convalidano questo concetto, allora puoi star certo che il sentimento la farà da padrone. Di contro, qualora gli altri Arcani fossero più inclini a mostrare una situazione buia, allora lo stesso Innamorato potrebbe rimandare a tradimenti e rapporti multipli.

 **A livello intellettuale**, L'Innamorato è una carta che invita a trascendere la parte razionale. È proprio questo aspetto che non ci permette di entrare in connessione con il nostro Sé Superiore. Solo quando abbassiamo la guardia della ragione possiamo cogliere un'istanza intuitiva in grado di farci fare le scelte migliori.

 **A livello materiale**, L'Innamorato rimanda alla necessità di fare scelte pratiche cercando sempre di non scendere a compromessi e di evitare manipolazioni. Anche nell'ambito più pratico dell'esistenza è opportuno seguire il proprio cuore.

 **A livello creativo e sessuale**, L'Innamorato può indicare una tentazione sessuale che bisognerebbe tenere sotto controllo perché potrebbe portare a far degradare altri rapporti.

Lo Avevi Notato?

Il terreno presentato nella carta è il primo ad essere coltivato. Coltivare il terreno può avere un significato figurativo come, per esempio, quello di prepararsi per qualcosa. Le scarpe del giovane sono spaiate, ovvero quella di sinistra non coincide con quella di destra. In una lettura, questa particolare simbologia richiama il fatto che la scelta da compiere è totale: le due strade non possono sovrapporsi perché completamente diverse nell'essenza. O una o l'altra. La prima ci porterà in una direzione, mentre la seconda ci porterà completamente altrove.

La donna a sinistra, avvicina la mano al gonnellino del giovane. All'altezza della sua mano vediamo che il bordo del vestito del ragazzo centrale cambia il tratteggio. Infatti, invece di due linee orizzontali, ne troviamo tre verticali. Questa potrebbe essere un'ombra riprodotta dalla mano, oppure una piccola tasca che la donna sta frugando o, ancora, una piega del vestito data dalla pressione delle dita della donna. Qualora fosse una piccola tasca, allora potremmo avere il concetto di "mettere le mani in tasca" a qualcuno che, a livello materiale, richiamerebbe anche il senso di usare i suoi mezzi o impiegare i suoi strumenti. Se invece prendessimo per buona l'idea del vestito stropicciato, allora possiamo pensare che la donna stia provando ad alzare il vestito del giovane per denudarlo. In una lettura potrebbe rimandare la tentazione sessuale, alla voglia di umiliare qualcuno, di metterlo a nudo o di esporlo al ludibrio pubblico.

Il Carro

Con l'Arcano VII ritroviamo degli animali azzurri ovvero spiritualizzati. Solo ne Il Matto ne avevamo incontrato uno. Nelle carte dei Tarocchi gli elementi rappresentati nella parte sinistra sono – solitamente - ricettivi, femminili. Quelli nella parte destra sono attivi, maschili. Sembrano fare eccezione i due cavalli. Difatti ne troviamo uno maschio a sinistra ed uno visibilmente femmina - sembra ammicchi - a destra. I Tarocchi confermano nuovamente il maschile nel femminile e viceversa. Anche le zampe sono oggetto di studio, sembrano infatti trainare il carro verso due lati opposti. Potremmo immaginare che i contrari trovino armonia a livello energetico o che, essendo il numero sette quello più attivo, il principe sul carro venga buttato giù come punizione per aver agito senza pensare. I cavalli sono liberi da briglie: sanno già dove dirigersi o basta la volontà dell'uomo per indirizzarli? Il carro (inteso come mezzo di trasporto) è un quadrato rosa carne, simbolo della materia. Al centro un blasone. A questo quadrato rosa sono unite due ruote gialle dai raggi rossi. Quella a sinistra è completamente visibile. Quella a destra è solo abbozzata, quasi assente. Sembrano non dare troppa stabilità alla struttura. Osservando meglio si capisce l'impossibilità de Il Carro di avanzare. Magari quelle non sono nemmeno parti integranti del cocchio, ma fanno parte dello sfondo. La ruota è un simbolo solare e riflette l'imperfezione del mondo. Il Carro sembra muoversi grazie al movimento planetario proprio come fosse una costellazione. Non a caso il Grande Carro è anche uno degli asterismi più classici e più conosciuti della volta celeste formato dalle sette stelle più brillanti della costellazione dell'Orsa Maggiore.

Sopra la testa del personaggio è presente un velo blu e giallo. È alzato. Abbiamo già analizzato questa simbologia con La Papessa. Ne La Papessa era abbassato mentre ne Il Carro è alzato. Questo velo scopre la quarta colonna del cocchio che rappresenta - altresì - la quarta gamba mancante del tavolo de Il Bagatto. Capovolgendo difatti l'Arcano VII possiamo notare che il carro sembra essere un tavolo stilizzato. Il fatto per cui ritroviamo due carte che mostrano un velo (La Papessa e Il Carro) e due carte che richiamano il mondo delle stelle e costellazioni (Il Carro e La Stella) è significativo. Il Carro è l'Arcano che unisce entrambe le simbologie: stella e velo. Questo ci permette di azzardare il seguente ragionamento: quando il velo de La Papessa sarà sollevato scopriremo che dietro si celano le stelle. Più precisamente, il segreto del suo libro è la sua relazione con la carta de La Stella.

Il personaggio che governa Il Carro è rappresentato solo per metà. Guarda il suo passaggio e allora la carta a sinistra indicherà su cosa ha trionfato. Nella sua mano destra stringe uno scettro che culmina con una sfera, un triangolo ed ancora una piccola sfera. Rappresenta il perfetto dominio sul mondo. Sulla sua testa una corona gialla simboleggia la trazione delle forze intellettuali. Curiose anche le sue spalline, due mezzelune di cui una crescente ed una calante. Ogni mezzaLuna raffigura un volto. A sinistra sbarbato e a destra con la barba. Questi possono rappresentare i contrari nella vita, oppure il passato ed il futuro. Si può notare però come il volto di sinistra sembri molto triste, mentre quello di destra sia felice o - almeno - più sereno. Allora possiamo dire che rappresentano l'alternarsi degli eventi della vita già espresso con le ruote ai lati della struttura. Lo stesso identico significato sarà presente nell'Arcano X, ovvero gli alti e bassi della vita e tutte quelle situazioni altalenanti. Osservando bene l'intera carta si nota come il principe, con la posizione delle braccia, formi un triangolo sopra il quadrato rappresentato dal cocchio. Un altro quadrato è formato dalle quattro colonne che rappresentano i quattro centri dell'essere umano o i quattro elementi. Così, il triangolo delle braccia, è ora inserito in un altro quadrato: sia sopra che dentro. Esiste un'innegabile forza trainante dello spirito sulla materia. La scena è ambientata all'esterno. È qui che l'uomo valoroso farà vedere il suo valore: nessuno è profeta in patria.

Lato Ombra

Come è ben risaputo, il Carro è un Arcano che indica un movimento deciso e tendente alla conquista. Ecco perché, quando lo vediamo comparire nel suo lato ombra, può rimandare al significato di "fare marcia indietro". Oppure, solo per rimanere su un gergo automobilistico, la necessità di "fare un'inversione a U". Potresti trovarti a sbattere la testa contro un muro di mattoni cercando di spingere un progetto in avanti quando dovresti solo scalare marcia, rallentare o cambiare direzione. Oppure il problema potrebbe essere la mancanza di motivazione, il fatto di non sentirti più impegnato nel perseguire il risultato come quando hai iniziato. Quindi, se qualcosa non procede come pianificato, rivaluta la situazione e controlla se quello è un segno che stai ricevendo per cambiare la rotta. Potresti scoprire che esiste una ragione più profonda per cui le cose sono diventate più impegnative, ostili oppure tremendamente difficili.

A volte Il Carro è un avvertimento che stai lasciando che ostacoli e sfide si frappongono tra te ed il traguardo impedendoti di realizzare ciò che hai deciso di fare. Sta diventando tutto troppo difficile e non hai la voglia di andare avanti. Se questo ti risuona, fermati per un momento e pensa alle cose che contano di più per te ed al motivo per cui vuoi raggiungere questo obiettivo. Se decidessi di continuare a spingere potresti raggiungere il traguardo, ma gli sforzi e tutto ciò che hai dovuto impiegare non ti faranno assaporare il tutto come se fosse realmente una vittoria.

Il Carro potrebbe indicare che stai concentrando la tua energia e la tua attenzione su alcuni processi interni come la determinazione, l'impegno personale e l'autodisciplina. In questo si differenzia dagli aspetti ombra de L'Innamorato. Qualora fossi una persona alla quale piace avere il comando del proprio destino, è arrivato il momento di diventare più disciplinato in quello che stai facendo. Ricorda che, a volte, le redini sono interiori e non necessariamente tangibili. Non permettere a te stesso di preoccuparti di ciò che è fuori dalla tua portata perché non puoi cambiarlo adesso. Se stai aspettando una grande somma di denaro allora questo potrebbe deluderti. Potresti infatti veder entrare una somma leggermente più bassa di ciò che speravi o aspettavi. Allo stesso modo, Il Carro decodificato in modo non proprio ottimale suggerisce che potresti provare a gestire ogni minimo dettaglio della tua vita, ma così facendo ti senti ancora più fuori controllo. Allenta la presa e lascia che le cose facciano il loro corso. Sii aperto alle offerte di aiuto e poi sii grato per ciò che ricevi, anche se non è perfettamente in linea con le tue aspettative.

Non devi essere sempre al posto di guida. I significati più in uso negli aspetti ombra dell'Arcano VII rimandano ai progetti destinati a fallire. Se qualcosa si stava muovendo allora può subire un arresto improvviso. Così come, se una persona lasciava emergere tutta la sua dinamicità, potrebbe essere ora investita da un periodo di stanchezza o di ozio. Questa carta rimanda alla stasi materiale, all'incapacità di accettare ciò contro cui non si può fare nulla. Può richiamare un periodo in cui sentiamo di non andare né avanti né indietro. Potremmo mancare di coraggio, di idee o di una strada ben definita che ci permetta di avanzare oppure retrocedere. In caso di movimento, Il Carro indica un viaggio sfortunato, mal preparato e mal gestito oppure addirittura pericoloso. Richiama anche i problemi con il figlio maschio o con un possibile compagno.

Le Mie Parole Chiave

Successo su un piano materiale. Azione decisa. Rivelazione di natura pratica. Figlio maschio. Riuscita sopra le aspettative.

Le Tue Parole Chiave

 **A livello emotivo**, Il Carro rimanda all'archetipo del principe azzurro, quindi del compagno ideale. Può rappresentare movimento e fermento in amore. Si pone in essere la necessità di vivere i sentimenti con maggiore dinamismo affinché una rinnovata primavera rientri nella nostra esistenza.

 **A livello intellettuale**, Il Carro diviene molto particolare perché, nonostante rappresenti una carta ancorata alla materia, ha comunque la tendenza alla spiritualizzazione della stessa. Ecco perché l'Arcano invita, a livello puramente intellettuale, a godere di un'istanza spirituale in grado di trainare la parte tangibile della vita.

 **A livello materiale**, Il Carro è un'ottima carta e richiama i successi di natura materiale anche sopra le aspettative. Non ci sono contraddizioni e non ci sono blocchi che possono fermarti. È un ottimo momento per portare a termine progetti ed idee, oltre che per raccoglierne i frutti.

 **A livello creativo e sessuale**, Il Carro può rimandare alla forza dirompente della creatività e della sessualità, purché sia canalizzata al piacere ed alla condivisione. Infatti il principe rappresentato nella carta, in un eccesso di alterigia, potrebbe rivolgere le attenzioni solo verso il suo stesso piacere.

Lo Avevi Notato?

Quando si contempla l'Arcano VII si nota immediatamente che il carro

(la struttura) sprofonda nel terreno giallo e che la ruota di destra non è veramente una ruota. Quello che però passa inosservato è che il colore attorno alla struttura del carro nasconde una fusione completa con la terra. Infatti, appena sopra la ruota quasi inesistente (sulla destra), il colore rosa continua a saturare la scena anche se non dovrebbe esserci.

La stessa cosa avviene sotto la medesima ruota ed anche in basso, tra i due cavalli. Di contro, tra le zampe del cavallo di sinistra, il terreno si prolunga verso l'alto. È come se non esistesse il confine tra il carro e la terra. Per dirla in modo più semplice: il carro fa parte del pianeta seguendone logiche e moti.

Un fiocco rosso compare sopra la testa del principe. A livello simbolico il fiocco ha quasi lo stesso significato del nodo e rappresenta qualcosa da sciogliere. Da questo fiocco si dirama un tendaggio completamente aperto. Questo è un chiaro riferimento alla rivelazione e quindi l'Arcano VII avrà il significato di rivelazione materiale.

La Giustizia

La donna de La Giustizia è il primo personaggio a guardare dritto negli occhi del consultante. Sembra invitarci a vivere radicati nel presente come radicata è proprio questa donna assisa su un trono. Non v'è nulla di sovrumano nella sua figura, dai capelli biondi a varie chiazze rosso vivo e verde sulle sue vesti. Anche i gesti non sembrano essere così nobili, altera difatti l'equilibrio della bilancia con il gomito sinistro ed il ginocchio destro. Questo atteggiamento rimanda a ciò che è giusto per il consultante. Contemplando profondamente l'Arcano notiamo che tutto intorno a questa figura perde di simmetria: la spada che solleva è leggermente inclinata, la collana sale verso destra, le colonnine del trono differiscono per una sfera rossa posta su quella di destra. Il messaggio che sembra suggerirci la carta è: "La legge è uguale per tutti, ma non tutti sono uguali per la legge". Su un altro piano di lettura potremmo sostenere invece che la donna de La Giustizia rifiuti a priori la schematizzazione mentale, il perfezionismo e l'inamovibile; allora ci inviterebbe ad essere giusti con noi stessi, accettando mancanze e devianze.

La spada è un simbolo attivo e rappresenta la punizione, il taglio di tutto ciò che non è necessario. Essendo colorata di azzurro indica che si tratta di una punizione spirituale. La Giustizia rimanda anche ad una decisione presa con la testa. Non a caso "decidere" significa "tagliare" via le altre opzioni. La bilancia è un simbolo ricettivo ed invita a dare nuovo equilibrio dopo la cernita precedente. Dai piatti escono due fasci luminosi sempre di colore azzurro. Ritroviamo un equilibrio più spirituale che materiale. Inoltre la diseguaglianza d'altezza dei due piatti è simile al concetto che ritroveremo ne La Ruota di Fortuna con l'alternarsi degli eventi della vita.

Al centro del copricapo un cerchietto con inscritto un altro cerchietto ricorda l'Agnya chakra, l'occhio onnisciente dell'intelletto e della veggenza. Compito di questo Arcano è aprire la mente evitando quelle piccole o grandi istanze di perfezionismo che possono far ammalare il consultante. Appena sotto questo, una striscia rosa simbolo di pensieri materiali. Al collo ha una corda simbolo di un qualche tipo di legame. Un matrimonio oppure un lavoro vincolante. La scena è stranamente rappresentata all'esterno, come dimostra una piccola piantina gialla ai piedi della carta. Con il suo nome, questo Arcano rimanda anche alla giustizia in quanto tale, gli iter burocratici, i tribunali e gli uffici.

Lato Ombra

La Giustizia significa che, internamente, sai di aver fatto qualcosa che non è moralmente giusto. Qualcuno potrebbe vedere le tue azioni come orribili o prive di senso. Cerca di capire quanto quello che stai facendo sia retto nei confronti degli altri e di te stesso. Puoi anche cercare di nascondere qualcosa di poco legale o di poco chiaro, sperando che nessuno lo scopra. Oppure, decodificando questa carta alla stregua di un consiglio, puoi farti carico delle tue responsabilità ammettendo gli errori commessi ed intraprendendo un'azione mirata per risolvere tutta la situazione. Qualunque cosa tu scelga, dovrai convivere con le conseguenze di ciò che hai fatto. Quindi segui ciò che ti sembra giusto! La Giustizia significa che non sei disposto ad assumerti la piena responsabilità delle tue azioni e potresti cercare di schivare le colpe puntando il dito contro gli altri. Forse sei disonesto con te stesso e la tua riluttanza a guardare oltre le tue paure ti rende cieco alle lezioni più ampie che l'esistenza ti sta mettendo sotto il naso. Valuta ancora una volta la tua situazione. Devi farlo con calma e con l'intenzione di scoprire qual è la tua responsabilità per ciò che è successo. Una volta che l'hai individuata e riconosciuta fa tutto il possibile per rimediare ed iniziare di nuovo. In tal modo ti libererai da ogni senso di colpa o di vergogna autorizzandoti a prendere decisioni migliori per il futuro. La Giustizia significa che il tuo critico interiore lavora a pieno regime. Potresti addirittura sminuirti eccessivamente. Se questo ti risuona, inizia a lavorare sul perdono e sull'accettazione. Mostrati un po' di gentilezza e di compassione nella consapevolezza che tutti commettono errori.

Quando indica un personaggio può riferirsi ad una donna eccessivamente presente nella vita del consultante oppure, in diretta relazione alla persona che si sta facendo leggere i Tarocchi, rimanda alla sua razionalità estremamente marcata. La Giustizia significa che devi prendere una decisione importante, ma devi anche seguire il tuo intelletto, trascurando ciò che ti piacerebbe fare. Forse vivi questa dinamica con profondo rammarico perché il senso del dovere ti opprime più del dovuto. Eppure è proprio quello che ti viene chiesto di fare! Cerca di tagliare la corda quando ti senti vittima di pregiudizi che potrebbero influenzare ingiustamente il tuo operato e cerca di importi in tutte quelle situazioni che prevedono il pugno di ferro.

La carta invita anche ad ottenere più informazioni per prendere una decisione equilibrata. Infine, la Giustizia può indicare anche la mancanza di giustizia nel senso più stretto del termine. Il che significa che potresti temere un esito ingiusto o contestare un giudizio finale, mettendo in discussione un processo decisionale, sia esso legale o meno. Forse potrebbero esserci delle complicazioni o qualcosa che impedisce il corretto svolgimento dell'iter burocratico.

Le Mie Parole Chiave

Ciò che è giusto. Decisione presa con l'intelletto. Donna fredda. Burocrazia. Necessità di ammorbidire l'intelletto.

Le Tue Parole Chiave

A livello emotivo, La Giustizia si dimostra troppo fredda e dogmatica per seguire un percorso emotivamente appagante. La sua razionalità non le permette di godere pienamente delle piccole e grandi gioie che l'amore sa dare. Tuttavia, si dimostra essere una persona equilibrata e corretta in grado di analizzare correttamente le criticità della relazione.

A livello intellettuale, La Giustizia è nel suo regno. Si trova perfettamente a proprio agio in tutte le questioni razionali e non si fa problemi a prendere delle decisioni fredde, ma giuste. Dopo aver analizzato e soppesato ogni cosa, si fa carico di tutte le responsabilità che derivano dalle scelte che compie.

A livello materiale, La Giustizia sente il peso di fare le cose in un certo modo. Lealtà e trasparenza sono il suo motto. Seguire le regole diventa un caposaldo della sua filosofia. È importante assumerti la piena responsabilità ed attuare tutti quei cambiamenti in grado di lanciarti verso il successo materiale.

A livello creativo e sessuale, La Giustizia non si sente a suo agio essendo completamente rinchiusa nel proprio mondo. Il fuoco della passione, la potenza della sessualità o l'energia della creatività non sono frequenze che competono questa carta. Forse è un periodo in cui si da maggiore risonanza a ciò che si deve fare piuttosto che a quello che si vuole fare.

Lo Avevi Notato?

Il pollice della mano che regge la spada è di colore rosso. Il rosso rimanda, tra le tante cose, al sangue. È facile così vedere in questo particolare una mano macchiata di sangue ad indicare l'aspetto punitivo de La Giustizia. Questo elemento mette in guardia tutte quelle persone che, per raggiungere un risultato, cercano il sotterfugio e la strada più breve. Bisogna evitare le piccole o le grandi scorciatoie che portano ad andare contro un sistema di normative.

Ai suoi piedi è presente una piuma che rimanda al mondo degli angeli. È un'energia un po' strana perché questa donna, assisa sul trono della ragione, non è in grado di aprirsi alla consapevolezza angelica. Forse è un invito ad essere più morbida ed a concepire il mondo da punti di vista  trasversali. La piuma occupa un posto speciale nella spiritualità per molte culture diverse e questo significa che il simbolismo dietro di loro è incredibilmente vario. Le piume sono state a lungo considerate un collegamento con il regno spirituale e la divinità. La loro connessione con gli uccelli da cui provengono significa che sono spesso viste come simboli della libertà e del volo della tua mente, oltre che della tua anima. Simboleggiano protezione, amore, la presenza di angeli custodi, il vento, il creatore e persino la tua connessione con il tuo Dio. Tuttavia, questi significati possono cambiare a seconda della persona con cui stai parlando.

Il trono sul quale è seduta sembra non essere realmente un trono. Proprio come L'Imperatrice aveva delle ali angeliche, La Giustizia sembra avere delle ali membranose, molto simili a quelle de Il Diavolo. Da questo punto di vista sarà opportuno capire quanto la carta rappresenti realmente ciò che è giusto oppure se ci sono istanze negative nascoste che possono in qualche modo inficiare il corretto andamento di un iter.

L'Eremita

Ne L'Eremita l'ambivalenza è la caratteristica di fondo. Il numero 9 è attivo perché dispari, ma in questo Arcano sembra trionfare la ricezione. Sono presenti due mezzelune arancioni sulle sue vesti proprio a riprova di questo. La barba azzurra lo riconduce a L'Imperatore. Possiamo quindi pensare che sia l'Arcano IIII che, perso l'attaccamento alla materia, si dedica alla scoperta dell'Io essenziale. In qualità di maestro - invece - richiama Il Papa, con la differenza che l'Arcano V è una spinta verso il futuro e l'Arcano VIIII è una rivalutazione del passato. Gli unici due Arcani dove i personaggi si appoggiano ad un bastone sono L'Eremita ed Il Matto. In entrambi questo bastone è rosso e di egual misura, con l'unica eccezione che nell'Arcano VIIII sembra tremare. È il simbolo di chi ha percorso un viaggio ed è stato forgiato dalle prove della vita. In questo caso l'anziano potrebbe essere lo stesso uomo de Il Matto, invecchiato. È arrivato alla fine di un ciclo terreno. Su un altro piano di lettura potrebbe essere l'allievo (Il Matto) che incontra il maestro (L'Eremita). Possiamo avere un ulteriore piano di decodifica riguardo questo bastone. Potrebbe rimandare ad un serpente. La radice ebraica "nachàsc" indica sia il serpente che la conoscenza anticipata delle intenzioni. Non a caso, per tantissime culture, il serpente è simbolo del sapere esoterico, oltre che della tentazione. Ecco perché L'Eremita è un uomo di grande conoscenza.

Le vesti che ricoprono L'Eremita danno una sensazione di pesantezza, cosa che suggerisce un senso di freddo e ci proietta nella notte profonda. Inoltre indicano la solitudine di questo saggio capace di rimanere impermeabile alle influenze del mondo. Il personaggio solleva una lanterna che emana luce gialla. Molti studiosi sostengono che sia la luce della coscienza che illumina il suo percorso. Secondo la tradizione buddhista, invece, la lanterna simboleggia la trasmissione della vita. In ogni caso è un saggio che illumina ed è illuminato. Il grande cappuccio rosso ricade sulle spalle o su un'eventuale gobba. Qualora decidesse di indossarlo passerebbe inosservato per le vie del mondo. Da un altro punto di vista rappresenta una cornucopia e rimanda alla fortuna materiale. L'Eremita sembra aver capito il segreto della materia e l'ha trascesa. La fronte non è stata risparmiata dal trascorrere del tempo, è solcata da tre rughe, simbolo di un'esplosione energetica dei suoi pensieri. Il suo atteggiamento è austero, ma la forma vaginale che prende vita dalla mano che regge la lanterna è indice di un desiderio carnale.

L'Eremita è l'ultimo personaggio della serie terrestre e con lui si chiude il primo ciclo. Le carte che seguiranno non rappresenteranno più esseri umani impegnati in azioni reali. Da questo punto di vista simboleggia la fine di un'esperienza o il momento in cui ci fermiamo per valutare ciò che abbiamo vissuto. Tra le pieghe del suo mantello, in basso, scorgiamo una forma che ricorda un libro. Così, se La Papessa è la donna che interagisce con uno scritto, L'Eremita è l'uomo che interagisce con lo scritto. La scena sembra svolgersi all'esterno con lo stesso terreno arato che avevamo già visto nell'Arcano VI, L'Innamorato. Colpisce il nome, scritto con un'H di troppo. In occitano (lingua d'Oc) "Eremita" si scriveva proprio "Hermite".

Lato Ombra

L'Eremita significa che non stai prendendo il giusto tempo per la riflessione personale, oppure ne stai prendendo troppo! Quindi, in entrambi i casi, il problema che si pone in essere è uno strano rapporto con i tempi. Se fai fatica a connetterti con il tuo Sé Superiore, L'Eremita ti incoraggia a creare più spazio per meditare e per riflettere. È tempo di andare più a fondo nella tua interiorità e riscoprire il tuo scopo più grande su questa terra. Potresti essere stato così impegnato nell'affrontare i problemi quotidiani che hai dimenticato di ascoltare la tua voce interiore. Così L'Eremita ti chiede di cercare nel profondo della tua anima al fine di ritrovare la strada e concentrarti sulla costruzione di te stesso, su un altro piano esistenziale.

L'Eremita significa che se hai già passato molto tempo a riflettere su qualche dinamica della tua esistenza, allora potresti iniziare a pensare che chiudere quel ciclo per aprirne un altro sia la scelta ideale. D'altronde non puoi più godere di alcun beneficio in relazione alla dinamica che stai meditando. Devi essere anche consapevole dei bisogni degli altri. Forse sei molto assorbito dai tuoi dilemmi personali da escludere la tua famiglia oppure i tuoi amici. Ricorda che se un periodo di solitudine è auspicabile, questo non deve trasformarsi in un periodo di isolamento che, invece, può essere deleterio per la tua essenza. Quando si parla di una relazione, L'Eremita significa che fai fatica a trovare la tua anima gemella oppure che sei vittima di un isolamento sgradito.

Come il senso più generale della carta suggerisce, c'è un grande problema nell' entrare in relazione con gli altri. Ad esempio, una persona potrebbe voler rimanere da sola o mettere fine ad una relazione, mentre l'altra vuole approfondire questa connessione. Dovrai rispettare le richieste di spazio di tutti, ma anche essere presente per supportare ciò che tu vuoi. Nonostante la difficoltà della relazione, nessuno deve abbandonare la nave dall'oggi al domani. Infatti è sempre preferibile cercare di fare chiarezza su ciò che non sta andando al fine di aggiustare il tutto. Se invece questo non fosse possibile, riuscirai comunque a mettere fine alla tua relazione in modo coscienzioso, senza avere traumi futuri.

L'Eremita, nel suo aspetto ombra, significa che hai problemi ad entusiasmarti a qualcosa e, forse, la tua voglia di fare è venuta un po' meno. Questo aspetto tocca anche il tuo centro passionale e sessuale che, purtroppo, rimane un po' di lato nella tua esistenza. L'Arcano VIIII significa che un uomo ti sta nascondendo qualcosa e se la carta venisse estratta con altre lame che in qualche modo rimarcano questo concetto in senso negativo, allora ciò che ti viene nascosto non è necessariamente un bene. Infine, L'Eremita significa che hai dei problemi a ponderare le cose, quindi potresti essere troppo precipitoso oppure troppo prudente. Cerca sempre di trovare la giusta via di mezzo.

Le Mie Parole Chiave

Solitudine o isolamento. Cercare di chiarire qualcosa. Un ciclo che non da più benefici, ma che si fa fatica a chiudere. Entrata in crisi per qualcosa che di cui si prende consapevolezza.

Le Tue Parole Chiave

A livello emotivo, L'Eremita indica un periodo di solitudine o di isolamento che non permette la conoscenza di nuove persone. Se la domanda verte su una coppia, allora è necessario fare maggiore chiarezza al fine di prendere coscienza di tutti gli aspetti problematici della relazione.

A livello intellettuale, L'Eremita rischia di rimanere vittima delle sue stesse conoscenze e delle sue credenze. Certo, è una persona che conosce tantissimo, ma a volte tende anche a creare un certo distacco con il mondo circostante e ad evitare un confronto attivo con gli altri.

A livello materiale, L'Eremita indica colui che ha trasceso la materia e non è più interessato a perseguirla. Ha una totale fiducia nell'universo e sa che quando arriverà il momento di iniziare un nuovo percorso, ciò di cui avrà bisogno a livello pratico gli verrà dato e mostrato.

A livello creativo e sessuale, L'Eremita lascia un po' a desiderare. C'è una certa reticenza ad appassionarsi a qualcosa ed a lasciarsi andare a quel fuoco interiore che è sinonimo di creatività e sessualità. Ecco perché potrebbe rimandare alla mancanza di entusiasmo o alla poca voglia di avere contatti fisici.

Lo Avevi Notato?

Da una prospettiva evolutiva non religiosa, la barba simboleggia la mascolinità, poiché cresce in risposta agli ormoni maschili o agli androgeni; testosterone e DHT. Indipendentemente dal tipo di sistema di credenze in cui vivi, non puoi mai veramente disassociare la barba dal suo legame con la mascolinità e l'uomo. Tuttavia, la barba de L'Eremita ha una colorazione azzurra con una

chiazza gialla oltre ad essere la barba più lunga che un personaggio mostra nella serie degli Arcani Maggiori. Il giallo è il colore della coscienza e dell'intelligenza. Così, il tutto è paragonabile all'atto di aspettare con calma, senza lamentarsi. Mostra una forza di carattere simboleggiata dall'ipotetico atto di posare il rasoio e non radersi, anche quando tutti si aspettano che tu lo faccia.

Il mantello è alzato in modo innaturale. Infatti dovrebbe ricadere lungo il fianco del personaggio, ma rimane alzato come a seguire la mano che regge la lanterna. Se dovessimo immaginare la scena, potremmo pensare che con il mantello alzato, L'Eremita stia cercando di nascondere qualcosa, forse la mano che regge il bastone o - addirittura - la parte alta del bastone stesso. L'aspetto interessante è che ad essere occultata è la forma a T del supporto in legno. Il bastone a forma di lettera T (o Tau) rimanda alla croce egizia ed è un antico simbolo di immortalità. Quindi, se L'Eremita occulta questo particolare è perché vuole nascondere il segreto dell'immortalità, proprio come hanno fatto gli alchimisti nei secoli.

A proposito di questo mantello alzato, notiamo che all'altezza del bastone ricade in modo innaturale e sembra essere sfalsato È un chiaro riferimento al fatto che L'Eremita non si cura molto del suo aspetto.

Una curiosità: il mignolo di quest'uomo (quello della mano che regge la lanterna) è bianco. Di per sé, questa simbologia non ha un riscontro esoterico importante. Tuttavia, qualche anno fa, durante un consulto fatto ad un operatore socio sanitario,

L'Eremita è uscito ad indicare una malattia del consultante affetto dalla sindrome di Raynaud. La sindrome è caratterizzata da brevi episodi di vasospasmo, un improvviso restringimento dei vasi sanguigni che causa una diminuzione del flusso di sangue diretto verso le dita delle mani e dei piedi. La conseguenza visibile è che la pelle assume un colore biancastro. Oltre ad essere incredibile, questo aneddoto mi permette di ripetere nuovamente una nozione già espressa all'inizio del libro: a volte i significati non nascono da una conoscenza canonica dell'Arcano quanto da un confronto diretto con il consultante ed il suo strato di mondo.

La Ruota di Fortuna

Con questo Arcano, uno tra i più enigmatici dei Tarocchi, si chiude la prima serie decimale. Protagonisti della scena tre esseri indefiniti ed una ruota. Contemplando la carta immaginiamo un senso rotatorio antiorario, movimento che porterebbe l'animale a sinistra verso l'abisso della materia e l'animale a destra nel paradiso della spiritualizzazione. Se gli animali si muovessero per raggiungere il medesimo fine, invece, il movimento sarebbe orario, ma i loro sforzi vanificati. Farebbero la fine del criceto nella ruota. Il primo è vestito dalla cintola in giù mentre il secondo dalla cintola in su. Il terzo animale è adagiato su un piano apparentemente stabile. In questa posizione ricorda la Sfinge. Quella presentata nei Tarocchi di Marsiglia è un'androsfinge. Questo animale è la rappresentazione dei grandi enigmi. Con la mano sinistra stringe uno spadino dell'esatta lunghezza della bacchetta de Il

Bagatto. A differenza dei due esseri laterali che si affannano per raggiungere il loro fine, la Sfinge coronata agisce con l'intelletto e riflette sulla natura del blocco. Questa riflessione ci porterà a capire che, indipendentemente dagli sforzi profusi per far girare la ruota, esiste un movimento più ampio da assecondare. Tutta la struttura, infatti, poggia sull'acqua. Bisogna così inquadrare la situazione a lungo termine e valutare quanto l'affannarsi dietro un blocco momentaneo sia davvero funzionale a risolvere il problema oppure se è meglio imparare a fluire con l'esistenza. La ruota sull'acqua può rimandare ad uno spostamento per mare.

In diverse culture la Sfinge era collocata all'ingresso dei luoghi sacri per custodirne i segreti. Era un simbolo che avvertiva chi stava per entrare che la conoscenza acquisita in quel luogo doveva rimanere nascosta a chi non era iniziato. La cosa che colpisce di più è che il personaggio che la precede è L'Eremita, ovvero l'uomo con una conoscenza che si presenta all'ingresso di un luogo sacro. Possiamo così pensare che tutte le carte dopo l'Arcano X rappresentino dei segreti più profondi in grado di relazionare l'uomo al divino. Secondo questa logica, gli Arcani compresi dal primo al decimo condensano le energie della Forza Interna. Colgono cioè l'uomo nel suo assetto più quotidiano e materiale. Gli Arcani dall'undicesimo al ventunesimo cercano di inquadrare - a livello archetipico - la Forza Esterna, ovvero quella trama energetica in grado di mettere in asse l'uomo con la sua essenza. Il mantello rosso della Sfinge sembra rappresentare un cuore. Questo indica dei dubbi nella sfera emotiva. In testa una corona giallo oro a cinque punte è una rappresentazione della quintessenza. Ritroviamo inoltre una fascia rossa simbolo del pensiero attivo. Appena sotto di questa una ruga d'espressione o un accenno al terzo occhio già intravisto ne La Giustizia.

La ruota presenta sei raggi. Per questo la ricolleghiamo ad un simbolo solare, mentre il cerchio è colorato all'esterno di giallo e all'interno di rosso. Possiamo affermare che il movimento cosmico rappresentato da questo Arcano agisca su un livello materiale e su un livello mentale.

Torniamo ai tre esserini. Se si spostassero per raggiungere individualmente la loro meta si ritroverebbero sempre nello stesso posto per il movimento della ruota che vanificherebbe i loro sforzi. Lo stesso se rimanessero immobili. Questo significa che bisogna trovare il giusto equilibrio tra le forze per raggiungere il proprio obiettivo. A destra ritroviamo una manovella, elemento importantissimo. Se La Ruota di Fortuna chiude un ciclo, dobbiamo aspettare una nuova forza che agisca su questa manovella e rimetta in moto la ruota. Non a caso l'Arcano successivo si chiamerà: La Forza. La base è formata da due pilastri, ennesimo simbolo di dualità, che posano su un corso d'acqua o forse sul cielo stesso. Il pilastro di sinistra ha il lato rosso leggermente più sporgente di quello arancione, elemento che rompe la geometria del disegno. Quello di destra si perde oltre i confini della carta.

Lato Ombra

La Ruota di Fortuna significa che alcuni eventi della tua vita potrebbero prendere una brutta piega. Forse stai per sperimentare cambiamenti inaspettati o "forze negative" potrebbero entrare in gioco lasciandoti impotente. Solitamente, quando questo avviene, le persone si sentono davanti ad un bivio: non fare nulla e sperare che le cose migliorino da sé oppure agire per migliorare la situazione. Tuttavia ti invito a guardare meglio la carta e vedere che entrambe queste strade ti ridurrebbero a vivere come gli esserini ai lati della ruota, in balia degli eventi. In realtà esiste una terza via: estraniarsi dalla situazione problematica e valutarla come uno spettatore esterno. Solo così possiamo capire che esiste sempre una strada sulla quale fluire naturalmente e verso la quale la vita ci sta direzionando. Il nostro compito è rimanere lucidi, senza disperdere energie inutilmente. Anche essere centrati nel qui e ora aiuterebbe molto per capire ed intuire qual è la direzione da intraprendere. Indipendentemente da quale strada sceglierai, ricorda che esiste sempre una buona dose di fatalità che entrerà in gioco.

La Ruota di Fortuna ricorda che cambiare il proprio destino non inizia da un atto fisico, ma da un momento di centratura in cui accettiamo la responsabilità di dove ci troviamo. Questo ci permette anche di valutare con più respiro i blocchi ed i problemi. È necessario considerare quale ruolo hanno svolto le tue azioni passate nelle circostanze presenti. Ricorda che anche quando pensi che tutto sia fuori dal tuo controllo, spesso non è così e puoi benissimo meditare su questa situazione per capire come applicare le nuove conoscenze al tuo futuro. La Ruota di Fortuna significa che resisti al cambiamento, in particolare se lo senti imposto. Questa carta suggerisce che iniziare un nuovo ciclo è necessario, anche se in questo momento lo vivi come una grande fonte di stress. Forse stai inconsciamente impedendo agli eventi di fare il loro corso. Accetta che l'impermanenza è inevitabile ed avrai un'esperienza esistenziale migliorata. Dovrai seguire il flusso magico della vita. Questa carta esce anche a tutte le persone che stanno sperimentando problematiche con il proprio Karma, con un'altalenanza sentimentale (oppure emotiva) o con i viaggi in mare.

La Ruota di Fortuna compare anche nei tiraggi in cui è necessario toccare il fondo prima di essere pronti a vedere ciò che non ci serve più. Questo ci permetterà di iniziare un nuovo ciclo di vita. Infine, questa carta può essere estratta quando abbiamo delle problematiche con quiz, quesiti, enigmi o test da risolvere. In questo caso è opportuno strutturare un piano di studio migliore o cercare di capire come non rimanere impantanati nei dubbi che sembrano apparentemente rimanere senza risposta.

Le Mie Parole Chiave

Blocco dato da cause esterne. Un ciclo si chiude, ma un altro si apre. Non disperdere energie nel fare cose inconcludenti. Alti e bassi della vita.

Le Tue Parole Chiave

 **A livello emotivo**, La Ruota di Fortuna può indicare degli alti e bassi all'interno di una relazione oppure una situazione in cui le persone vogliono cose diverse. In realtà le applicazioni di questa carta sono pressoché infinite: una storia che si chiude ed un'altra che si apre, una dinamica che non si sblocca e per la quale non possiamo farci nulla, la voglia di seguire maggiormente la via del nostro cuore e così via...

 **A livello intellettuale**, La Ruota di Fortuna suggerisce di evitare sforzi fisici ed iniziare, invece, a ragionare sul movimento migliore da assecondare per mandare avanti la nostra vita. La persona che continua a sbattere la testa contro il muro pur non ottenendo mai dei buoni risultati, dovrebbe capire che questo non è il momento di agire, ma di valutare qual è la strada migliore da intraprendere.

 **A livello materiale**, La Ruota di Fortuna si trascina dietro il concetto di "fortuna" che non è necessariamente un discorso positivo. Indica più che altro il destino in generale. Allora questa carta rimanda ad un'altalenanza materiale, alti e bassi lavorativi oppure instabilità quando si tratta di mandare avanti il proprio progetto.

 **A livello creativo e sessuale**, La Ruota di Fortuna può rappresentare una sessualità poco stabile data dal fatto di volere cose diverse. Indica un blocco nella sfera creativa o una poca stabilità in quella sessuale. Ad ogni modo è sempre bene valutare la carta alla destra per vedere come sbloccare queste energie.

Lo Avevi Notato?

Alla struttura manca l'assale di sinistra, cosa che rende impossibile la solidità della figura per ovvie leggi fisiche. Il movimento indicato da La Ruota di Fortuna, quindi, è quello simbolico dell'alternarsi tra alti e bassi della vita. Forse questa è proprio la ruota che manca a Il Carro. Da un altro punto di vista possiamo anche immaginare che il moto suggerito dalla carta non è quello rotatorio, ma quello della struttura sull'acqua. Questo significa che bisogna seguire fino in fondo le proprie emozioni per vedere dove ci stanno portando. Insomma: fluire con il proprio destino. L'animale di destra presenta orecchie asinine. Questa simbologia è un chiaro riferimento all'ignoranza e alla presunzione. In alto a sinistra l'acqua non è delimitata dalla classica linea nera che forma le onde. Questo può indicare un principio di emozione acquietata o la dirompenza dei sentimenti. Proprio come L'Appeso, anche l'essere di sinistra è capovolto, ma nella carta non ha il significato di "vedere le cose da un'altra prospettiva" perché la sua testa è comunque posizionata al dritto. Così, possiamo rimarcare il concetto già espresso in precedenza di un'azione priva di senso o di sforzi che non vanno a buon fine.

La Forza

L'Arcano XI è l'unico a presentare una dicitura totalmente decentrata verso sinistra. La seconda serie decimale si apre proprio con La Forza che ha molti tratti in comune con Il Bagatto. Vediamo infatti il cappello a forma di analemma, la polidattilia dell'unico piede in vista di lei che si rispecchia con quella della mano di lui, nell'Arcano I il giovane agisce dalla cintola in su, quindi nel mondo dell'intelletto, nell'Arcano XI la donna lavora dalla cintola in giù, nel mondo dell'inconscio. La Forza è l'unico Arcano Maggiore in cui non troviamo traccia di paesaggio o elementi dello sfondo. L'unico punto d'osservazione è il rapporto tra la donna e l'animale. Questa apre le fauci della fiera senza sforzo ad indicare la perfetta collaborazione tra i due. Allora la fiera sarà l'emblema dell'animalità armonizzata. L'animalità è simbolo dei nostri istinti e dei nostri slanci che vengono dall'inconscio più profondo.

Nella bocca della bestia contiamo cinque denti neri. I denti rappresentano la capacità di gustare la vita e le idee nuove. Le dita del piede della donna e le punte gialle del suo cappello sono - invece - sei. Il messaggio è: La Forza lavora con l'inconscio per raggiungere l'armonia. A proposito della polidattilia. Una credenza medievale riteneva le persone nate con anomalie fisiche come detentrici di un dono particolare. Troveremo un altro leone ne Il Mondo, ma questa volta con la bocca chiusa e più mansueto. Una caratteristica molto curiosa dei Tarocchi è che, ogni volta che un simbolo si ripete sembra migliorare. Per esempio, prendendo a modello proprio il leone, constatiamo come quello dell'Arcano XI sia selvaggio mentre quello dell'Arcano XXI più regale e - addirittura - con l'aureola.

Il petto è costretto da un corpetto rosa ad indicare una spiritualità assennata. Sul muso della fiera, una tra le più grandi di tutti i Tarocchi, scorgiamo otto puntini neri che indicano l'equilibrio raggiunto dall'istinto. Sul polsino della donna, invece, i puntini sono quattro a rappresentare che lo sforzo per addomesticare l'animalità può portare esclusivamente ad una situazione di stabilità. Sommando il numero complessivo dei puntini abbiamo il dodici, il numero de L'Appeso, questo perché il giusto equilibrio passa attraverso la meditazione.

Il cappello della donna ricorda delle squame, dei petali o delle piume. Ad ogni modo è facile intravedere in questo dei rimandi floreali, solari o anche il coraggio e la determinazione. La Forza è l'Arcano posto a destra de La Ruota di Fortuna e può rappresentare l'energia necessaria in grado di rimettere in moto il blocco dell'Arcano X. In tal senso la possiamo vedere come un input, una dinamica o una persona in grado di sbloccare una situazione stagnante.

Lato Ombra

Quando la carta del La Forza compare in una lettura dei Tarocchi, sintonizzati sui tuoi attuali livelli di energia, fiducia in te stesso e determinazione. Potrai scoprire che esiste qualche disequilibrio. Se di recente hai subito una battuta d'arresto, potresti essere vulnerabile e privo di fiducia in te stesso. Sappi che la tua forza principale sarà sempre con te ed è adesso il momento migliore per riconnetterti con questo potere. In effetti potresti avere più energia e resilienza di quanto ti dia credito, quindi sii gentile con la tua persona. Puoi anche voler rinvigorire la tua sicurezza e la tua autostima raccogliendo prove dal tuo passato. Queste dimostrano che hai proprio ciò che serve per il successo e per superare delle sfide temporanee. La carta, nel suo lato ombra, potrebbe apparire in momenti di pigrizia, soprattutto se ti sei dedicato con vigore ad un progetto. L'Arcano XI è un invito a fare il punto della situazione e ripristinare i livelli di energia, riposando e ritirandoti per un po' dal mondo. La cura di se stessi è fondamentale!

Questa carta può anche segnalare che sei incline ad un comportamento esplosivo e ti scagli contro gli altri divenendo aggressivo. Attenzione ad agire senza pensare. Potresti finire per fare qualcosa di cui ti pentirai in seguito. La chiave non è reprimere quelle emozioni grezze, ma imparare a canalizzarle in modo che non danneggino gli altri o te stesso. Puoi cercare un professionista che ti aiuti ad affrontare meglio questa condizione. Quando vediamo comparire in una lettura dei Tarocchi La Forza, questa indica una debolezza fisica e morale. Una persona intransigente e dura, priva però di vera forza. Esiste una tendenza ad imporre il proprio carattere e la propria volontà sugli altri senza però tenere conto delle loro esigenze. Bisognerebbe aprire un nuovo ciclo di vita anche se manca il coraggio e la determinazione per avviare fattivamente questo nuovo percorso. Anche nel caso in cui esistesse questo coraggio, allora è usato a sproposito per cose inadeguate e lontane da chi siamo realmente.

In un tiraggio che riguarda un progetto individuale o comune, la carta può indicare che, forse, il gioco non vale propriamente la candela. Quando una persona dovrebbe imporre il suo pensiero per mezzo di un dialogo allora deve evitare di diventare schiva, orgogliosa e rabbiosa. La determinazione non c'entra niente con la violenza. La Forza rimanda alla passione esasperata, ad una tendenza litigiosa e ad un cattivo carattere. Ci troviamo di fronte all'incapacità di usare la nostra determinazione e quindi cerchiamo appoggio "fuori da noi stessi". Perdita di tono e debolezza generale ci invitano a non abusare della nostra energia vitale.

Le Mie Parole Chiave

Gestire con determinazione qualcosa. Parlare con coraggio. Iniziare un nuovo cliclo. Risolvere un problema.

Le Tue Parole Chiave

A livello emotivo, La Forza consiglia di essere più morbidi ed aperti agli altri al fine di rendere più fluida l'energia emotiva. A volte è opportuno dimostrarsi coraggiosi nel dichiarare il proprio amore o nel gestire con determinazione le situazioni che riguardano il cuore.

A livello intellettuale, La Forza ha grandi idee rappresentate dal suo cappello simile alla forma dell'infinito. La donna nella carta è anche in grado di gestire con caparbietà le varie situazioni, allora è facile concludere che ha tutte le carte in regola per tramutare i suoi pensieri in realtà.

A livello materiale, La Forza indica che ci vuole coraggio e determinazione per mandare avanti un progetto. Bisogna capire se la strada che stiamo per intraprendere sia veramente in linea con chi siamo e con cosa vogliamo. Qualora lo fosse allora possiamo avanzare senza problemi.

A livello creativo e sessuale, La Forza ha una buona energia creativa che può canalizzare in specifici settori della sua vita. A livello sessuale è una donna che predilige la masturbazione o che potrebbe avere dei problemi nel rapportarsi con le altre persone.

Lo Avevi Notato?

Sul collo della donna compare una deformità. Potremmo prendere questo elemento come un dato di fatto oppure vedere nel simbolo una stilizzazione di una mano con tanto di polso che le cinge il collo. In questo caso scopriremo un significato legato al saper trattenere la propria energia.

All'altezza del suo petto vediamo comparire una sorta di corpetto reticolato che le costringe il seno. Questo significa che il suo cuore tende ad essere chiuso e che questa donna fa molta fatica ad aprirsi alle relazioni ed al lato emotivo della vita. Tuttavia, la parte finale di questo reticolato è assente, come se si stesse sfaldando. Allora possiamo pensare che, in futuro, questa donna riuscirà ad aprire il suo cuore. L'importante è sapere come prenderla senza farla mettere sulla difensiva.

Il suo piede è giallo. Questo colore rappresenta la coscienza e l'intelligenza. Ecco perché l'elemento risulta essere un chiaro invito a procedere sul nostro percorso, soprattutto se abbiamo aperto un nuovo ciclo di vita, con profonda coscienza ed intelligenza.

L'Appeso

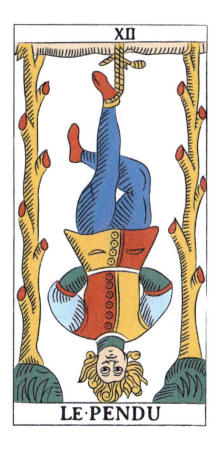

L'Appeso sembra esprimere meglio di tutte le altre carte il senso di ricerca dell'Io, catapultando l'essere umano nella sua Verità essenziale. La particolarità che lo distingue dal resto degli Arcani è la posizione capovolta. La posizione a testa in giù è un'allusione al cambiamento di prospettiva: il giovane guarda il mondo da un altro punto di vista. Il modo in cui incrocia le gambe lo ricollega a L'Imperatore, con l'unica differenza che l'Arcano IV porta la gamba piegata davanti a quella distesa in segno di azione, mentre l'Arcano XII piega una gamba dietro l'altra per non agire. Anche la donna de Il Mondo presenta la medesima posizione di gambe.

Le braccia si nascondono dietro la schiena, non sappiamo se siano legate o incrociate, ma si rafforza il senso di non scelta e non azione che la carta trasmette. La sua capigliatura sembra formare raggi di Sole, mentre la piega di alcuni ricci riporta a mezze lune. Sono gli opposti che, attraverso la meditazione, trovano l'armonia. Lo stesso concetto viene espresso dalle tasche del vestito; sono due mezze lune, una attiva e l'altra ricettiva. Il vestito è chiuso da dieci bottoni. L'insieme dei bottoni potrebbe raffigurare le dieci sephirot della tradizione cabalistica.

Ai lati della carta, due tronchi che sorreggono la traversa dalla quale pende il giovane. Su ciascun tronco sono presenti sei rami tagliati per un totale di dodici nodosità, proprio come il numero dell'Arcano. Una visione religiosa può far pensare a L'Appeso come Cristo sulla croce e ai dodici rami tagliati come agli apostoli. Una visione mitologica alle fatiche di Ercole.

Nonostante la posizione di scomoda penitenza, il volto del giovane appare rilassato, questo porterebbe a vedere la carta come un'allusione alla meditazione più che ad un castigo. Il vuoto tra le due colline verdi a piè di carta sembra indicare che il giovane stia piantando la testa nel terreno fertile, allora i capelli sarebbero delle radici che sostengono il corpo. L'asse orizzontale su cui è legata un'estremità della corda sembra frastagliarsi sul lato sinistro. La corda è presente anche ne La Giustizia e così, L'Appeso, diviene la controparte maschile per quanto riguarda il senso di uomo legato. Questo è l'unico Arcano ad avere il numero decentrato sulla destra.

Lato Ombra

Quando L'Appeso compare nel suo lato ombra, l'invito è quello di fermarsi un momento per vedere le cose da una prospettiva diversa. Questa carta capovolta può mostrare che devi premere il pulsante di pausa al fine di non scaricarti troppo, buttarti a capofitto in situazioni che non ti competono o sbattere irrimediabilmente contro un muro. Nonostante questo, stai resistendo. Continui a riempire le tue giornate con compiti, idee e progetti, tenendoti occupato e distraendoti dal problema reale che, invece, richiede la tua attenzione.

Il tuo spirito ed il tuo corpo ti stanno chiedendo di rallentare, ma la tua mente continua a correre. Fermati e riposati prima che sia troppo tardi! Potresti già essere in una posizione in cui tutto è sospeso, con frustrazione e avvilimento.

Questa carta può indicare un momento in cui vieni bloccato o limitato dalle tue credenze interiori, anche se tutto intorno a te non sembra concorrere a creare questa barriera. È importante così capire che devi rimanere al passo con la tua vita anche se non è proprio come te l'aspettavi. Ma seriamente, quand'è che la vita è proprio come te l'aspetti?!

In una lettura di Tarocchi dove una relazione è in attesa, L'Appeso suggerisce che questa stasi non ti rende contento. Nonostante tutto, potresti renderti conto che questa relazione si evolverà, ma bisogna prima affrontare dei blocchi oppure dei problemi e questo richiede una grande propensione ad inquadrare il tutto da angolazioni diverse. In suddetto contesto potrebbe essere un consiglio a non affrettare i tempi.

L'Arcano XII può infine segnalare che stai rimandando una decisione o un'azione perché non ti senti pronto al 100%. Il problema è che non ti sentirai mai pronto al 100%. Allora cosa stai aspettando? Metti una bella corda di sicurezza e fa' pure questo salto! Prendi quella decisione. Fallo prima che l'esistenza decida per te.

Seguendo le tracce della Tradizione, questa carta potrebbe rimandare a significati particolarmente sgradevoli. Mi preme qui sottolineare ancora una volta l'importanza di evitare di scendere in situazioni eccessivamente destabilizzanti. Ecco perché possiamo inquadrare questo Arcano come una carta di prove che devono essere affrontate o di situazioni che non vengono ben sopportate.

Altre chiavi di decodifica: sacrificio eccessivo che nuoce alla propria integrità, fatiche, disordini, incapacità di andare fino in fondo alle cose o di lasciarsi andare e di accettare che quando si è in ballo bisogna ballare. Se c'è da inquadrare una situazione da molteplici prospettive, allora L'Appeso rimanda alla difficoltà o - addirittura - all'impossibilità di aprire la propria mente e vedere il tutto da altre angolazioni.

Le Mie Parole Chiave

Blocco interno. Vedere una situazione da una prospettiva diversa. Poca voglia di fare. Uomo costretto.

Le Tue Parole Chiave

A livello emotivo, L'Appeso può indicare un uomo impegnato o che non si sente libero di fare quello che vuole fare. Forse c'è da inquadrare il lato emotivo da un altro punto di vista o forse non siamo pronti ad affrontare fino in fondo l'aspetto relazionale della nostra esistenza.

A livello intellettuale, L'Appeso è chiuso nei suoi loop e schemi mentali. Come consiglio invita ad inquadrare le cose da un'altra prospettiva per provare a formarsi delle nuove idee. Tuttavia, se rimaniamo ancorati ad un senso basico della carta, allora questo Arcano rimanda ai blocchi intellettuali.

A livello materiale, L'Appeso tende a gestire male le proprie risorse. Possiamo pensarlo come una persona dalle tasche bucate che sperpera i suoi soldi senza riuscire realmente ad avere una visione di insieme che abbraccia il lungo periodo. Se invece ci stiamo riferendo a situazioni lavorative, allora la carta rimanda a blocchi, disoccupazione, malattia o tutto ciò che ferma l'energia lavorativa.

A livello creativo e sessuale, L'Appeso non ha una grande vitalità e preferisce stagnare nel suo ozio e nel suo non fare. Tutto ciò che potrebbe rappresentare l'avvio di qualcosa sarà sempre visto come una dinamica da evitare a tutti i costi.

Lo Avevi Notato?

Il giovane è legato ad una corda doppia alla cui estremità appare un chiaro riferimento alla nascita: nella parte sinistra si intravede una forma fallica ed in quella destra un simbolo vaginale. Al centro, il giovane de L'Appeso si presenta a testa in giù come un feto sul punto di nascere. La sua stessa posizione rimanda al nascituro in posizione cefalica. Se a questo dovessimo aggiungere che all'altezza della sua testa non compare il terreno, allora è facile immaginare un canale nel quale sta per passare per venire al mondo.

I tronchi ai lati sono recisi. Possiamo inquadrare il tronco alla stregua del bastone, proprio come avevamo già visto ne Il Matto e ne L'Eremita. Ecco perché è facile concludere che la creatività e la sessualità di quest'uomo sono quasi assenti.

Le gambe accavallate formano un triangolo al centro della carta. È un chiaro riferimento alla posizione spirituale di questo personaggio. Forse è proprio il fatto di cercare un punto di vista diverso che rende il suo cammino più aperto ad aliti spirituali evitando così di ingabbiare il personaggio in schemi estremamente rigidi. A livello simbolico la croce che sovrasta il triangolo è la rappresentazione della Grande Opera.

L'Innominato

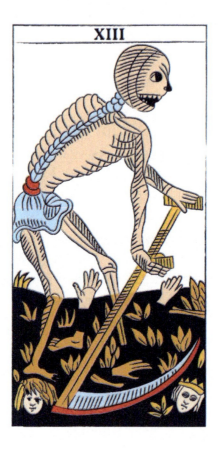

"Temere la morte è più doloroso che morire" disse Publilio Siro. Unendo quest'affermazione all'errore comune di attribuire all'Arcano il significato di morte, ecco spiegato il disagio che questa immagine causa a molte persone. Tuttavia ci potremmo vedere anche un concetto di trasformazione e cambiamento. Non a caso, con la sua falce, L'Innominato è in grado di liberare L'Appeso. "Cambiare" significa "sostituire". "Trasformare" significa "mutare radicalmente". Anche se usati come sinonimi, non sono la stessa cosa.

La scena si svolge in un campo nero. È la prima volta che compare il suolo di questo colore. Il nero simboleggia la nigredo alchemica. La nigredo è la fase al Nero della Grande Opera, cioè il passo iniziale nel percorso di creazione della pietra filosofale, quello della putrefazione e della decomposizione. Lo scheletro è rosa, colore della vita organica. Ritroviamo anche l'azzurro sulla spina dorsale fino al bacino. Una macchia rossa spezza l'azzurro a simboleggiare la violenta attività rotatoria con la quale si muove l'essere usando la sua falce.

Il manico della stessa falce è giallo, elemento rassicurante: L'Innominato taglia con intelligenza e non con rabbia cieca. La lama della falce è anch'essa azzurra e rossa, questo ad indicare che pur se ponderato, il cambiamento preannunciato dall'Arcano XIII sarà violento, rapido e austero.

La figura è scarnificata cosicché lo scheletro ed il cranio del personaggio divengono elementi di spessore nella carta. Simbolicamente il cranio rappresenta la conoscenza degli iniziati. Il grande iniziato è Dio. Yod, He, Vav, He: il nome divino. Questo tetragramma è considerato troppo sacro per essere pronunciato, forse è per questo che la carta manca dell'etichetta nominale. Un'altra unicità del XIII è il suo centro geometrico. Nessun altro Arcano è vuoto in quel punto; L'Innominato, sì!

Sul suolo nero spuntano due teste ad indicare che vecchi concetti sono ormai rinnovati, retaggi obsoleti vengono purificati. Mani e piedi ancora perfettamente in carne sono sparsi sul suolo. Questo perché il passaggio de L'Innominato non genera solo la morte, ma anche una nuova rinascita.

A livello simbolico abbiamo due tipi di falci. La falce fienaia, che è quella rappresentata nell'Arcano XIII, e la falce messoria, comunemente chiamata falcetto. La falce messoria è presente nel Nuovo Testamento ed indica la punizione perché, essendo piccola, può colpire in modo mirato. Di contro, la falce fienaia rappresenta la morte perché per essere utilizzata prevede un movimento veloce e violento con il busto che vanifica qualsiasi tentativo di prendere la mira. Il passaggio inesorabile della falce fienaia è stato associato al passaggio inesorabile della morte che prende tutti, dal popolano al re. Non a caso una testa è coronata e l'altra presenta il capo disadorno. Ecco perché, andando contro un'innaturale visione buonista, la carta può rappresentare la morte, la malattia e la carestia.

Lato Ombra

L'Innominato è una carta di trasformazione e – in genere – si riferisce alla necessità di ricominciare qualcosa lasciando andare il passato oppure le paure. Può significare che sei sull'orlo di un cambiamento significativo, ma che stai resistendo a questa trasformazione. Potresti essere riluttante a lasciarti andare o potresti non sapere come apportare il cambiamento di cui hai bisogno. Se ti trascini dietro delle paure che provengono dal passato e potrebbero interferire con nuove opportunità, allora è arrivato il momento di lasciare andare la presa. L'Arcano XIII ti offre l'opportunità di abbracciare questo cambiamento senza resistergli. Assapora quali meravigliose possibilità si rendono disponibili quando dici "sì" al cambiamento.

Man mano che impari a lasciare andare ciò che è stato e ad arrenderti al presente, il futuro diviene più luminoso. Per sostenere il processo potresti addirittura adottare dei mantra o delle affermazioni come: "Accetto il cambiamento in tutte le sue forme!". Sarai sorpreso di come questo sottile spostamento di energia permetta alle nuove porte di aprirsi in modi che non ti saresti mai aspettato. Ad un altro livello, l'Arcano XIII può mostrare che stai attraversando una massiccia trasformazione personale, spesso in privato e fuori dalla vista degli altri. Stai rilasciando ciò che non ti serve più in modo da poter fare spazio a qualcosa di nuovo. In questo momento è opportuno essere pratici e pragmatici evitando alle emozioni di sommergerti in modi negativi.

Il tuo lavoro di fronte a questo Arcano è quello di rimuovere la paura e limitare le convinzioni depotenzianti. Magari hai voglia di cambiare le tue abitudini, iniziare un'epurazione fisica o una trasformazione spirituale. Potresti non voler condividere ancora questo passaggio con gli altri e allora aspetta che la tua trasformazione personale sia avvenuta. Potrai successivamente raccontare la tua storia come fonte d'ispirazione.

L'Innominato introduce un'atmosfera plumbea, idee nere ed un'eccessiva tendenza alla rabbia. Probabilmente siamo in un periodo in cui ci stiamo lasciando andare allo scoraggiamento ed al vittimismo senza lottare. Subiamo i nostri timori e le nostre paure rifiutando di lavorarci su per sconfiggerle o, almeno, armonizzarle. I nuovi progetti vengono lasciati perdere anche quando potrebbero portare a grandi occasioni. Purtroppo la mancanza di fiducia in se stessi la fa da padrona.

L'Arcano XIII rimanda alla tristezza, alle idee cupe, ad un cambiamento che non viene attuato o che si attua difficilmente, alla mancanza di elasticità mentale e alla difficile accettazione di se stessi con i propri limiti e le proprie possibilità. È una carta che parla di nervi scossi, di angoscia, di morte, di malattia e di quella disperazione che potrebbe inficiare il nostro percorso. Un lavoro attivo da fare rimanda all'accettazione di quello che non possiamo cambiare o al lavoro su ciò che ci destabilizza.

Le Mie Parole Chiave

Cambiamento. Trasformazione. Pericolo. Paura. Rabbia. Dimagrimento. Malattia. Morte.

Le Tue Parole Chiave

A livello emotivo, L'Innominato parla di una coppia che sta vivendo una forte istanza di cambiamento. Questo cambiamento può sancire la fine della coppia o qualsiasi tipo di trasformazione di cui le carte attorno ci parleranno.

A livello intellettuale, L'Innominato invita a non aver paura del cambiamento anche se ci sembra immenso. A volte, la destabilizzazione provata da questi macro eventi non ci permette di godere pienamente delle fasi transazionali che dobbiamo vivere per migliorare il tenore della nostra vita.

A livello materiale, L'Innominato è una carta che parla della fertilità dei nostri progetti e della possibilità di avere degli ottimi risultati a costo di non fermarci su modelli e schemi già visti e vissuti in precedenza. Dobbiamo essere in grado di modificare la nostra idea e cambiare i percorsi che ci porteranno a raggiungere il traguardo.

A livello creativo e sessuale, L'Innominato non veicola delle ottime energie mancando un vero e proprio ancoraggio con queste sfere. Quando compare ad indicare il lato creativo o sessuale dobbiamo chiederci cosa sta spegnendo la nostra fiamma vitale o perché ci sentiamo castrati.

Lo Avevi Notato?

All'altezza della narice si proietta un'ombra che non ha nulla a che vedere con il profilo scheletrico. Possiamo così pensare ad un nuovo essere in gestazione che nascerà dopo una morte iniziatica. Ecco perché conviene sempre meditare e valutare questa carta sotto un duplice aspetto: morte e rinascita, fine ed inizio.

Lo stesso suolo nero può incutere un timore reverenziale a chi lo contempla. Tuttavia il suolo nero è quello più fertile in assoluto. Pensa per esempio ai terreni di natura vulcanica oppure a quelli ricoperti di limo dopo lo straripamento di un fiume. Ancora una volta dobbiamo battere sul concetto che ogni cambiamento introdotto da questa carta può far paura e può destabilizzare la persona, ma esiste un substrato fertile e possiamo impiegarlo per raccogliere i frutti domani.

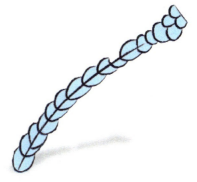

Alla colonna vertebrale azzurra sembra mancare una vertebra nella zona toracica. La colonna vertebrale è il maggior sostegno del corpo umano e dei vertebrati. Così possiamo decodificare questo aspetto come una piccola crepa in ciò che ci sostiene. Diventerà necessario valutare come diventare più solidi e rimanere in piedi.

Sul suolo nero, oltre alle due teste, ritroviamo un piede ed una mano arancioni e due mani rosa. Potremmo vedere le due mani rosa come se da sotto terra stessero uscendo fuori, alla stregua di una rinascita. Questo rimanda al potere dirompente della vita che troverà sempre il modo di incanalarsi e di manifestarsi nel nostro quotidiano.

Temperanza

Possiamo definire questo Arcano come un'unione tra uomo e donna. Lo stesso nome resta indefinito: l'angelo della Temperanza proietterebbe la figura in un'ottica maschile, mentre La Temperanza spingerebbe a vederla come un archetipo femminile. L'assenza dell'articolo da vita al concetto di TEMP-ERANCE ovvero il tempo errante, l'eternità. Forse questo significa che esiste il tempo percepito dagli esseri umani ed il tempo di un'altra dimensione. E allora, quando compare l'Arcano XIIII, dobbiamo rispettare il tempo raggiungendo lo stadio dell'angelo che, per noi esseri umani, altro non è che la pazienza.

L'essere in questione sta travasando un liquido da un'anfora ad un'altra senza capire quale sia il verso con cui si muove suddetto liquido. Questo rimanda ai vasi comunicanti e - quindi - ad una comunicazione pacifica oppure al non scegliere, ovvero trattenere i liquidi, quindi i soldi, le energie, il tempo. Vedremo che la donna de La Stella sarà colta nell'atto opposto.

Tra i capelli gialli simbolo di coscienza, spunta un fiore rosso a cinque petali. È l'idea che si forma dopo la presa di coscienza, un pensiero profumato di bellezza. Il suo occhio destro non è stato risparmiato dall'incuria del tempo e compare quasi artificiale. Lo sguardo del'essere angelicato è rivolto verso il basso. Rappresenta il desiderio di aiutare l'altro con umiltà oppure l'apparizione di qualcuno nella nostra vita che vuole condividere sinceramente un sentimento o darci la sua protezione.

Le ali che spuntano sulla schiena permetterebbero a questo essere di spiccare il volo, ma decide comunque di rimanere ben saldo a terra, difatti è l'incontro angelico nel mondo. Una lunga gonna blu e rossa, simbolo dell'intuizione che danza con la realtà, scende dalla vita fino ai piedi. L'orlo prende le sembianze di uno o più serpenti: Temperanza ha vinto sulle tentazioni. Il paesaggio è scabro, ma ad un'attenta analisi è facile notare la presenza di elementi fertili e fecondi: un'ombra verde che rompe l'uniformità arancione, una forma indefinita gialla ai piedi dell'angelo che sembra un seme o una vagina. Questo ad indicare che la sola presenza di Temperanza è in grado di mettere in movimento i fluidi e la vita in generale, benedicendo l'intero creato.

Lato Ombra

Se di recente hai vissuto un periodo di eccessi, la carta di Temperanza è un invito o un segnale a ristabilire l'equilibrio o la moderazione il prima possibile. Potresti aver mangiato troppo, bevuto in modo poco regolare, acquistato beni che non ti puoi permettere, litigato con i tuoi amici, buttato tempo in compiti inutili o schemi di pensiero negativi. Queste attività ti stanno allontanando da chi sei e da cosa sei. Quindi è tempo di smettere! Se il lato ombra di Temperanza dovesse essere collegato ad un mantra questo sarebbe: "Non farlo o fallo con moderazione!".

Per tutte le persone che si trovano a vivere un ciclo destabilizzante in modo importante, allora potrebbe essere necessario un periodo di astinenza per interrompere la negatività e riportare la propria vita sul nuovo equilibrio. La carta di Temperanza può anche essere un segno che senti che qualcosa non va nella tua vita, creando stress e tensione. Ora, puoi metterti nella condizione di ignorare tutto questo ed andare avanti premendo sull'acceleratore oppure ascoltare l'avvertimento dell'Arcano XIIII e, quindi, capire come rientrare dagli eccessi e riscoprire il valore della pazienza. Concentrati sulla tua visione a lungo termine e su uno scopo più elevato cercando di allineare le tue attività quotidiane con questa visione.

Temperanza riflette un periodo di autovalutazione in cui puoi (ri)esaminare le tue priorità di vita. Questo significa che internamente potresti sentirti chiamato verso una direzione, ma la tua quotidianità ti spinge da un'altra parte. Considera tutto ciò come la tua opportunità per allineare la vibrazione superiore con il mondo esteriore. Potrebbe essere necessario modificare le relazioni, la carriera e le abitudini in modo da poter coltivare l'equilibrio e lo scopo in linea con le tue nuove priorità.

Non sorprenderti se ti dovessi imbattere in tensioni o – addirittura – in conflitti mentre allinei il tuo mondo interiore con quello esteriore. È una sorta di parte naturale del processo per salire di livello e creare cambiamenti positivi. Allo stesso modo, l'Arcano XIIII può essere una chiamata per una profonda autoguarigione. Creando equilibrio e moderazione ti apri alla possibilità che ciò avvenga in modo naturale. Dato il lato ombra di questa carta, forse stai facendo tutto ciò in modo personale ed indipendente, senza l'influenza degli altri. Ad ogni modo, creare "più flusso" nella tua vita può anche significare entrare in relazione con terzi.

L'esistenza non scorre così facilmente come speravi o c'è una voce fastidiosa dall'interno che dice di aspettare e che il periodo non è buono, ma tu vorresti ottenere tutto e subito. Quando Temperanza compare con queste frequenze, allora può anche indicare una tendenza ad identificarsi con le persone sulle quali si vuole agire senza tenere conto della loro natura, perciò si ha un forte rischio di influenzarle con la propria forza o di esserne influenzati se non se ne possiede in quantità sufficiente.

Potrebbe richiamare un amore poco armonico oppure delle amicizie ambivalenti. L'Arcano XIIII rimanda ad una persona diversa da come ama mostrarsi, all'egoismo, alla difficoltà a donare, all'aridità materiale ed emotiva, all'avarizia ed alla freddezza. Parliamo di un'iniziativa bloccata da ostacoli che si cercano di superare senza tener conto dei problemi o dei possibili risvolti. In tutte quelle situazioni dove è necessario comunicare, allora potrebbero esserci scambi poco armonici e ancor meno pacifici. Questo crea un ambiente teso con persone che si offendono facilmente. L'Arcano XIIII è anche un rimando al pericolo di attirarsi le antipatie, un vampirismo inconscio o una mancanza di equilibrio interiore.

Le Mie Parole Chiave

Moderazione. Guarigione. Pazienza. Energie invisibili che aiutano l'uomo. Risparmio.

Le Tue Parole Chiave

A livello emotivo, Temperanza suggerisce di non far trapelare le emozioni in modo trasparente e cristallino. Forse è necessario tenere dentro di sé alcuni moti del nostro cuore onde evitare di sciorinare, tutto e subito, ciò che proviamo e ciò che sentiamo.

A livello intellettuale, Temperanza è l'incontro con l'angelo, quindi invita ad avere una mentalità più aperta rispetto a quelle che sono le nostre credenze e le nostre certezze. Esiste anche un certo grado di affidamento che possiamo accordare all'esistenza.

A livello materiale, Temperanza invita a risparmiare le risorse che abbiamo. Che si tratti di soldi, di tempo o di qualsiasi bene che potremmo investire per qualcosa, l'Arcano XIIII è perentorio: non farlo! È opportuno evitare emorragie di risorse che potrebbero essere più utili in futuro.

A livello creativo e sessuale, Temperanza può avere un richiamo indiretto proprio alla sessualità in quanto "scambio di fluidi". In questo caso è bene stare molto attenti alle malattie sessualmente trasmissibili. È curioso anche rendere noto che, nella lingua italiana, discutere del sesso degli angeli ha il significato di "parlare di cose prive di senso o poco utili".

Lo Avevi Notato?

Durante la trattazione di questo Arcano abbiamo sottolineato più e più volte l'importanza di non prendere una decisione, non scegliere e non ritenere un'opzione più valida dell'altra. Tuttavia, non abbiamo spiegato la motivazione per la quale è importante mantenere questo profilo neutro. Ebbene, la risposta è data proprio dai liquidi che passano da anfora ad anfora. A ben guardare, infatti, questi liquidi girano su se stessi, mescolandosi. In questo modo si viene a creare una sorta di terzo elemento che rappresenta la terza via. Ecco perché la definizione completa potrebbe essere: non scegliere ora, ma cerca di valutare quale potrebbe essere la terza via, ovvero un'altra opzione.

Le anfore che sta utilizzando Temperanza non sono uguali. Quella di sinistra è diversa da quella di destra. Questo piccolo dettaglio significa che quando siamo chiamati a scegliere tra più opzioni, queste non si equivalgono quasi mai e nascondono degli aspetti diversi, se solo ci prendessimo il tempo di valutarli.

Il Diavolo

Protagonisti della carta sono particolari personaggi, un insieme tra esseri umani e bestie. L'essere principale azzurro è colto in un momento d'infantilità: mostra la lingua. Il corpo è completamente azzurro affinché si possa capire che Il Diavolo è una creazione dello spirito. Il suo strabismo deforma l'espressione del volto rendendolo un essere ai limiti del ridicolo. Possiamo anche notare che questa caratteristica fa sì che la figura sembri guardare se stesso. Ovvero, si sta dando importanza in modo egocentrico ed impulsivo. Analizzando l'intero corpo scorgiamo un terzo volto formato dai seni che rappresenterebbero gli occhi ed il sesso che sarebbe la lingua penzolante. A Il Diavolo non sfugge nulla, guarda dalle profondità fino alla sommità dell'essere. Da un altro punto di vista la molteplicità degli occhi rappresenta una visione deformata dell'essenza delle cose e diviene così l'opposto dell'occhio di Dio, unico e onnisciente. Le ali differiscono notevolmente da quelle intraviste nell'Arcano precedente. Queste sono più membranose, simili a quelle di un pipistrello: lui vive nella notte. Inoltre, con Temperanza gli opposti erano armonizzati nel segno della Bellezza, mentre Il Diavolo condensa le diversità in un solo essere dando vita a prodotti innaturali e spaventosi, come dei seni femminili ed un sesso maschile.

Le sue mani e i suoi piedi sono artigli. Nella sua mano sinistra stringe una torcia che sottolinea il ruolo di Lucifero (portatore di luce). A seconda dell'interpretazione potremmo vedere la luce che rompe l'oscurità, oppure gli ultimi istanti di visibilità prima che la torcia si sia consumata e tutto venga celato dalle tenebre.

La sua posizione è di completo dominio sopra un piedistallo o un'incudine alla quale sono legati due esseri informi che corrispondono ai due accoliti già trovati ne Il Papa. Questi due esseri hanno le mani dietro la schiena come visto nel personaggio de L'Appeso. Inoltre non troviamo in loro attributi sessuali, le uniche caratteristiche evidenti sono le corna, le code e tre puntini a forma di triangolo sul costato dell'esserino di sinistra.

Le loro mani sembrano legate dietro la schiena in segno di totale sottomissione all'essere centrale e quindi all'intera materia. Questi due diavoletti affondano su un suolo nero già intravisto ne L'Innominato mentre, l'incudine che sorregge Il Diavolo si trova su un piedistallo giallo simbolo dell'intelligenza sottomessa. Non a caso L'Innominato ed Il Diavolo sono i due guardiani della conoscenza che non permettono l'accesso a tutti, ma solo ai puri di spirito. Gli esserini soggiogati sembrano guardarsi tra loro oppure guardare il pene de Il Diavolo, cosa che acuisce l'importanza di questo elemento a mo' di passionalità e sessualità.

Lato Ombra

La carta de Il Diavolo, nel suo lato ombra, rappresenta le forze negative che ti limitano e ti impediscono di essere la versione migliore di te stesso. Potresti essere l'effetto di abitudini negative, dipendenze, comportamenti, schemi di pensiero, relazioni asfissianti. Ti sei trovato intrappolato tra il piacere a breve termine che ricevi ed il dolore a lungo termine che provi.

Proprio come la carta de L'Innamorato che parla di dualità e scelta, così potrebbe fare anche Il Diavolo. Tuttavia, con l'Arcano XV stai scegliendo la via della gratificazione immediata anche se è a scapito del tuo benessere a lungo termine.

La carta de Il Diavolo appare spesso quando sei stato indotto a pensare di non aver alcun controllo su di te e sul tuo lato ombra. Potrebbe anche comparire quando sei sull'orlo di una svolta o di un aumento dei livelli di stress. Sei chiamato ad esprimere il tuo potenziale, ma prima devi lasciare andare qualsiasi attaccamento malsano o convinzione limitante che potrebbero trattenerti. Spesso, quando sei chiamato a qualcosa di più, devi affrontare le tue ombre prima di poter entrare in questa nuova versione di te stesso. Cosa s'intende con le tue ombre? Può essere una dipendenza, una relazione poco salubre o una carriera ambigua.

Il Diavolo ti chiama ad affrontare le tue paure interiori e le tue ansie al fine di liberarti dalle catene che ti legano a quelle convinzioni limitanti e agli attaccamenti malsani. Elimina tutto ciò che sai essere dannoso per te e per la tua pace interiore. Potrebbe trattarsi di creare una dieta più sana, guardare meno la televisione, smettere di fumare, passare più tempo con i tuoi cari o concentrarti maggiormente sui tuoi obiettivi. Cogli questa opportunità per apportare un cambiamento positivo nella tua vita rimanendo concentrato sull'obiettivo finale della libertà.

L'Arcano XV può anche apparire quando stai andando nei tuoi luoghi più profondi e oscuri indipendentemente dal fatto che tu sia pronto o meno. Quando intraprendi questo percorso consapevolmente lo fai con forza, fiducia e coraggio. Cerchi di comprendere le tue ombre più intime in modo da poterle rilasciare o poterle integrare nella tua vita in forma costruttiva. Quando invece lo fai inconsciamente (oppure poni delle resistenze), il tutto può diventare impegnativo perché potresti iniziare a realizzare che sei molto diverso da come pensavi di essere. Potresti entrare in un periodo di ansia o di depressione oltre che sperimentare pensieri oscuri che fai fatica a capire. Se questo ti risuona cerca un terapeuta esperto che ti aiuti a superare il periodo.

Il Diavolo può anche essere un segno che stai nascondendo il tuo sé più profondo e oscuro agli altri, mantenendolo segreto. Potresti avere fantasie, abitudini, pensieri o dipendenze che non vuoi che gli altri sappiano perché ti senti in imbarazzo oppure ti vergogni. Ma, a volte, aggrapparsi ai segreti può contribuire ad un crescente livello di colpa e potresti provare un senso di sollievo se puoi condividere il tuo sé più "oscuro" con almeno un individuo fidato. C'è anche bisogno di accettare chi sei e perdonarti per i pensieri che hai. Naturalmente, se sei a rischio di danneggiare te stesso o gli altri, cerca immediatamente un aiuto professionale.

Infine l'Arcano XV ti invita a praticare il principio buddista del distacco, uno stato in cui superi il tuo attaccamento al desiderio di cose, persone o concetti del mondo e ti liberi da ogni restrizione. Non significa che non ti importi delle persone o delle cose. Significa che rilasci la tua dipendenza da loro.

Potresti anche scoprire che una buona visualizzazione contribuisce a rendere efficace il tuo lavoro. Come è già successo con altre carte (ad esempio l'Arcano XIII), quando Il Diavolo esce nel suo lato ombra, a livello di Tradizione, vengono suggeriti significati molto negativi. In questo paragrafo, affrontando proprio la carta in modo tradizionale, cercherò di restare aderente ai precetti veicolati nei secoli pur tentando di non scadere troppo in una visione oscura delle energie che accompagnano questo Arcano. Iniziamo dicendo che con Il Diavolo non si può intraprendere un'azione limpida e mirata. Di contro è importante stare molto attenti ai pericoli e agli imbrogli. È opportuno anche rendersi conto che, forse, nel momento presente la propria forza non è poi così grande come si possa pensare. E allora è importante diffidare degli altri oltre che di se stessi.

Per tutte le persone che sono dedite a pratiche extra-ordinarie come l'uso dei Tarocchi, allora questi devono necessariamente essere impiegati per sviscerare e capire la parte in ombra della nostra essenza. La carta indica anche dei blocchi di natura creativa, passionale o sessuale. Quando esce in relazione ad una comunicazione oppure ad uno scambio di battute allora è possibile percepire bugie o mezze verità. Abbracciando un panorama più generale, l'Arcano XV indica che l'energia fondamentale dell'essere umano è male incanalata, bloccata o quasi spenta. Repressioni infantili o perversioni dovute ad un'impossibilità di scaricare l'energia accumulata potrebbero farla da padrona. La famosa unione degli opposti tanto anelata nel mondo spirituale non si compie e la forza vorticosa, sempre protesa, diventa autodistruttiva.

Inganni, menzogne, tensione insopportabile, piccoli o grandi esaurimenti, schiavitù a farmaci o a droghe sono un aspetto preponderante di questo Arcano. Potrebbe anche trattarsi di una persona mal disposta verso di noi e in grado di creare litigi o fastidi di ogni genere.

Le Mie Parole Chiave

Dipendenza. Creatività. Bugie. Narcisismo o vampirismo energetico. Tentazione.

Le Tue Parole Chiave

A livello emotivo, Il Diavolo rappresenta la tentazione per eccellenza. Quando compare per questioni relative al cuore parla di legami difficili, in cui nulla è chiaro e si rischia di rimanere vittime di rapporti poco trasparenti.

A livello intellettuale, Il Diavolo rappresenta una fase oscura in cui esiste una certa difficoltà nel pensare lucidamente e nel cogliere la realtà a 360°. Ecco perché bisognerebbe astenersi da prese di coscienza definitive quando c'è in gioco questa carta. Forse ciò che pensi non è corretto.

A livello materiale, Il Diavolo parla di un fortissimo attaccamento alla materia. Non riusciamo a gestire bene ciò che abbiamo. La carta invita anche a rimanere saldi sui propri principi senza scadere nella corruzione o in pratiche poco legali.

A livello creativo e sessuale, Il Diavolo è un'esplosione di energia. Rimanda alla passionalità, alla sessualità e alla creatività nella loro potenza più pura. È un momento di grande fuoco interiore che deve trovare il modo di manifestarsi.

Lo Avevi Notato?

Il Diavolo si erge su un piedistallo giallo e verde. Al centro di questo piedistallo sono presenti tredici puntini che rimandano a L'Innominato. Questo significa che solo dopo aver affrontato le nostre paure e le nostre trasformazioni interiori possiamo entrare in contatto con il lato ombra della nostra essenza. Questo confronto sarà spaventoso, ma anche indispensabile per poter procedere lungo il nostro percorso.

I due esserini legati stanno guardando il pene de Il Diavolo. Quello a sinistra ha la faccia disgustata mentre quello a destra ha una faccia compiaciuta. Questi sono i due aspetti della passionalità e della sessualità intesa come soddisfazione personale.

La fiaccola accesa si conforma perfettamente con l'ala. È come se Il Diavolo stesse prendendo fuoco. Questo rimanda al senso di autodistruzione che la carta fa vedere. Infatti, cedendo alle tentazioni proposte, finiamo per bruciarci.

La Casa Dio

L'Atanor alchemico per eccellenza. Un errore che si è reiterato nei secoli è chiamare l'Arcano XVI "La Torre". Il nome che appare a piè di carta è "LA MAISON DIEV" ovvero "La Casa Dio" e non "La Torre" e nemmeno "La Casa di Dio". Letteralmente la carta si chiama LA MAISON DIEV ovvero: La Casa Dio. L'assenza della preposizione "di" è un apparente errore ortografico che cela un'altra struttura particolare. In francese LAM (le prime tre lettere del nome) si potrebbero intendere come l'âme (l'anima), "ai" si pronuncia "e" come "et" francese. Rimane SON DIEV ovvero SUO DIO. Così la lettura dell'etichetta nominale non sarebbe LA CASA DIO, ma L'ANIMA ED IL SUO DIO, cioè il contatto dell'anima umana con Dio. La struttura è rosa ed il rosa è il colore della carne. Sotto quest'ottica è facile capire come la costruzione sia in realtà un corpo e la divinità risieda proprio dentro al corpo, dentro di noi. La Casa Dio presenta delle finestre che possiamo immaginare come degli occhi con cui guardare il mondo. Il loro colore è azzurro, simbolo quindi di ricettività.

Due personaggi sembrano cadere a testa in giù. Meditando meglio l'Arcano però, possiamo intravedere che l'uomo di destra, con il suo braccio mancante, si fonde completamente con la natura. Quello di sinistra sembra aver lasciato due impronte gialle per terra appena prima di fare una capriola. Possiamo allora pensare che i due personaggi stiano festeggiando, rendono omaggio alla Terra come simbolo di vita. Entrambi - difatti - sfiorano con le mani una forma vegetale posta davanti a loro. Questo simbolismo differisce molto dalle visioni pessimistiche di altri studiosi e condensate in mazzi come il Rider-Waite in cui il senso di rovina è accentuato non solo dal disegno, ma anche dai colori; oppure dal Wirth che pur ispirandosi ai Tarocchi di Marsiglia disegna un mattone sulla testa del personaggio di destra. In realtà, come ho già spiegato in altri libri, non si tratta di un errore nel Rider-Waite o nelle altre produzioni, ma solo di logiche diverse.

Una forma indefinita scoperchia la corona de La Casa Dio. Non è l'intera costruzione a cadere, ma soltanto l'eccesso in altezza: un altro deterrente alla visione di castigo. Da un altro punto di vista possiamo immaginare che questo fulmine, raggio o saetta che sia, fuoriesca dalla torre dell'Arcano per unirsi all'intero Universo. È il sapere cosmico che, colmato l'uomo, ritorna alla fonte originaria. Riconsegniamo all'Universo ciò che gli appartiene. L'essere umano offre se stesso al pianeta, questa è la sua oblazione ed i due personaggi sono davanti al tempio per rendere omaggio a tutto il creato. Sempre in riferimento a questa sorta di fulmine, vediamo che la torre di questa carta è costruita su un terreno montano. Anticamente molte costruzioni sacre venivano erette su luoghi di montagna. È anche interessante sapere che molti costruttori iniziati erano soliti edificare in modo tale che in un determinato giorno dell'anno i raggi del Sole o di una stella penetrassero all'interno della costruzione, illuminandola. Forse è proprio per questo che la carta successiva si chiama La Stella. Ed il piumaggio luminoso presente nell'Arcano XVI sono i suoi raggi che penetrano nella struttura.

Un altro interessante parallelismo tra La Casa Dio e La Stella è che molte antiche culture interpretavano la caduta di meteoriti come qualcosa di sacro mandato da Dio. Forse le sfere nel cielo simboleggiano proprio meteoriti che cadono. Su un altro piano di lettura potrebbero invece essere soldi da prendere al volo.

Lato Ombra

Quando la carta de La Casa Dio appare nel suo lato ombra suggerisce che stai subendo una trasformazione personale significativa molto simile allo sconvolgimento! Non importa che questo cambiamento sia forzato o istigato da te. Ciò che è veramente importante è rendersi conto che questa trasformazione sta mettendo in discussione i tuoi sistemi di credenze fondamentali, i tuoi valori, il tuo scopo e tutto ciò che hai costruito fino ad oggi. Potresti attraversare un risveglio spirituale mentre sei incamminato su un percorso di sofferenza. Ora puoi cambiare le tue convinzioni e le tue opinioni su argomenti importanti, rendendoti conto che non puoi più supportare modelli precedenti. Esistono anche casi più drammatici in cui attraversiamo una crisi esistenziale e mettiamo seriamente in dubbio lo scopo della nostra vita. Anche se questo può essere un periodo inquietante bisogna avere fiducia nel processo e rendersi conto che – sotto sotto – c'è sempre un'opportunità da sfruttare.

A volte La Casa Dio può essere un segno che stai resistendo al cambiamento e ritardando la necessaria distruzione di retaggi che non ti competono più. Qui esiste un forte parallelismo con il lato ombra dell'Arcano XIII. Potresti addirittura negare che il cambiamento stia avvenendo oppure potresti essere aggrappato ad un vecchio sistema di credenze, anche se sai che non è più rilevante o salutare per te. In questo aspetto, invece, La Casa Dio somiglia molto alle energie dell'Eremita. Sappi che se continuerai a resistere a quella trasformazione ti logorerai velocemente. Non puoi nasconderti e non puoi negare ciò che sta accadendo. Sconvolgi ciò che hai costruito e datti la possibilità di aprirti a qualcosa di nuovo.

Infine l'Arcano XVI può ridurre l'impatto del cambiamento che sta per entrare nella tua vita, in particolare se sei sintonizzato sul tuo intuito. Questo significa che potresti essere avvertito o avere la sensazione intuitiva che qualcosa di grande sta per accadere. Puoi pianificare in anticipo qualcosa al fine di ridurre al minimo l'impatto depotenziante che tutto questo avrà su di te e sulla tua esistenza. La Casa Dio, che in molti chiamano Torre, secondo la tradizione non altera di molto i significati in base alla direzione della carta. Per qualcuno il crollo è più lento e doloroso quando compare nel lato ombra, come una sorta di lenta tortura, ed il suo significato negativo è accentuato. Potremmo trovarci di fronte ad imprevisti estremamente invalidanti perché non abbiamo le basi per fronteggiarli. La carta può indicare dei litigi relazionali dati da una divergenza di idee, le beghe, i nemici nascosti, problemi con una casa o un immobile, la perdita della fede a causa di un dolore personale.

Per tutto ciò che riguarda le emozioni ci ritroviamo davanti a delle antipatie improvvise, un colpo di fulmine che non scocca, un istinto di conservazione ad ogni costo anche contro i propri interessi. Questa carta rimanda alla difficile presa di contatto con la realtà, il rifiuto di lasciare andare le proprie illusioni e la confusione che si accentua. Rappresenta qualsiasi tipo di scoppio: dai terremoti ad un'onda di odio che può investire il consultante. Perdita di denaro e problemi psicosomatici coronano gli aspetti negativi di questo Arcano.

Le Mie Parole Chiave

Aprirsi a qualcosa. Cambiamento dalle fondamenta. La casa. Gioia e situazioni conviviali. È necessario prendere al volo un'opportunità. Fallo.

Le Tue Parole Chiave

A livello emotivo, La Casa Dio è il colpo di fulmine o il momento in cui decidiamo di aprirci totalmente ad un'altra persona. Bisogna comunque distinguere il breve periodo dal lungo periodo. L'essenza scoppiettante di questa carta la rende favolosa per le situazioni prossime, ma bisogna valutare quanto questa energia si conservi nel tempo.

A livello intellettuale, La Casa Dio rimanda ad un tipo di intelligenza che potremmo definire "metafisica". Si potrebbe associare al settimo chakra, ovvero quello della corona. Così possiamo parlare di una comprensione intellettuale extracorporea che arriva a capire il mondo attorno oltre ciò che si vede ed oltre ciò che si fa.

A livello materiale, La Casa Dio è una carta scoppiettante che invita a prendere al volo tutte le occasioni al fine di renderle fertili. La problematica di questa carta è che, a volte, prima di vedere la ricchezza dell'opportunità proposta, dobbiamo vivere un cambiamento spaventoso, ma necessario.

A livello creativo e sessuale, La Casa Dio rappresenta l'esplosione del piacere, il fallo eiaculante, la goduria del sesso. Questa carta riesce a tirare fuori qualsiasi dinamica inquadrabile come un'energia esplosiva e piacevole.

Lo Avevi Notato?

Se dovessimo contemplare le sfere che saturano il cielo di questa carta, potremmo notare la presenza di molti colori, ma solo una di queste è totalmente bianca. Riconducendo il tutto su un piano interpretativo, allora potremmo immaginare che questo elemento rappresenti la necessità di guardare meglio le varie situazioni che la vita ci propone per scoprire quella che è veramente pura ed in linea con la nostra anima.

I due personaggi sono l'unica coppia ad essere divergente nei Tarocchi, ovvero uno sta andando verso sinistra e l'altro verso destra. Ma questa divergenza è data dalle loro teste, quindi dai loro pensieri. Ecco perché potremmo concludere che, quando la carta esce su un consulto di natura relazionale, allora indica che i pensieri di una persona la stanno portando dal lato opposto rispetto ai pensieri dell'altra persona. Questi due personaggi capovolti non solo stanno

toccando terra, ma si allungano verso una forma vegetale. Questo è un primo passo per rendere omaggio a Madre Natura che esploderà poi nella carta successiva, ovvero La Stella.

Nell'angolo in alto a destra, nascosto dalle forme irregolari del piumaggio, è presente un Sole azzurro con un raggio. Rappresenta l'illuminazione dello spirito che raggiunge gli esseri umani, ora in grado di aprire la loro Coscienza.

La Stella

Per la prima volta incontriamo un essere umano nudo, non come gli esserini de Il Diavolo, ma nello splendore della nudità umana. Il gesto che compie è molto interessante: versa un liquido azzurro in un corso d'acqua in segno di fertilizzazione o, nel peggiore dei casi, di spreco. Esaminiamo meglio l'anfora di destra. Da notare come il liquido azzurro non esca esclusivamente dall'interno dell'anfora, ma sembri scaturire dal sesso della donna. L'anfora di sinistra appare come parte integrante del paesaggio, la base rossa continua - in realtà - con un tratto verde che tocca la base dell'albero ed un'estesa macchia blu sembra uscire da quest'anfora salendo direttamente in cielo.

La donna raffigurata è in ginocchio, simbolo di sottomissione o collegamento con la terra. Tra i suoi capelli, all'altezza della fronte, si scorge una Luna, la sua intelligenza è ricettiva. Sul ventre sembra comparire un naso. Inoltre i seni sono due grandi occhi. Magari lo spacco vaginale potrebbe essere una bocca. Due alberi dalle foglie gialle sono alle spalle del personaggio. Quello di sinistra funge da sostegno ad un uccello completamente nero che si adagia tra le fronde. Questo animale, per la sua capacità di volare, rappresenta il collegamento tra cielo e terra. Troviamo per la seconda volta, dunque, unione tra il celeste ed il terrestre.

Otto stelle riempiono la parte superiore della carta, di cui sette sono monocolore. L'ottava grande e centrale ha gli stessi colori delle due anfore. Se contassimo solo i raggi gialli di questa sarebbero otto. Quelli rossi sempre otto. Anche Il Sole ha i medesimi raggi e, pure in questo caso, otto raggi rossi e otto raggi gialli. L'otto è il numero dell'equilibrio, ma anche dell'inizio e della fine. Inoltre, essendo la stella più lucente, potremmo accomunarla a Sirio, l'astro più luminoso che in certe notti riesce addirittura a proiettare le ombre degli oggetti. C'è qualche studioso che la associa a Venere.

La scena si svolge indubbiamente di notte. Dall'Arcano XVII in poi nessun essere umano sarà più vestito. Il nome della carta è scritto in modo particolare, sembra difatti LETOULE o LE TOIILE. Potrebbe essere occitano e significare "sorgente" o potrebbe rifarsi al mito dell'isola di Thou. Esiste una possibile relazione tra questo Arcano e quello de La Papessa. Il suo libro aveva difatti otto e nove righe per un totale di diciassette. Anche nella parte inferiore del vestito de L'Eremita incontriamo la medesima combinazione: otto e nove righe nella piega gialla del suo manto che ricorda un libro.

Lato Ombra

La carta de La Stella può significare che hai perso la fede e la speranza nel tuo progetto, in ciò che speri o nell'intero Universo. Potresti sentirti sopraffatto dalle sfide della vita e chiederti perché stai attraversando tutto questo. Potresti anche prendertela con l'Universo, il cielo o Dio per riuscire ad avere un po' di tregua, ma stai lottando contro dei mulini a vento. Ti viene solo richiesto di indirizzare le tue energie in modo mirato e attento. Scoprirai così che il divino è sempre lì. Prenditi un momento per chiederti quale sia la lezione di vita più profonda e come questa possa rappresentare una benedizione e non una punizione.

Mi piace la definizione che vede nell'Arcano XVII una prova di fede.

Quando ti trovi di fronte ad una situazione difficile puoi sgretolarti come La Casa Dio (Arcano precedente) o restare fermo nella convinzione che il divino è ovunque. Imparerai anche a fidarti di te stesso.

La Stella mostra che sei disimpegnato e privo di ispirazione per la vita o le sue componenti. Forse hai iniziato con grande entusiasmo e visione un percorso, ma ora sei sopraffatto dalla routine quotidiana che è noiosa e triste. Questa carta è particolarmente rilevante per le letture sugli investimenti, quando ti senti disconnesso dal lavoro o dalla parte materiale e ti chiedi dove stanno andando le tue risorse. Forse è opportuno fermarsi un attimo prima di continuare a dare, dare e dare. Riconnettiti con ciò che è veramente importante per te, allinea la tua vita quotidiana con il tuo scopo e troverai tutte le fonti di ispirazione.

La Stella ti spinge a prenderti del tempo per la cura di te stesso e del tuo nutrimento spirituale. Le tue riserve di energia potrebbero esaurirsi a breve, quindi evita di spingerti oltre e trova il tempo per il riposo. Prenota un massaggio, rispolvera le tue pratiche quotidiane, iscriviti ad un corso di Tarocchi, fa un bagno caldo o qualunque cosa serva per nutrire il tuo spirito e riportati a contatto con la tua essenza interiore. Forse stare vicino all'acqua o impiegare questo elemento in un rituale di purificazione ti aiuterà a nutrirti a livello più profondo. La carta de La Stella indica la sfiducia e la tendenza a dubitare della propria "buona stella", della luce interiore che ci caratterizza e dei nostri sogni.

In alcune domande riflette una certa aridità o tutti quegli ostacoli che arrivano nel tentativo di compiere il proprio progetto. Rimanda ad una cattiva predisposizione naturale o alla riluttanza a diffondere le proprie ricchezze per paura di perdere ciò che è stato acquisito in passato. Ribalta il concetto della fortuna e, quindi, introduce tematiche come: cattivi presagi, sentirsi sfortunati, situazioni poco propizie, un momento non idoneo per...

L'Arcano XVII indica una certa disarmonia con la propria natura. I percorsi spirituali non riescono più a dare giovamento e si coglie una difficoltà nel trovare le analogie tra ciò che siamo e ciò che ci circonda. Da questo punto di vista ci sentiamo "scollati" dalle esperienze che viviamo. La parte intuitiva può essere frenata, si vive in disarmonia con gli influssi celesti e non si notano quei piccoli segnali naturali che potrebbero costellare il nostro cammino. La Stella rimanda anche alla mancanza di generosità. Potrebbe descrivere un periodo in cui assumiamo più calorie rispetto a quelle che consumiamo oppure che siamo eccessivamente predisposti ad aiutare qualcuno, anche a discapito delle nostre energie. Si rende così necessario capire come uscire fuori e trovare un equilibrio tra questi fattori.

Le Mie Parole Chiave

Investire su qualcosa. Essere in buona relazione con la natura. Umiltà. Disponibilità. Astrologia. Figlia.

Le Tue Parole Chiave

A livello emotivo, La Stella rimanda ad una donna umile e generosa, molto disponibile nella coppia o in qualsiasi situazione emotiva che si pone in essere. Ricorda però che c'è una netta distinzione tra l'essere generosi e l'essere eccessivamente generosi. Infatti, in un contesto più buio, La Stella pende a desaturarsi di energia fino a diventare una vittima per tutti i vampiri energetici.

A livello intellettuale, La Stella ha trasceso l'intelletto in quanto comprensione di ciò che ci circonda. Il discernimento del mondo attorno passa attraverso canali trasversali ed il contatto con la natura, oltre che con l'intero creato, diviene un aspetto preponderante di questo Arcano.

A livello materiale, La Stella rimanda agli investimenti, al dare le proprie risorse oggettive per mandare avanti un progetto oppure un'idea. Anche se non parla esplicitamente di un successo, invita comunque a continuare un percorso perché i risultati stanno per arrivare.

A livello creativo e sessuale, La Stella rappresenta il corpo nudo di donna con tutto ciò che questo può significare. È un'amante passionale in grado di soddisfare l'altra persona su più livelli. La sua creatività trova un ottimo modo per essere incanalata in tutto ciò che si avvicina alla natura, nei suoi infiniti aspetti.

Lo Avevi Notato?

Appena sopra la testa della ragazza, tra i suoi capelli, notiamo la presenza di una sorta di stella nascosta oppure di corona. Questo potrebbe essere un chiaro rimando ad un certo tipo di regalità che trascende la materia ed abbraccia la connessione con la propria anima. È solo quando assecondiamo la nostra natura che diveniamo re e regine di noi stessi. Da questo punto di vista, la ragazza dell'Arcano ha una comprensione del mondo davvero ampia perché abbraccia l'azione (investe), ma anche un contatto diretto con l'Universo. Lei ha capito che se vuoi che la realtà ti obbedisca facilmente, devi agire su entrambi i lati del mondo. Intendo da quello materiale e da quello metafisico.

Sotto il suo braccio e appena sopra il suo quadricipite, il colore rosa continua saturando lo sfondo. Questo apparente errore cromatico può essere spiegabile dal fatto che la ragazza sembra tenere in braccio un bambino appena nato ed ancora in fasce. Parole chiave che possono scaturire da questa constatazione sono: nascita, bambino, gravidanza, rottura delle acque e tutto ciò che gira attorno al concetto.

Alle spalle di questa ragazza, all'altezza del piede, notiamo che il terreno continua ad essere azzurro. Questo può rimandare allo straripamento dell'acqua che è uscita oltre i margini del fiume. Essendo l'acqua un chiaro riferimento alle emozioni, la carta invita a continuare ad investire su un progetto o su un'idea, ma stando attenti a non dare troppo, altrimenti rischiamo di non avere più un grande equilibrio o molte risorse a nostra disposizione.

La Luna

La Luna non brilla di luce propria, riflettendo quella del Sole. L'astro rappresentato dai Tarocchi è crescente, segno che non tutto è visibile in questa carta. All'interno un volto di donna anziana. Questa figura attrae delle gocce di colore giallo, rosso, verde e azzurro. Questo per sottolineare il potere attrattivo della Luna sulle maree. Appena sotto La Luna due cani sembrano ululare tirando fuori la lingua. Ricorda che la lingua è simbolo della parola. Possiamo così pensare anche ad una coppia che ulula, o meglio, litiga in preda alle emozioni più sfrenate.

L'animale di sinistra è azzurro con la coda alzata, potrebbe essere lo stesso de Il Matto ormai cresciuto. Questi cani sono complementari se li rapportassimo alle strutture dietro. Nella parte sinistra, infatti, abbiamo una casa rosa ed un cane azzurro. Su quella destra, una casa azzurra ed un cane rosa. Proprio di queste due torri merlate vediamo che una (a sinistra) ha la parte superiore aperta e l'altra (a destra), chiusa. Sempre quella a destra presenta dei gradini verdi nascosti nella vegetazione. Queste costruzioni sembrano quelle presenti ne La Casa Dio. Sulla parte bassa della carta troviamo una distesa d'acqua, ma non vedendone i confini è difficile dire se sia più o meno delimitata. L'acqua sembra incresparsi al richiamo della Luna. All'interno un crostaceo, forse un granchio, associato spesso al simbolo Lunare. Questo animale, per la sua capacità di muoversi avanti ed indietro, rappresenta le incertezze dell'esistenza. Se decodificassimo la carta con un'ottica cristiana, allora il crostaceo richiamerebbe un'aragosta. Nell'iconografia cristiana medievale l'aragosta rappresenta la resurrezione.

La carta è chiaramente divisibile in tre regioni: la parte superiore che comprende l'astro e che rappresenta il celeste. La parte centrale con le torri ed i cani è segno del terrestre. La parte inferiore con l'acqua ed il crostaceo è l'inconscio. Se accostassimo la carta a sinistra de La Luna per vedere cosa sta guardando questo astro, notiamo che mira la ragazza della stella. La Luna tramanda l'idea della madre che grava, nel bene o nel male, sulla prole. Ecco perché la ragazza dell'Arcano XVII potrebbe essere una figlia.

Lato Ombra

I significati ombra de La Luna possono essere acuiti dalla natura della carta stessa. Quando la carta dei Tarocchi de La Luna esce ad indicare un senso problematico, significa che hai a che fare con ansia ed illusioni. Le influenze negative non si stanno attenuando. Forse vuoi affrontare un percorso mosso da emozioni contrastanti oppure da confusione. Questo ti fa solo perdere lucidità. Non sei nemmeno in grado di comprendere l'impatto reale che determinate energie negative hanno sulla tua vita.

La carta, a differenza di altre come L'Innamorato, indica che stai provando qualcosa per qualcuno, ma non riesci ad essere sincero riguardo i tuoi sentimenti. Oppure qualcuno prova qualcosa per te, ma questo magnetismo viene sostituito dalla mancanza di iniziativa. Puoi provare a seppellire questi sentimenti ancora più in profondità nel tuo subconscio in modo da non pensarci o, addirittura, potresti addirittura non essere pronto ad affrontare le tue emozioni spingendole da parte e fingendo che non ti importi di loro. Questa non è realmente una strada percorribile! O meglio, potrebbe dare dei frutti a breve termine, ma alla fin fine dovrai riemergere da tutta questa confusione ed affrontare ciò che provi a testa alta.

I significati ombra de La Luna possono anche parlare del fatto che stai avendo una connessione con il tuo intuito, ma non riesci a decodificare il suo messaggio. Stai attento così a non prendere decisioni mosso esclusivamente da questo fattore. Confida nel fatto che le risposte di cui hai bisogno sono già dentro di te e sintonizzati sul tuo sistema di guida interiore per ascoltare quelle risposte. Presta attenzione ai tuoi sogni e tieni un diario di questi perché è qui che potresti trovare delle risposte a domande difficili.

Questa carta compare anche in tutte quelle situazioni problematiche di coppia dove le liti sono all'ordine del giorno. È così necessario affrontare l'altra persona con più serenità al fine di spostare le discussioni su qualcosa di più positivo e costruttivo. Se non sai come fare puoi rivolgerti ad un esperto o iniziare a studiare qualcosa a riguardo.

I significati de La Luna più comuni sono: l'inganno, la delusione, le cose nascoste che potrebbero arrecare danno al consultante. L'eccesso di umori negativi può portare a passi falsi e, quindi, al naufragio della propria idea, del proprio progetto o della propria relazione.

Quando è in diretta connessione con la vita del consultante allora rimanda a sogni ingannevoli, ai nemici nascosti nell'ombra o alle maldicenze che minacciano la sua reputazione. Se dovessimo inserire i significati de La Luna in un contesto più "magico" allora questi indicherebbero: i sortilegi, le superstizioni, le maldicenze e le maledizioni.

La conoscenza di se stessi e degli altri è limitata da preconcetti, cosa che provoca suscettibilità e poca chiarezza. Anche se le cose nascoste dovessero venire alla luce, potrebbero pesare in modo eccessivo sull'umore del consultante, corrodendolo ed influenzandolo negativamente. L'Arcano XVIII richiama ad una tendenza ad abbandonarsi a stati d'animo nocivi e precari senza fare niente per uscirne fuori. Parla di concetti come una cattiva memoria oppure la Lunaticità. Il peso del passato minaccia il consultante senza aiutarlo nel presente. I ricordi sono inconcludenti e dolorosi. Si è in balìa di falsi amici, dell'invidia, degli atavismi e degli istinti che rappresentano un tallone d'Achille. L'emotività è sfrenata e distruttiva, oltre ad acuire l'impegolamento in situazioni negative.

Le Mie Parole Chiave

Le emozioni stanno prendendo il sopravvento. Non si riesce a comprendere tutto. Litigi di coppia. Trasferimento. Nemici nell'ombra. Femminino. Archetipo materno. Passato. Nostalgia.

Le Tue Parole Chiave

A livello emotivo, La Luna rimanda ad un eccesso di emotività che, a volte, compromette il modo in cui possiamo e riusciamo a vedere il mondo circostante. Si rende così necessario abbassare il peso che le emozioni esercitano su di noi al fine di comprendere pienamente quello che ci sta ruotando attorno.

A livello intellettuale, La Luna rimanda alla costruzione di castelli in aria, all'intuito che vince sull'intelletto ed all'immaginazione che - a volte - prende il sopravvento. È importante mantenere il giusto equilibrio tra ragione ed intuito.

A livello materiale, La Luna, a meno che il consulto non verta su lavori notturni, immobiliari, ittici o sugli elementi presenti nella carta, veicola energie molto deboli in relazione alla materia.

A livello creativo e sessuale, La Luna cede il passo alle emozioni e meno agli aspetti più esplosivi della vita come la passionalità e la sessualità. Forse esiste un certo grado di insicurezza e di ansia che non permette alle nostre pulsioni di uscire fuori.

Lo Avevi Notato?

Le gocce che saturano il cielo stanno andando dal basso verso l'alto, questo per sottolineare la proprietà attrattiva della Luna sulla marea. Avendo appurato che, nei Tarocchi, l'acqua rappresenta le emozioni, allora l'Arcano XVIII ci parla dell'attrazione emotiva, ovvero il momento esatto in cui

esercitiamo un certo magnetismo su qualcuno, anche se è necessario fare chiarezza sul sentimento provato.

Sempre in relazione alle gocce, vediamo che una di queste tocca la struttura di destra. Ancora una volta, volendo rimanere su un discorso pratico e rivolto alla lettura, il concetto rimanda ai problemi con l'acqua in relazione ad una casa come, per esempio, l'umidità.

Nel bacino idrico, alla destra del crostaceo, scorgiamo una sorta di pesce stilizzato formato da un'insolita increspatura dell'acqua. Il pesce, essendo un animale che vive sott'acqua senza annegare, simboleggia il Cristo. Anche lui infatti può entrare nella morte restando vivo. Ad un livello più immediato, quella è anche la rappresentazione della vagina (vesica piscis) e - allora - La Luna avrà a che fare con tutto ciò che ruota attorno al femminino sacro.

Il Sole

Anche Il Sole è raffigurato con un volto. A differenza de La Luna però, ci guarda dritto negli occhi. Questo ci riporta a La Giustizia, primo Arcano a sostenere lo sguardo frontale e connotato dalla presenza di un cerchietto stilizzato sul copricapo che richiama proprio un piccolo Sole. Questo astro illumina ogni cosa, fornisce calore ed energia. Il nucleo del simbolismo solare è attivo, maschile.

Contemplando bene il volto, cogliamo un leggero strabismo già intravisto ne Il Diavolo. Altro richiamo all'Arcano XV sono i due personaggi: sul loro collo un segno rosso simile ad una ferita da catene. Sul petto, in verticale, la stilizzazione di una corda. Possiamo quindi pensare che gli esserini de Il Diavolo si sono qui liberati anche se portano ancora addosso le ferite del passato. Un fiume scorre lambendo i piedi del personaggio di sinistra. Quello di destra si trova su una porzione di terra bianca e sembra aiutare l'altro a raggiungere la purezza, la meta ideale. In questa chiave di lettura i due sono colti in uno scambio intimo di attenzioni. In linea generale l'essere di sinistra ha un principio ricettivo, forse l'anima, quello di destra attivo, lo spirito.

Questi due personaggi sono nudi e la presenza del Sole sembra introdurre un ambiente caldo, di vacanza, forse estivo. Alle loro spalle un muro in costruzione dello stesso colore del Sole ad indicare qualcosa di totalmente nuovo oppure… in costruzione! Sotto un'altra ottica, il muro rappresenta una recinzione per proteggere i due bambini. La prima volta che abbiamo trovato il diagramma con due personaggi sormontati da un essere superiore è stato nell'Arcano V. Ne Il Papa, però, c'erano due colonne, qui c'è un muro. Forse un intero tempio è stato ora costruito.

Il Sole sembra attrarre delle gocce rosse, azzurre e gialle. Si sottolinea la proprietà del calore di far passare un corpo dalla sua forma liquida alla sua forma gassosa. Quindi avremo a che fare con tutto ciò che è calore: dalle vacanze alla termoterapia. I raggi sono dritti ed ondulati per rappresentare le due caratteristiche principali: calore e luce. Nell'acqua ritroviamo due sassi stilizzati che ricordano quelli già intravisti ai piedi de La Casa Dio, solo che prima erano di colore giallo.

Lato Ombra

La carta dei Tarocchi de Il Sole vuole che il tuo bambino interiore esca a giocare. Da adulti ci perdiamo nel trambusto della vita quotidiana e ci dimentichiamo come divertirci, ma è importante trascorrere del tempo a guardare un bambino che gioca per rendersi conto di quanto possa essere meravigliosa e spensierata la vita. Bisogna solo imparare a lasciar andare le ansie e le preoccupazioni.

Quando vedi Il Sole nel suo aspetto ombra, datti il permesso di cercare un aiuto che ti possa fare uscire fuori dalle sabbie mobili che ti stanno imprigionando. Questa carta può significare che fai fatica a vedere il lato positivo di una situazione. Potresti aver subito battute d'arresto che hanno danneggiato il tuo entusiasmo ed il tuo ottimismo. Questo ti ha portato a chiederti se ciò che ti sei prefissato di fare sia ancora valido. Potresti sentirti depresso oppure escluso e non goderti più quello che stai facendo. La tua direzione ed il tuo percorso possono apparire offuscati o, peggio ancora, distorti. Gli ostacoli che vedi possono essere facilmente rimossi se cerchi collaborazioni, mantieni un atteggiamento aperto verso la vita e non hai paura di seguire i consigli.

D'altra parte potresti essere troppo fiducioso o eccessivamente ottimista. In questo caso devi stare attento a tutte quelle persone che possono abusare di questo tuo modo di essere. Il Sole può introdurre il concetto di luce nascosta ovvero: verità celata.

È foriero di disarmonia, incomprensione, litigi tra amici o fratelli oppure beghe riguardo lo sviluppo di un progetto. Il consultante potrebbe trovarsi al cospetto di persone che fingono di essere ciò che non sono oppure esagerano la propria situazione. Se si fa fatica a vedere chiaro su qualcuno (o su una questione) allora bisogna procedere con molta calma al fine di non prendere lucciole per lanterne.

L'Arcano XVIIII può portare ad una cattiva disposizione d'animo, malintesi, sprechi, spese eccessive che non permettono di finire agevolmente ciò che si stava costruendo o – anche – esibizionismo. La mancanza di felicità e di ottimismo la fa da padrona.

Le Mie Parole Chiave

Amicizia. Aiuto. Progetto. Sistema a due. Archetipo paterno. Costruire qualcosa.

Le Tue Parole Chiave

A livello emotivo, Il Sole rimanda all'aiuto disinteressato. È una carta di amicizia, appoggio e sussidio. La nudità dei due bambini, che rappresenta la trasparenza della nostra essenza, è un chiaro rimando al mostrarsi così come siamo, con umiltà e senza fronzoli.

A livello intellettuale, Il Sole fa chiarezza su diversi ambiti di vita. Rappresenta una comprensione di ciò che ci circonda grazie al confronto attivo con l'altro e ad una razionalità estremamente radicata.

A livello materiale, Il Sole parla di tutti quei progetti che stiamo costruendo. Se da un lato vedere i progressi è davvero entusiasmante, dall'altro è opportuno capire che per tagliare il traguardo ci vorrà un po' di tempo.

A livello creativo e sessuale, Il Sole smorza queste frequenze a favore della conoscenza di un'altra persona, della costruzione di qualcosa e di un lavoro metodico e certosino. Di contro, può rimandare al concetto di "amore estivo".

Lo Avevi Notato?

In questa carta l'acqua è calma, quasi stagnante. Possiamo così pensare che l'intelletto stia prendendo il sopravvento e si rischia l'aridità emotiva. Forse è necessario introdurre un po' di sentimento, di arte, di poesia e di bellezza all'interno della nostra esistenza.

Anche tra le gambe dei due bambini ritroviamo l'acqua che sale in modo innaturale, come se avesse creato delle crepe sul muro. Allora bisogna suggerire al consultante di fortificare meglio le fondamenta di quello che sta costruendo, altrimenti rischia di far crollare tutta la struttura.

A proposito dei due bambini. Quello a sinistra ha ancora i piedi nell'acqua e significa che è impantanato nelle sue emozioni. Queste lo portano a non accettare in modo naturale l'aiuto del bambino sulla destra che, invece, ha i piedi su una roccia bianca.

Il Giudizio

L'Arcano XX è tra i più eloquenti e contemporaneamente meno immediati del Tarot. Un angelo avvolto da una nuvola suona una tromba per richiamare i personaggi sotto di lui. La tromba presenta ventidue lineette rosa che potremmo immaginare come gli Arcani Maggiori. Sono i gradini che l'esserino azzurro dovrà salire per raggiungere la divinità. L'angelo è simbolo di intermediazione tra il celeste ed il terrestre.

Un'aureola azzurra sulla sua testa potrebbe essere un uovo. Le uova sono simboli presenti ovunque all'interno degli Arcani. Anche la parte finale della tromba sembra un uovo dorato. La bandiera che sventola presenta una croce e quattro quadrati. Il cielo è coperto da raggi rossi e gialli. Nelle carte comprese tra La Casa Dio ed Il Giudizio il cielo è sempre riempito da elementi come gocce, sfere, stelle o fiamme. Sulla parte inferiore, una tomba gialla da cui fuoriesce un essere di cui non se ne vede il volto. Altre due figure, apparentemente più anziane, vengono fuori da tombe rosse. Oppure potrebbero essere passanti o adoratori e, in questo caso, non stanno realmente emergendo. Il tema principale rimane quello dell'ascesa.

È importante studiare il rapporto tra le figure: la donna di sinistra tocca con il gomito l'essere azzurro, ma guarda l'uomo di destra che invece è catturato dalla visione angelica. Del personaggio centrale, a differenza di quello che affermano molti studiosi, non possiamo dire se stia guardano l'angelo.

Sullo sfondo, delle montagne verdi come la natura, azzurre come il cielo ed una, in particolare, rosa come l'essere umano. La testa del personaggio centrale tocca questa montagna. Sembra formare un occhio. Parliamo dell'occhio onnisciente di Dio.

È interessante notare come Il Giudizio risulti essere tutto il contrario de L'Innamorato. Mettendo insieme le due carte, infatti, inizieremo a scorgere moltissime differenze: ne L'Innamorato gli esseri si toccano e ne Il Giudizio no. Ne L'Innamorato gli esseri si guardano e ne Il Giudizio quello a destra guarda in alto. Ne L'Innamorato gli esseri ci mostrano le gambe e ne Il Giudizio no. Ne L'Innamorato sono giovani e ne Il Giudizio sono anziani. Ne L'Innamorato gli esseri umani coprono gran parte della carta e ne Il Giudizio è l'angelo a coprire la maggior parte della carta. Ne L'Innamorato la comunicazione dell'angelo è intima e ne Il Giudizio suona la tromba sancendo una comunicazione massiva. Insomma, potrei continuare all'infinito!

Lato Ombra

Quando la carta dei Tarocchi de Il Giudizio compare nel suo lato ombra, allora è opportuno prendersi un periodo di riflessione e di autovalutazione. Attraverso la meditazione o la contemplazione silenziosa, puoi arrivare ad una profonda comprensione dei temi universali che si intrecciano nella tua vita e di cosa puoi fare (o cambiare) per evitare situazioni depotenzianti. Potresti notare che la parte più vera di te è nascosta perché hai paura di come gli altri ti possano giudicare. Questo blocco può causare enormi problematiche. Ecco perché, da questo punto di vista, diviene opportuno tirare fuori ciò che abbiamo dentro. Tra i significati negativi de Il Giudizio possiamo avere anche i rimpianti, i sensi di colpa o la vergogna. Ci dobbiamo lavorare! È così opportuno iniziare un percorso fatto di perdono, amore, accettazione e libertà. Il Giudizio appare spesso quando l'Universo sta cercando di inviarti un messaggio e di invitarti a qualcosa di più grande, ma non stai ascoltando. Forse hai paura del sacrificio che dovrai fare per dare il là a questa chiamata oppure sei preoccupato di non essere pronto ad assumere un ruolo più importante e vuoi solo giocare sul sicuro. Stai facendo del tuo meglio per fingere di non sapere qual è la tua chiamata e continui la tua vita quotidiana sperando che questo sentore se ne vada. Stai vivendo come vivrebbe L'Appeso. Ma siamo onesti: la "chiamata" non scomparirà mai! Diventerà sempre più forte finché non gli presterai attenzione.

È tempo di superare le tue paure interiori e i tuoi dubbi su te stesso e avere fiducia che l'Universo ti copra le spalle. Puoi rinascere solo se assecondi la tua vocazione. A volte Il Giudizio indica che il critico peggiore di te stesso sei proprio tu. Potresti dubitare delle tue capacità o auto-lanciarti dei messaggi negativi. Questo ti impedisce di essere in grado di realizzare il tuo potenziale più alto, divenendo la versione migliore di te stesso. Per superare questa condizione depotenziante puoi interrompere il ciclo di autocritica e sostituirlo con messaggi più positivi.

Il Giudizio compare quando ci sono dei problemi all'interno di un gruppo, che sia una famiglia, un'associazione oppure qualsiasi situazione che aggrega più persone. Potremmo parlare di scopi poco chiari anche per se stessi, incoscienza oppure delle notizie sgradevoli. Esiste una sorta di "chiamata al rinnovamento" che però viene male assecondata. Devi valutare se in questo processo esiste qualcuno che può affiancarti. In questo aspetto troviamo una vicinanza con Il Sole.

Questa carta può indicare che la verità stenta a manifestarsi oppure che viene addirittura rifiutata. Per chi ha rapporti con l'estero allora bisognerebbe valutare meglio se conviene mantenere attiva questa situazione oppure se ci sono dei problemi al riguardo. L'Arcano XX potrebbe rappresentare anche situazioni del passato che ritornano in modo poco conveniente per il consultante.

Le Mie Parole Chiave

Gruppo con un fine comune. La rinascita di chi segue la sua vocazione. Comunicazione su larga scala. Qualcosa o qualcuno che torna dal passato.

Le Tue Parole Chiave

A livello emotivo, Il Giudizio parla di un amore che ha trasceso l'entusiasmo iniziale e ha abbracciato un rapporto più strutturato ed impegnativo, nella possibilità di avere una famiglia più o meno grande. Può anche rimandare a persone che tornano dal nostro passato.

A livello intellettuale, Il Giudizio parla della voglia di aprire la propria mente a stati di comprensione più grandi e della necessità di liberarsi di vecchie dinamiche che non sono più in linea con ciò che siamo.

A livello materiale, Il Giudizio invita ad infittire la conoscenza di persone che possono aiutare a raggiungere uno scopo. È anche una carta che parla dell'oro alchemico, ovvero un profondo ideale di perfezione della nostra persona che trascende - però - il contesto più pratico e materiale.

A livello creativo e sessuale, Il Giudizio profila un'energia in grado di far esplodere il tuo carico fisico e spirituale. Questo non significa che saranno assecondate delle pulsioni a livello materiale, ma che sarai in grado di far emergere il tuo tesoro interiore.

Lo Avevi Notato?

Guardando attentamente sembra che l'essere alato non introduca la tromba in bocca. Anzi, ci mostra la lingua, proprio come fa Il Diavolo. Tuttavia, mentre nell'Arcano XV questo significava che c'era il rischio di bugie, nell'Arcano XX possiamo parlare di una comunicazione su larga scala. Infatti, suonando la tromba, l'angelo riesce a far arrivare il suo messaggio a molte persone. In questa carta esiste anche un altro sottile parallelismo con l'Arcano XV. Guardando l'esserino azzurro di schiena si nota che la parte sinistra sembra femminile, quella destra maschile. Anche ne Il Diavolo avevamo ritrovato entrambe le polarità con il seno ed il fallo. Possiamo pensare così che Il Diavolo sia divenuto un essere divino e, gli esserini mostruosi, abbiano ritrovato la loro umanità, cambiando la propria posizione, da asserviti a copartecipanti per un bene comune.

Contemplando ancora l'angelo, scorgiamo che questo sostiene la tromba con una sola mano. Con l'altra sta impartendo la benedizione, proprio come avevamo visto fare da Il Papa. Ecco che questa carta può significare che il cielo sta dando il via libera, come segno intangibile che stiamo percorrendo un percorso affine al nostro Sé Superiore.

Il Mondo

Ultimo Arcano dei Tarocchi, rappresenta l'illuminazione. Una donna nuda sembra danzare circondata da una corona o da una mandorla. Nella tradizione cristiana sono rappresentati in questo modo i santi ed i beati. Un tessuto le copre il sesso lasciando intravedere i seni. Questo è verde quando passa dietro le spalle e rosso quando scivola lungo il corpo. La mandorla ricorda anche una vagina. Agli estremi, due lemniscate gialle che chiudono la mandorla avvinghiandola.

La posizione delle gambe è simile a quella de L'Appeso. Le mani invece sono bene in vista. Stringe una forma non ben definita, forse una boccetta, ed una bacchetta. La donna guarda al passato, armonizza e realizza il lavoro fatto. Poggia il piede su una superficie verde. Ai quattro angoli sono presenti delle figure oggetto di grandi studi. Tralasciando ogni possibile parallelismo con elementi naturali, pianeti o personaggi biblici, ci limiteremo a dire che rappresentano i quattro semi degli Arcani Minori vivizzati. L'angelo è una figura ricettiva, l'amore incondizionato. Viene ricordato come "portatore d'acqua", simboleggia quindi le coppe. L'aquila si trova a destra, quindi attiva. Come visto in precedenza, rappresenta l'idea: spade. Il leone è l'energia creatrice, dirompente ed inarrestabile. Lo ricordiamo come simbolo di fuoco. Rappresenta i bastoni. L'ultimo animale è indefinito, forse un toro, una vacca o un bue. Presenta accanto all'occhio destro un corno, simbolo del concepimento del Cristo. É rosa carne e senza aureola. Negli Arcani Minori gli unici a non avere numero sono i denari. Questo animale rappresenta i denari. All'interno di questa carta sono nascoste un'enorme quantità di uova: il bianco che fa da sfondo alla donna nella mandorla, sotto la zampa del leone e all'interno delle aureole. Guardando bene, infatti, si nota come le aureole dell'angelo e dell'aquila escano fuori dalla carta interrompendone la linea nera.

Lato Ombra

Anche se Il Mondo viene considerata la carta più positiva dei Tarocchi, qualsiasi lettore esperto ti dirà che è necessario scoprire quali sono gli aspetti in ombra di ogni singolo Arcano. Così è facile sostenere che anche Il Mondo si trascina dietro dei significati che dovrebbero essere valutati meglio. È vero, non sarà come Il Diavolo oppure come La Ruota di Fortuna, ma ti garantisco che anche questo Arcano può essere destabilizzante.

Per esempio, suggerisce che stai cercando la chiusura invece che l'apertura verso l'esterno. Forse sei ancora emotivamente attaccato ad una relazione passata e vuoi andare avanti. Oppure sogni il giorno in cui potrai rientrare nei tuoi vecchi jeans attillati, ma ti rendi conto che il tuo metabolismo ed il tuo corpo sono cambiati negli ultimi dieci anni. Sai, nel profondo, che per accettare ed abbracciare il presente devi sapere lasciare andare il passato e andare avanti. Capire come chiudere un ciclo può essere un viaggio intenso e personale, qualcosa che gestisci attraverso un diario, la visualizzazione, il lavoro energetico o una terapia.

Il Mondo può significare che vuoi raggiungere un grande obiettivo o completare un grande progetto, ma non stai facendo tutti i passi necessari per arrivarci. Puoi optare per il percorso più semplice o più veloce per raggiungere il tuo obiettivo, ma non è detto che ti porti al risultato sperato. Scalare una montagna dal basso verso l'alto è un'esperienza diversa dal fare un giro in elicottero fino alla vetta, anche se la destinazione è la medesima. Hai bisogno di sperimentare per imparare e crescere. E quando raggiungi il tuo obiettivo potrai godere di un fantastico senso di realizzazione. Non aver paura di fissarti obiettivi ambiziosi anche se questo significa sopportare disagi e sfide lungo il percorso. La vittoria sarà ancora più grande.

Il Mondo può anche indicare un momento in cui sei vicino al completamento di un progetto o di un obiettivo, ma per qualsiasi motivo perdi la concentrazione e ti allontani proprio alla fine. Perché fermarti ora? Ricaricati e ricorda a te stesso quanto sarà meravigliosa la vita quando otterrai ciò che hai desiderato per così tanto tempo.

A volte l'Arcano XXI può significare un ritardo frustrante nel completamento dei tuoi progetti. Potresti perdere un pezzo e non trovare una chiusura finché questo non uscirà fuori. Forse il risultato è nella tua creatività che ti permetterà di capire come tagliare il traguardo. Il Mondo può indicare un problema nell'accettazione del proprio corpo e del proprio posto nel mondo. Facciamo molta fatica a sentirci a casa e questo ci causa degli scuotimenti interiori importanti.

Per tutti coloro che cercano delle collaborazioni esterne, queste potrebbero tardare a venire oppure non essere adeguate a ciò che ci si aspetta. Le difficoltà vengono dall'esterno, dalla volontà degli altri che si può opporre alla propria. L'ambiente circostante appare ostile. Le cose non sono facili così come si erano presentate. Qualora esistesse già un'associazione o un'organizzazione alla quale siamo affiliati, allora potrebbe accadere di non sentirci più rappresentati dagli ideali o dalle persone che dovrebbero farlo.

A livello di Tradizione, Il Mondo rimanda ad un rovescio della fortuna ed alla presenza di ostacoli continui. La realizzazione diviene difficile ed anche quando tutto sembra procedere per il meglio, viviamo una situazione con profonda destabilizzazione. Questa carta richiama l'asfissia, il sentirsi prigionieri o qualche piccolo impedimento alla mobilità. A volte ha un forte rimando al sentirsi sbagliati, in contesti che non ci appartengono e che sono completamente lontani dalla nostra persona e dalla nostra essenza. In questo caso è opportuno scoprire come armonizzare, nel giro di poco, le nostre energie.

Le Mie Parole Chiave

Realizzazione. Sentirsi al centro del proprio mondo. Cooperazione.

Vagina. Danza.

Le Tue Parole Chiave

A livello emotivo, Il Mondo introduce una grande tranquillità. Le energie sono distese e la voglia di aprirsi a nuove esperienze o consolidare le vecchie dona gioia ed equilibrio.

A livello intellettuale, Il Mondo suggerisce di avere delle idee più grandi ed ambiziose. La necessità di confrontarsi con persone e situazioni diverse da noi è importante per la riuscita di un progetto.

A livello materiale, Il Mondo ricorda che il traguardo è vicino. Potrebbe trattarsi di un posto giusto, di un lavoro ben pagato o di una tranquillità finanziaria.

A livello creativo e sessuale, Il Mondo invita a spogliarci completamente e a godere del fuoco che abbiamo dentro. È un Arcano che ci consiglia di essere unici nella nostra quotidianità.

Lo Avevi Notato?

La donna che danza all'interno della mandorla sta toccando con la mano proprio la superficie azzurra. Sotto un punto di vista critico, in grado di sottolineare gli aspetti ombra della carta, questo può rimandare ad un senso di claustrofobia che la ragazza prova e, quindi, ha bisogno di trovare una situazione più confortevole che le dia maggiore equilibrio.

Su alcune fronde della mandorla, invece di comparire il classico ornamento vegetale, intravediamo una sorta di stilizzazione animale, come fosse un cane con la coda alzata. Il Tarocco inizia con Il Matto, un essere umano accompagnato da un cane, e finisce con Il Mondo, dove un cane stilizzato compare nuovamente nella carta. Possiamo così dire che il viaggio è concluso.

Appena sotto una zampa del leone compare un uovo. A livello grafico è come se questo animale lo stesse covando. Così, in tutte quelle domande di ambito creativo, il messaggio è piuttosto immediato: permettere al fuoco interiore di proteggere e curare la nostra opera.

Studiare Nella Pratica

Come dico da sempre, la lettura dei Tarocchi non è una materia che si studia nella teoria. Puoi frequentare corsi della durata annuale, triennale o quinquennale. Quello che accadrà è che, alla fine di un percorso lunghissimo, ti accorgerai di non saper interpretare gli Arcani. Ecco il mio consiglio: impara nella pratica e non nella teoria. Ci tengo a sottolineare che lo studio teorico ha la sua importanza, ma se non è affiancato dalla pratica non ti servirà a molto. È come voler capire il mondo studiando solo il suo aspetto fisico oppure quello metafisico, non facendo tuttavia interagire queste due parti. Detto in modo semplice, credo che allungare la teoria serva solo per nascondere il fatto che, sotto sotto, qualsiasi volo pindarico che tu possa proporre andrà sempre ad impattare con il medesimo uso dello strumento.

Questa considerazione mi permette anche di svelarti uno dei segreti più potenti del controllo della realtà. Cioè, non è veramente un segreto perché molti autori lo descrivono in dettaglio nelle loro opere. Tuttavia, la maggior parte delle persone non tiene conto delle informazioni che già possiede e preferisce saltare da insegnamento ad insegnamento, mossa esclusivamente dal brio della novità. Se vuoi che la realtà ti obbedisca facilmente, agisci su entrambi i lati del mondo. Intendo da quello materiale e da quello metafisico. Nel mio libro "Tarot - Il Calendario" spiego che uno dei principi di gestione della realtà si basa su due categorie: il pensiero e l'azione. Il lavoro di creazione del tuo strato di mondo è un processo creativo ed agisce contemporaneamente sul piano della logica e sul piano del cuore. Sfortunatamente la società ci abitua a lavorare con uno solo di questi due piani. Quindi, ci sono i materialisti che passano la loro esistenza completamente immersi nella realtà fisica. Superano ostacoli, risolvono problemi e cercano di combattere il mondo per tutto il tempo. La cosa simpatica è che spesso non si rendono nemmeno conto che la maggior parte di quei problemi li creano proprio loro. Poi ci sono gli spiritualisti che sono occupati a librarsi tra le nuvole ed i sogni. I loro pensieri non hanno forza ed energia perché quasi mai sono supportati con determinazione dall'agire e dall'intenzione. Così, le loro diventano conoscenze e competenze astratte ed effimere che non permettono di andare verso la realizzazione. Chi fa parte di questo gruppo cade spesso nella filosofia e nella retorica senza avere mai dei grandi risultati.

Tu, come creatore della tua realtà, dovrai lavorare sui due mondi contemporaneamente. Lascia che ti spieghi cosa significa. Prima di tutto è necessario combinare la logica con i sentimenti, cioè ottenere l'unità di mente ed anima. Dopotutto, quando questa sinergia non si pone in essere, l'immagine del tuo obiettivo è troppo sfocata per realizzarsi. Di contro, è facile vedere quando queste due sfere non stanno cooperando perché potresti sentirti interiormente voglioso di fare qualcosa, ma esteriormente frenato. Oppure razionalmente sei convinto di quella mossa, ma dentro provi un senso di disagio. Se senti questo attrito, c'è qualcosa che non va perché anima e mente non sono in asse. Quando invece riusciamo a mettere in linea le due realtà, siamo pervasi dalla sensazione che tutto ci è concesso e tutto ci riuscirà. La stessa realtà diviene plastica, in grado di cedere facilmente a compromessi.

Un altro motivo per cui la realtà può resistere è la mancanza di azione sul piano fisico e metafisico allo stesso tempo. È necessario combinare armoniosamente il movimento su entrambi i piani.

- Sul **piano fisico** puoi eseguire azioni specifiche, ovvero cercare di capire cosa è necessario fare per andare nella direzione dell'obiettivo prefissato. Per esempio, se vuoi dimagrire, inizia a fare esercizio.

- Sul **piano metafisico** puoi lavorare con tecniche extra ordinarie, puoi meditare, puoi usare i Tarocchi o qualsiasi disciplina in grado di connetterti con realtà più sfuggevoli.

Indipendentemente dalla tecnica che impiegherai, quando presti sufficiente attenzione alla fisica ed alla metafisica, puoi controllare la realtà. Solo nell'unità di anima e ragione si realizza la tua intenzione. Per alcuni, queste mie parole saranno strane e fuori dall'ordinario. Va bene. Ma per altri, quello da me espresso non è nemmeno un concetto così magico. È la quotidianità. È routine. E la cosa bella è che funziona davvero, se solo avessi abbastanza pazienza e voglia di raggiungere il risultato. Capito questo aspetto, cerchiamo ora di applicarlo anche allo studio dei Tarocchi. Quindi, non fermarti a leggere passivamente i significati delle carte, ma cerca di impararli in modo pratico. Ti propongo un esercizio interessante e stimolante. Più che un esercizio è un vero e proprio metodo di lettura. Prendi i soli Arcani

Maggiori, ovvero il gruppo di carte che ti ho spiegato fin qui, mischiali ed estraine cinque in base a questo schema.

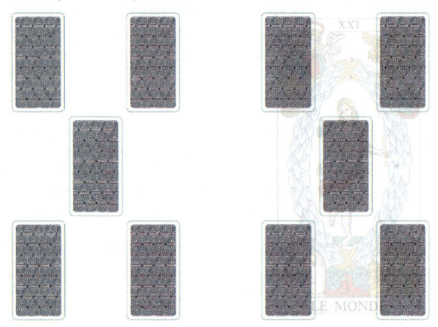

A sinistra hai lo schema così come appare. A destra l'ho sovrapposto all'Arcano XXI perché, se ci hai fatto caso, abbiamo utilizzato proprio la carta de Il Mondo come base per il mandala. Ecco i significati in relazione alla posizione. Personalmente estraggo gli Arcani nell'ordine in cui li spiego in questa lista:

- La **carta centrale** rappresenta la tua essenza, ovvero chi sei nel tuo profondo.
- La **carta in alto a sinistra** è un rimando alle Coppe, quindi al tuo lato emotivo, alle tue relazioni, agli amori ed alle amicizie.
- La **carta in alto a destra** si rapporta alle Spade e rappresenta le tue idee ed i tuoi progetti.
- La **carta in basso a sinistra** è rappresentativa del mondo dei Denari e, quindi, di tutto ciò che è materiale: del tuo lavoro, dei tuoi soldi e del tuo corpo.
- La **carta in basso a destra**, ovvero la frequenza dei Bastoni, parlerà del tuo lato creativo e sessuale.

Questo metodo di lettura permette di avere una sorta di fotografia della tua persona nel momento presente. Io non sono un fan dei tiraggi a schema fisso, ma questo è uno dei pochi che mi piace moltissimo. È completo, poliedrico, efficace e sfaccettato. Mi permette di capire in profondità tutti quegli aspetti della nostra essenza che, altrimenti, rimarrebbero nascosti. Oltre ciò, essendo un tiraggio a composizione fissa e significati prestabiliti, permette di imparare i significati dei Tarocchi nella pratica.

Puoi usare questo metodo di lettura anche per leggere le carte ai tuoi amici. Non servirà nemmeno una domanda specifica. Ti basterà mischiare il tuo mazzo di carte, estrarne cinque ed avere una fotografia della vita della persona che hai davanti. Se non ti senti pronto a lanciarti nell'interpretazione in modo autonomo, noterai che per ogni singolo Arcano Maggiore ho parlato del suo significato in base alla posizione nella quale sarà estratto. Se, per esempio, La Luna dovesse comparire in alto a sinistra, ti basterà andare nel capitolo in cui parlo di questo Arcano e vedere i concetti espressi nella sezione accanto all'Asso di Coppe che, come avrai capito, è il mondo emotivo. Per completezza voglio anche dire che non amo particolarmente i consulti senza una domanda precisa. Però, a volte, se la metodologia viene stabilita in anticipo ed abbiamo una conoscenza dello strumento così importante da permetterci di svolgere il compito, anche questa modalità sa dare dei messaggi

profondissimi ed illuminanti. Facciamo un esempio pratico. Da questo tiraggio si evince che la persona è lunatica, volubile e scontrosa (La Luna). Nel suo centro emotivo ha bisogno di avere tutto sotto controllo (L'Imperatore), il che rende il suo comportamento, all'interno di una coppia, chiuso ed inaccessibile. Nel mentale c'è un perfezionismo di fondo importante rappresentato da La Giustizia. Bisogna fare molta attenzione a sfruttarlo al meglio, altrimenti potrebbe essere un nemico giurato per la realizzazione della persona. Nel centro materiale, Il Diavolo parla di una certa sfrenatezza, del trattare male il proprio corpo o di una persona poco retta negli affari. Infine, La Casa Dio

nel centro creativo è esplosiva, dirompente, dedita ai piaceri della vita, il che può essere un tratto distintivo del consultante. Come vedi, in pochi secondi abbiamo scattato una foto precisa. La cosa strabiliante è che esistono infiniti modi per approfondire questo metodo di lettura. E non hai nemmeno bisogno di estrarre molte carte. Per esempio, puoi capire se un determinato Arcano veste bene le frequenze della dinamica che rappresenta facendo qualche ragionamento veloce. L'Imperatore nel lato emotivo non può essere a suo agio. Lui è un uomo pragmatico, mentale e vive con poca armonia le sue emozioni. Ecco perché, se da un lato abbiamo dato già un input al consultante, dall'altro dobbiamo dialogare con lui per chiedergli cosa genera questo attrito. Così come, La Giustizia nel polo mentale è perfetta dato che questo Arcano veicola proprio un forte richiamo alla ragione. Preso atto di questa concordanza, potremmo anche consigliare al consultante di approfondire questo suo lato e capire come renderlo un punto di forza nella propria quotidianità.

Un altro modo per trovare ulteriori piani di lettura è quello di relazionare le varie carte uscite nelle disparate posizioni. Quindi evitare di vedere il tiraggio come atomistico, ma implementare una visione di insieme. Il Diavolo rappresentativo del centro materiale e La Casa Dio che troneggia nel centro sessuale possono indicare una persona che, per il piacere personale, non si pone limiti. È quindi opportuno capire meglio il suo sistema di valori e fino a dove potrebbe spingersi per appagare le sue voglie.

Chi segue il mio lavoro con i Tarocchi da un po' di tempo, saprà benissimo che consiglio di studiarli a coppie. Un Arcano da solo non è in grado di darci una precisione interpretativa così importante. Certo, è utile per meditare, per ragionare o per canalizzare un pensiero. Io stesso, quando sento di vivere una giornata oppure un evento in relazione alle frequenze di una determinata carta, la prendo in mano e lascio che un flusso di pensieri mi attraversi mentre la contemplo, ma quando si tratta di interpretare i Tarocchi, allora tutto questo lavoro non serve e bisogna iniziare dalle due carte. Due carte forniscono un messaggio e sono un chiaro riflesso delle frequenze che ci stanno gravitando attorno.

È possibile lavorare con questo metodo di lettura utilizzando le coppie? Certo, è possibile lavorare con questo metodo di lettura utilizzando, per quasi ogni posizione, due carte. Perché ho scritto "quasi ogni posizione"? Perché il mio consiglio è quello di tirarle con una logica e non come automatismo. Questa logica può seguire l'interazione della prima carta con gli elementi che si perdono oltre i confini del cartiglio. Ammettiamo, a titolo esemplificativo, che il tiraggio sia quello nello schema. Possiamo dire che il consultante è una

 persona chiusa in se stessa (L'Eremita), forse un po' in crisi per qualche motivo. Come vedi, l'ultima frase sembra essere tronca perché, durante un consulto, potrebbe dimostrarsi molto utile capire cosa manda in crisi il consultante. Ecco perché è possibile tirare una carta a sinistra de L'Eremita. Esce La Ruota di Fortuna. Possiamo ora pensare che delle situazioni altalenanti o la difficoltà di chiudere ed aprire nuovi cicli di vita siano elementi destabilizzanti per la persona che abbiamo di fronte.

Sul lato emotivo, Il Papa ci parla di una coppia che sottostà ad un vincolo. Magari il consultante è sposato oppure la sua relazione è caratterizzata da una poca libertà di coppia. L'Arcano V sta guardando a destra e, tirando fuori una carta da quel lato, la situazione sarà più chiara. Esce La Papessa. Il Papa e La Papessa sono una coppia complementare e questa è una conferma: il consultante è sposato.

Nel centro intellettuale compare La Luna che indica una confusione importante, forse perché un eccesso di emotività gli impedisce di avere una visione chiara delle cose. In questo caso, essendo il messaggio chiaro ed evidente, non c'è necessità di estrarre un nuovo Arcano. Qui mi preme darti un consiglio disinteressato: non essere ingordo di nozioni. Non iniziare a tirare fuori molte carte solo perché vuoi sapere. Cerca invece di capire bene cosa ti stanno dicendo i Tarocchi ed abbi la forza di chi si sa fermare al momento giusto. Al limite, possiamo procedere ragionando sul fatto che, nel centro intellettuale, è uscita una carta che indica in modo preponderante il lato emotivo. Come mai? Cosa potrebbe comportare nella vita del consultante?

L'energia materiale è connotata da Temperanza che rimanda l'idea di moderazione e risparmio. Ancora una volta il messaggio non è completo perché potremmo avere la necessità di capire cosa provoca questa necessità di risparmiare. Estraendo una carta per vedere cosa guarda Temperanza, abbiamo L'Appeso. A livello materiale e lavorativo, l'Arcano XII è un blocco. È facile pensare che il consultante non lavori oppure spenda male i suoi soldi.

Questo lo porta a periodi di crisi finanziaria che deve mitigare con un eccesso di oculatezza economica.

Nel centro creativo, Il Diavolo è un'ottima carta perché sposa perfettamente le frequenze di questo lato della vita del consultante. Forse possiamo consigliargli di approfondire questo aspetto, magari canalizzando meglio la sua creatività. Ancora una volta appare evidente l'inutilità di tirare fuori una seconda carta.

Se non si fosse capito, ritengo che la cosa più bella di questo metodo di lettura sia la possibilità di interagire con il consultante e di approfondire le carte estratte per mezzo di domande mirate e di un dialogo strutturato. Ora, per chi fosse un po' più sciolto e volesse estrarre anche una terza carta nel caso in cui si ponesse in essere la necessità di farlo, allora va bene. Nonostante quanto detto sopra sul limitare l'uso dell'estrazione di numerosi Arcani, di base, con i Tarocchi tutto è possibile e tutto ti riuscirà, purché il tuo bagaglio di conoscenze sia in grado di supportare ciò che ti appresti a fare. Invece, alle persone che volessero provare questo metodo di lettura anche con gli Arcani Minori, consiglio di fare prima un po' di pratica esclusivamente con i Maggiori. Questo perché, lanciandosi in una meditazione con tutto il mazzo, è opportuno fare delle valutazioni anche per seme. Cosa accadrebbe, infatti, se il seme di Denari troneggiasse nella posizione delle Spade? E se trovassimo tanti Bastoni nel lato delle Coppe? Sono considerazioni articolate e difficili da supportare se non si ha la dovuta preparazione. Concludo questo capitolo con una tecnica che molti ignorano. Infatti, questo metodo di lettura, nella sua forma base, è già molto conosciuto. Tuttavia viene impiegato esclusivamente in modo generico per meditare sulla vita del consultante, proprio come ti ho spiegato fino ad ora. Esiste un procedimento per impiegare questo tiraggio anche con domande specifiche. Se ci hai fatto caso, le energie rappresentate dai quattro essere agli angoli, sono anche le medesime che sperimentiamo nel nostro quotidiano. Tutti noi facciamo lavorare questi quattro centri, indipendentemente dalla domanda che ci viene posta o dal settore di vita che affrontiamo. Ciò che intendo è che potresti voler fare ai Tarocchi, per esempio, una domanda sulla tua relazione d'amore. Questo è fantastico. Ora, una relazione d'amore non è vissuta solo con il nostro cuore, ma anche con la nostra mente, con la nostra materia e con il nostro sesso. Ecco perché puoi impiegare questo tiraggio con domande specifiche, indipendentemente dal tema.

- Le **Coppe** ti diranno quali sono **le tue emozioni** in relazione al quesito che ti è stato posto.

- Le **Spade** rimanderanno a **cosa pensi** di quella situazione.

- I **Denari** rappresenteranno **l'apporto materiale**.

- I **Bastoni** saranno un riferimento **all'energia profusa** in quella situazione.

Quindi, tornando all'esempio sulla domanda riguardo una relazione d'amore, le Coppe ci parleranno della relazione in sé, le Spade di quelli che sono i progetti e le idee attorno a questa relazione, i Denari possono rappresentare l'apporto materiale che diamo alla storia (es. se stiamo investendo dei soldi oppure se vogliamo comprare una casa) mentre i Bastoni parleranno della passionalità all'interno della coppia. Ecco, se vuoi utilizzare questo metodo di lettura per avere una panoramica generale su una domanda specifica, ti basterà impostare la risposta come appena spiegato. Ecco lo schema sintetizzato:

- le Coppe: ti piace questa cosa?

- le Spade: che pensi di questa cosa?

- i Denari: stai investendo su questa cosa?

- i Bastoni: qual è l'energia che dai a questa cosa?

Ovviamente l'Arcano centrale rimarrà invariato, rappresentando il nucleo del quesito o della nostra essenza. Capito questo, iniziamo lo studio degli Arcani Minori.

Arcani Minori

Gli Arcani Minori dei Tarocchi sono un gruppo composto da 56 carte. Queste 56 carte sono a loro volta suddivise in 4 semi: Coppe, Spade, Denari e Bastoni. Ogni seme conta 10 carte numerali (dall'Asso al 10) e 4 carte dette "di Corte": Paggio, Cavaliere, Regina e Re.

Quando si tratta di studiare gli Arcani Minori nei Tarocchi di Marsiglia, per molti la situazione diviene complessa. Questo perché, a differenza degli Arcani Maggiori, il gruppo delle numerali non ha una scenetta rappresentata e, quindi, non è possibile interiorizzare i concetti in base a ciò che vediamo. Detto in altro modo: le numerali degli Arcani Minori hanno il seme in questione proposto nella quantità del numero. Così, per esempio, il Cinque di Denari mostrerà solo 5 Denari. Per facilitare la comprensione iniziamo a stabilire che gli Arcani Minori si decodificano in base a due elementi:

1. i semi

2. i numeri

Uno dei modi più veloci per imparare questo gruppo di carte è comprendere gli elementi che si trovano dietro i semi e combinarli con la numerologia.

Seme di Coppe

Il seme di Coppe si associa all'acqua. L'acqua è fluida, agile, sinuosa, ma è anche potente e distruttiva. Può sembrare dolce e gentile, come le onde che

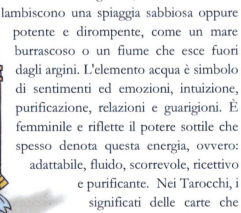

lambiscono una spiaggia sabbiosa oppure potente e dirompente, come un mare burrascoso o un fiume che esce fuori dagli argini. L'elemento acqua è simbolo di sentimenti ed emozioni, intuizione, purificazione, relazioni e guarigioni. È femminile e riflette il potere sottile che spesso denota questa energia, ovvero: adattabile, fluido, scorrevole, ricettivo e purificante. Nei Tarocchi, i significati delle carte che corrispondono a questo seme riguardano il livello emotivo della coscienza e sono associati all'amore, ai sentimenti, alle relazioni ed alle connessioni. Le Coppe indicano che stai pensando con il tuo cuore e meno con la tua testa, quindi riflettono le tue risposte spontanee e le tue reazioni abituali alle situazioni. Sono rappresentative della fantasia, del romanticismo e dell'amore. Ovviamente, nel loro lato ombra, includono l'essere eccessivamente emotivi o completamente spassionati, il costruire castelli in aria e l'avere aspettative irrealistiche, oltre che fantasticare su quello che potrebbe essere, invece che su quello che è. Magari parleranno di emozioni represse o dell'incapacità di esprimersi veramente in mancanza di buon cuore.

Seme di Spade

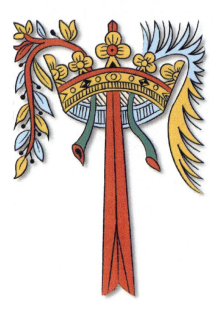

Il seme di Spade si associa all'aria che può essere ferma e, perlopiù, inosservata oppure diventare un vento feroce in grado di spazzare via qualsiasi cosa. È potente e rinfrescante.

Simbolicamente, l'elemento aria si riferisce alla conoscenza, all'azione, al potere e ad una certa forma di cambiamento. È un'energia maschile che può guidare con forza e decisione pur rimanendo invisibile. I significati delle carte dei Tarocchi del seme di Spade sono associati alla forza, al potere, alle idee, all'ambizione, al coraggio, all'oppressione ed al conflitto. Qualsiasi azione denotata da questo seme può essere costruttiva o distruttiva. Il seme di Spade si occupa del livello mentale della coscienza che ha centro attorno all'intelletto ed alla ragione. Rispecchia la qualità della mente, dei pensieri, delle convinzioni e degli atteggiamenti.

Le Spade sono a doppio taglio ed in questo simboleggiano il sottile equilibrio tra intelletto e potere, oltre che rivelare come questi due elementi possono essere usati per il bene o per il male. Gli aspetti negativi sono rappresentati dal senso di colpa, dalla mancanza di compassione, dagli abusi verbali e mentali, da un giudizio severo e dalla rabbia.

Seme di Denari

Il seme di Denari si associa alla terra che è tangibile, concreta. Crea le basi da cui il pianeta può crescere e svilupparsi oltre a sostenere e nutrire piante ed alberi. La terra è radicata, stabile, solida e fertile. È un elemento femminile e ricettivo: assorbe nutrienti dai raggi solari ed usa questa energia per sostenere la vita che ne deriva.

Nei Tarocchi, i Denari coprono gli aspetti materiali della vita inclusi il lavoro, la proprietà, gli affari, il denaro, il commercio e tutti gli altri beni intangibili. Possiamo pensare a questo seme come una frequenza di realizzazione, prosperità e manifestazione. I Denari si occupano del livello fisico o esterno della coscienza e quindi rispecchiano le situazioni esteriori della tua salute, del tuo lavoro e delle tue finanze. Hanno a che fare con ciò che fai con l'ambiente esterno, come lo crei, come lo modelli, come lo cambi e come lo fai crescere. Ad un livello più esoterico, i Denari rappresentano l'autostima, l'immagine di sé e l'ego.

Come ogni altro seme, anche questo ha degli aspetti ombra ed includono: l'essere possessivi, eccessivamente materialisti ed avidi. Parlano del fatto di indulgere eccessivamente senza fare nulla, di gestire male le proprie finanze, di essere troppo concentrati sulla carriera a discapito di altre proprietà di vita. Spesso tutto ciò che serve per contrastare questi aspetti negativi è un ritorno alla natura al fine di radicarsi e riscoprire ciò che è veramente importante.

Seme di Bastoni

Il seme di Bastoni si associa al fuoco che è selvaggio, energico, caldo ed imprevedibile. Può essere creativo nell'aiutarci a cucinare il cibo o costruire qualche strumento oppure distruttivo, come un incendio boschivo devastante.

L'elemento fuoco è simbolo di passione, entusiasmo, sessualità ed energia. È un elemento maschile e riflette la spinta e la forza di volontà propria della maschilità. Nei Tarocchi, i significati delle carte di questo seme, sono rappresentativi di un'energia primordiale, della determinazione, della forza, dell'intuizione, della creatività, dell'ambizione, dell'espansione, del pensiero originale dal quale sgorga la vita. Le carte di questo gruppo trattano il livello creativo della coscienza e rispecchiano ciò che è importante per te. Si rivolgono anche a ciò che fa battere il tuo cuore come: le tue passioni, gli entusiasmi, l'energia personale e le tue voglie.

Gli aspetti negativi includono l'illusione, l'impulsività, un comportamento egoistico e la mancanza di direzione o scopo che danno significato alla vita.

Come avrai ben intuito, questo seme si rifà al mondo della sessualità. Questa energia deve essere intesa nella sua massima neutralità. La progressione dei numeri degli Arcani Minori (dall'Asso al Dieci) sarà quindi rappresentativa della progressione di questo centro nella nostra vita, con tutte le problematiche e le soddisfazioni che possiamo sperimentare nel corso delle nostre esperienze.

I Numeri

Una volta capiti i semi degli Arcani Minori con le loro varie associazioni, conviene imparare le basi dei significati dei numeri da 1 a 10. Questo ti darà un vantaggio didattico nella lettura dei Tarocchi. Come già detto qualche paragrafo addietro, Arcani Minori e numerologia vanno di pari passo. Diamo quindi uno sguardo veloce al significato dei numeri.

1. Inizio. Potenzialità. Percorsi nuovi.
2. Gestazione. Studio. Dualità. Partnership.
3. Crescita esplosiva. Terzo elemento che compare. Creatività.
4. Stabilità. Struttura. Quadratura.
5. Innovazione. Andare oltre.
6. Armonia. Cooperazione.
7. Azione decisa. Sapere quello che si sta facendo.
8. Equilibrio. Fermezza. Raggiungere uno scopo.
9. Crisi. Guardarsi dentro. Saggezza.
10. Illuminazione. Completamento. Esigenza di rinnovamento.

Ora, combina ciò che sai sui numeri con quello che ti ho appena spiegato sui semi e sarai in grado di determinare il significato di ciascuna delle 40 carte numerate. Ad esempio, se il 2 è il numero della gestazione e le Coppe sono il seme delle emozioni, il Due di Coppe rappresenterà la gestazione emotiva, ovvero l'attimo in cui conosciamo una persona senza che questo porti necessariamente a qualcosa. Se il 3 è uno scoppio creativo e le Spade sono il seme dell'intelletto, il Tre di Spade rimanda al fatto di avere delle idee esplosive che possono manifestarsi in qualche modo, ma che devono anche trovare la maniera di essere canalizzate per evitare la disarmonia. Vedi, te l'avevo detto che sarebbe stato facile!

E le 16 carte di Corte? Certo, fanne parte dell'insieme dei Minori, ma hanno comunque una scena raffigurata, alla stregua dei Maggiori. Come approcciare dunque al loro studio? In questo caso esistono diverse scuole di pensiero. C'è chi attribuisce un numero alle carte di Corte e chi, invece, le considera come la 11, la 12 e così via. In questo libro ti consiglio di studiarle nel medesimo modo in cui abbiamo affrontato gli Arcani Maggiori, ovvero trascendendo il numero ed abbracciando il simbolo.

Asso di Coppe

Con l'Asso di Coppe l'amore e la compassione si riversano nella tua vita in forma potenziale. Sei un veicolo per l'amore profondo e spirituale dell'universo e non puoi fare a meno di lasciare che quell'amore fluisca attraverso di te nel mondo.

Ora è il momento perfetto per abbracciare il tuo lato emotivo e sperimentare il ricco flusso di emozioni a tua disposizione. Sei più ricettivo alle opportunità, alle connessioni amorevoli ed alla profonda compassione per gli altri esseri viventi. Come con tutti gli Assi nei Tarocchi, questa carta arriva come un invito. Lo prenderai? Riuscirai a dire di sì all'amore?

L'Asso di Coppe ha il potenziale per la realizzazione spirituale ed emotiva solo se lo abbracci con un cuore aperto. Questa carta appare spesso nelle letture quando ti esponi all'espressione compassionevole, specialmente quando permetti alle tue emozioni di risplendere attraverso i tuoi sentimenti.

Potresti anche essere ispirato ad iniziare un nuovo progetto, seguire un percorso, impegnarti per uno scopo che abbia un lato umano. A questo punto della tua vita ti senti a tuo agio con te stesso ed esprimi questa parte di te agli altri.

Lato Ombra

L'Asso di Coppe è la carta dell'amore per eccellenza nei Tarocchi. Tra gli Arcani Maggiori ce ne sono alcune più evidenti come, per esempio, l'Innamorato ed altre un po' più nascoste come Il Mondo. Ad ogni modo ricordiamoci che, proprio come per tutti gli altri Assi, può indicare un contenitore di un'energia. In questo caso è quella emotiva.

Quando la carta compare nel suo lato ombra, allora può parlare dell'amore per noi stessi che non deve sfociare in egoismo. Quindi, prima di rivolgerti all'esterno cercando di trovare l'amore ideale, cerca di capire come puoi riempire ogni cellula del tuo corpo con l'amore e la felicità che ti spetta in modo sano. E più lo farai e più potrai immetterti in un flusso che ti farà scorrere con la vita stessa. L'Asso di Coppe è un segno che sei in perfetta connessione con il tuo subconscio ed in sintonia con la tua intuizione, ma potresti anche passare un periodo molto difficile nel tentativo di rimanere su queste frequenze. È necessario palesare apertamente le tue intenzioni!

Forse stai vivendo dei freni oppure una situazione emotiva ti sta un po' scombussolando e, quindi, tutta quella parte della tua vita più sfuggevole passa in secondo piano. Il consiglio diviene quello di continuare ad esplorare questa dimensione perché puoi scoprire qualcosa di nuovo su di te o su chi hai attorno. Quando l'Asso di Coppe compare come avvertimento, allora rimanda ad un segno di repressione. Potrebbe infatti apparire a coloro che bloccano le proprie emozioni non volendo esprimere completamente ciò che provano al mondo esterno. Se questa persona fossi tu, allora sappi che troverai sempre ottime ragioni per tenere i tuoi sentimenti sotto chiave e non volere che gli altri sappiano cosa sta succedendo dentro di te. Ma è davvero in questo modo che vuoi vivere? Sai cosa succede ad un contenitore troppo pieno che non può sfogare?

Questa carta indica che esiste una sorta di preoccupazione riguardo al far fluire i tuoi sentimenti. Magari credi che questi si potrebbero trasformare in un diluvio travolgente che non può più essere fermato. Tuttavia, l'Arcano è un monito a prestare attenzione a non creare un blocco interno reprimendo il modo in cui ti senti. Se non sei pronto a condividere le tue emozioni, va bene, ma sappi che puoi trovare mille modi diversi per lasciare andare l'energia. Puoi farlo anche in privato, il che potrebbe avere a che fare con lo scrivere un diario, lavorare con i sogni lucidi, mandare avanti un progetto creativo, ballare o metterti in contatto con te stesso.

Se la tua lettura dei Tarocchi verte su una relazione, allora l'Asso di Coppe può mostrare che stai trattenendo le emozioni per la paura di farti male. Sappi che davanti a te c'è ancora tutto il percorso e devi dare il meglio affinché il rapporto vada avanti al meglio.

Lo Avevi Notato?

L'Asso di Coppe è un po' particolare perché sembra che un tempio o una città fortificata sia stata costruita sopra la coppa stessa. Tralasciando l'insegnamento esoterico, in una lettura questo significa che dobbiamo costruire i nostri progetti su una base di sentimenti ed emozioni.

Tre drappeggi azzurri sono presenti nella parte centrale della carta. Potremmo vederli come tre getti d'acqua che fuoriescono dalla coppa piena e si riversano nel mare in lontananza. È il nostro cuore che, ormai colmo, deve lasciare andare i sentimenti e fonderli con il mondo.

Le Mie Parole Chiave

Amore. Emozioni. Sentimenti.

Le Tue Parole Chiave

Due di Coppe

Il Due di Coppe rappresenta un flusso d'amore tra due persone, ma in forma potenziale. Questo ha più a che fare con la preparazione all'amore che con l'amore vero e proprio. Con questa carta sei in grado di creare connessioni e partnership profonde, basate su valori condivisi. Sebbene queste relazioni siano ancora nelle fasi iniziali, hanno il potenziale per crescere e svilupparsi in qualcosa di appagante e gratificante a lungo termine. Puoi avere rispetto ed apprezzamento per l'altra persona e l'altra persona lo avrà per te. Insieme potete raggiungere piani più elevati di coscienza.

Quando questa carta compare in una lettura di Tarocchi potresti entrare in un rapporto di amore, di amicizia o di qualsiasi natura purché abbia un lato umano. Siete entrambi concentrati sulla creazione di una relazione reciprocamente vantaggiosa che creerà agi emotivi per entrambe le parti. In una relazione d'amore, il Due di Coppe mostra l'incontro di una persona e la sua conoscenza emotiva. C'è una connessione che può essere approfondita, ma è importante saper tirare fuori il meglio vicendevomente per elevarvi a vicenda. Lo scambio di emozioni è sincero e siete entrambi disposti a fare il necessario per sostenervi.

In generale, per tutte le altre connessioni (lavorative, amichevoli...), questa carta è un segno che siete entrambi sulla stessa lunghezza d'onda e condividete una visione simile.

Lato Ombra

Nella sua essenza, il significato del Due di Coppe parla dell'amor proprio. D'altronde l'amore, in qualsiasi forma, inizia con quello per se stessi. Quando ti ami incondizionatamente, accetti ed apprezzi chi sei, rispettando ed onorando la versione più autentica di te. Riesci ad accogliere una vita di felicità perché, fondamentalmente, credi di meritarlo. E hai ragione. Quando provieni da questo luogo di amore e di accettazione per te stesso, avrai relazioni più appaganti ed amorevoli con gli altri.

Ora, per spiegare i significati del Due di Coppe nel suo lato ombra, debbo arrivare al punto essenziale: se non ami te stesso finirai per proiettare quella mancanza sugli altri. Risultato? Diventerai appiccicoso ed eccessivamente dipendente, attirando a te le persone sbagliate ed altrettante relazioni sbagliate che potrebbero addirittura scadere in situazioni dannose. Questo è il lato oscuro del Due di Coppe. Quindi, prima di cercare il tuo principe azzurro o la tua donna ideale, assicurati di aver riempito il tuo cuore con l'amore per te stesso. Per trovare appagamento nella tua vita e nelle tue relazioni trova l'amore dentro di te e regalatelo. Nessun'altra persona può farlo al tuo posto. Nella tradizione, il Due di Coppe rimanda alle conoscenze di natura sentimentale che, purtroppo, non vanno a buon fine. Potrebbe essere una persona che una volta conosciuta non ci ispira più interesse oppure un incontro con qualcuno che non va a finire come previsto.

Inoltre questo Arcano ci parla anche della difficoltà che proviamo a tirare fuori ciò che abbiamo dentro oppure a farlo diventare qualcosa di tangibile e più strutturato. Il Due di Coppe può segnalare una rottura o una caduta in un rapporto. Forse non c'è (più) sintonia tra due persone e non si condivide la stessa connessione emotiva che si aveva in passato. Potresti anche notare una mancanza di fiducia nell'altro ed una certa chiusura nel dire ciò che senti nel profondo del cuore. La comunicazione può essere limitata o impedita ed il flusso di amore è un po' sottotono o, addirittura, soffocato. È possibile lavorare su questa situazione aprendoti all'altra persona e condividendo pensieri e parole in uno spazio sicuro dove hai la totale consapevolezza che nessuno ci giudicherà. Anche una sola conversazione potrà cambiare drasticamente il flusso di energia.

Lo Avevi Notato?

I due volti che compaiono sulla parte alta della carta sono completamente diversi. Il primo è arrabbiato e fissa l'altro che - dal canto suo - guarda in alto e sembra più rilassato. La medesima struttura l'avevamo già trovata nella carta de Il Giudizio dove la donna di sinistra guardava l'uomo di destra che, però, guardava in alto. Possiamo così pensare che questa carta inviti a creare una conoscenza ed una sinergia con un'altra persona cercando di capire il suo punto di vista ed evitando di isolarla.

Sulla parte bassa, appena a sinistra e a destra dello stemma, compaiono due stelle di cui una piccola e l'altra più grande. Questo è un chiaro rimando al fatto che ognuno brilla di luce propria. Solo capendo questo aspetto possiamo onorare e rispettare realmente l'altra persona.

Le Mie Parole Chiave

Conoscenza di una persona. Preparazione al sentimento (amore, amicizia...). Incontro tra due individui.

Le Tue Parole Chiave

Tre di Coppe

Il Tre di Coppe è una carta di celebrazione, amicizia ed amore che si pone in essere. È uno scoppio emotivo. Se il Due di Coppe era la preparazione a questo sentimento, nel Tre di Coppe nasce con entusiasmo qualcosa: una relazione, un'amicizia, una partnership.

Quando vedi comparire questa carta in una lettura di Tarocchi sei incoraggiato a dare il là al tuo rapporto d'amore, alle tue amicizie, alle relazioni che hai sviluppato con i tuoi parenti. Potresti essere ispirato a vivere nuove esperienze che siano caratterizzate dal sentimento, anche se non sai bene come queste andranno a finire. Questa carta ti invita a collaborare con altri per un progetto umanitario al fine di essere ispirato a raggiungere nuove vette. Il Tre di Coppe è una carta creativa che suggerisce di perseguire uno sbocco emotivo all'interno di un ambiente dinamico. Potrebbe riferirsi ad un corso d'arte o di danza. Questo è un ottimo modo per entrare in contatto con gli altri.

Lato Ombra

Mentre il Tre di Coppe, nel suo significato più lineare, è una carta di amicizia e di eventi sociali, quando compare nel suo aspetto ombra significa che preferiresti procedere in solitaria. Potresti aver passato molto tempo con altre persone e ora hai solo bisogno di rimanertene da solo. Forse è arrivato il momento di mettere i puntini sulle i con quelli che consideravi amici e, quindi, sei pronto per un confronto (oltre che per andare avanti).

Il Tre di Coppe significa che potresti anche ritrovarti escluso da un gruppo di persone come una rimpatriata oppure una festa. È inutile provare a confrontarti per capire la motivazione, ma devi onorare l'uscita di scena per un po' e goderti questo momento. Usalo per chiarire a te stesso con chi vuoi connetterti di più in futuro.

Se sei coinvolto in un progetto creativo, il Tre di Coppe significa che potrebbe essere il momento di lavorare in modo indipendente piuttosto che in gruppo. Questo Arcano mostra che la tua creatività è soffocata e che non sei costretto a conformarti con il gruppo. Se stai frequentando persone che non sono aperte alle innovazioni o agli approcci alternativi, devi seriamente considerare se sei disposto a sacrificare le tue capacità a favore dei desideri degli altri.

Il Tre di Coppe rimanda anche ad una disillusione nel campo dell'amore. Forse il conoscere una persona più a fondo ti ha fatto capire che non era quella giusta oppure non è scattato il desiderio di creare una relazione. Se stai vivendo alti livelli di stress, il Tre di Coppe appare come un messaggio per prenderti una pausa, recuperare quello che devi recuperare ed ottenere il sostegno degli amici prima di tornare alla realtà. Potresti aver lavorato duramente e aver perso la connessione con gli altri. Ora è il momento di riconnetterti con la tua famiglia e con i tuoi amici, ridefinire le priorità e capire come l'amore possa tornare ad essere un aspetto importante nella tua vita.

C'è anche chi vede questa carta come un promemoria al divertimento ed al lasciarsi andare una volta per tutte senza preoccuparsi troppo delle conseguenze. Però, ricorda, il Tre di Coppe può anche significare che rischi di prenderci gusto e di dimenticarti delle tue responsabilità! Potresti essere fuori casa quasi tutte le sere a fare festa, drogarti o bere molto quando, in realtà, ciò di cui hai bisogno è l'equilibrio. Sii consapevole degli effetti a lungo termine e chiediti se questo stile di vita è realmente sostenibile. Prenditi una pausa dalla scena sociale per organizzarti e riposarti.

Quando si tratta di letture sulle relazioni, il Tre di Coppe significa che una terza persona è coinvolta in un rapporto. Potresti essere immischiato con qualcuno che ha già una relazione, che tu lo sappia o meno.

Lo Avevi Notato?

Il piccolo fogliame a sinistra, quello più vicino alla base della coppa in alto, è bianco così come, la foglia in alto a destra, presenta anch'essa una colorazione bianca. Possiamo pensare che gli sviluppi di un'idea, di una relazione o di un progetto debbano poggiare su un sentimento puro. Questo deve svilupparsi per raggiungere un futuro più radioso.

Le Mie Parole Chiave

Nasce qualcosa sorretto dall'amore. Vivere nuove esperienze che ci piacciono.

Le Tue Parole Chiave

Quattro di Coppe

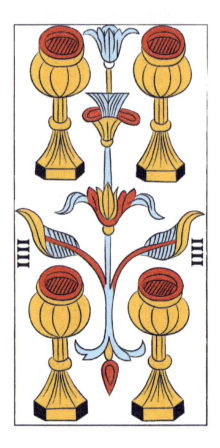

Il Quattro di Coppe rimanda a quella forma di stabilità emotiva che può rappresentare un equilibrio oppure un limite. Qualora rappresentasse un equilibrio significa che un rapporto si stabilizza, una relazione diviene finalmente tale, un'amicizia ti fa sentire appagato o un amore trova la sua quotidianità. Di contro, quando ha le caratteristiche di un limite, significa che respingi qualsiasi tipo di novità in amore. Forse le prospettive non ti interessano oppure il tuo cuore non è pronto alle novità. Ecco perché è opportuno usare il discernimento per capire cosa è veramente importante per te.

Il Quattro di Coppe può indicare anche un momento in cui rivolgi la tua attenzione e la tua energia emotiva all'interno per allinearti ad una fase della tua vita in cui devi far quadrare delle situazioni sentimentali. Questa carta compare anche quando sei annoiato ed insoddisfatto della tua quotidianità. Potresti sentirti disimpegnato o apatico. Forse la vita è diventata noiosa! E allora il Quattro di Coppe ti invita a portare la tua attenzione sull'innovazione e non sulla rivalutazione, se questa diventa un limite.

Lato Ombra

Il Quattro di Coppe riflette un periodo di introspezione e ritiro. Significa che ti stai ritirando nel tuo mondo interiore in modo da poterti concentrare su ciò che ti potrà donare un profondo equilibrio emotivo. Potrebbero esserci persone che vorrebbero passare del tempo con te, anche se tu preferisci restare a leggere un buon libro e meditare nel tuo spazio sacro. Fa' solo attenzione a non isolarti troppo tagliando fuori i tuoi amici, i tuoi cari e le tue conoscenze. È necessario fargli sapere che hai solo bisogno di un po' di tempo tutto per te e che li ricontatterai quando sarai pronto per riemergere.

Sfrutta questo tempo per connetterti con il tuo Sé Superiore, magari leggendoti i Tarocchi da solo oppure capendo se hai bisogno di cambiare qualcosa nella tua vita. Se senti che l'introversione ti sta dando armonia, non violentarti nel voler essere estroverso, ma non prolungare neanche questo momento più del dovuto.

Potrebbero esserci delle noie causate da qualche routine relazionale. Diviene opportuno cercare di innovare le dinamiche di coppia. Il Quattro di Coppe significa che, invece di dare subito il tuo consenso per nuovi progetti, amicizie o relazioni, dovresti dapprima valutare la situazione. Fa' attenzione a come quella persona sta entrando nella tua vita creandosi uno spazio importante. Insomma, è proprio quella giusta per te?

Questa carta può rimandare anche alla tempistica e, allora, è opportuno controllare la "data di scadenza" ed assicurarti di rispettare gli impegni.

A volte, il Quattro di Coppe nel suo lato ombra significa che ti senti poco ispirato perché il mondo attorno ti sta deludendo. Tutto sembra privo di interesse, difficile da affrontare e senza alcun tipo di ispirazione. Questa carta simboleggia la riluttanza ad aprire il tuo cuore a qualcuno o ad esprimere i tuoi veri sentimenti. Potresti scegliere di ritirarti ed isolarti pur di non farti vedere nella tua trasparenza emotiva. Sii consapevole di come questo potrebbe avere un impatto su coloro che ti sono vicini e considera i tuoi (ed i loro) bisogni.

Lo Avevi Notato?

Tra le due coppe superiori, la forma simile ad una bocca tende a cedere sulla parte di destra. Nei Tarocchi, il lato di destra è attivo e dinamico. Ecco perché, nonostante una certa staticità di questa carta, l'invito è quello di non fermarsi troppo su ciò che abbiamo raggiunto per quanto possa apparire piacevole, ma cercare di innovarlo al fine di evitare la stagnazione.

Le Mie Parole Chiave

Stabilità emotiva. Rischio di noia. Necessità di avere nuovi stimoli.

Le Tue Parole Chiave

Cinque di Coppe

Il Cinque di Coppe appare spesso in una lettura di Tarocchi quando una situazione non è andata come ti aspettavi e potresti sentirti deluso, pentito o triste. Invece di andare avanti con la tua vita, cosa suggerita da questo Arcano, scegli di crogiolarti nella tua autocommiserazione. Tutto ciò su cui riesci a concentrarti in questo momento è cosa è andato storto e come hai fallito. Ma è ora di superare questa fase! Certo, non puoi spegnere i sentimenti come fai con una TV, ma puoi stabilire un limite di tempo per la tua autocommiserazione e rimetterti in sesto. Solo così potrai andare avanti.

Il Cinque di Coppe suggerisce che vecchie ferite e ricordi amari che saturano il tuo cuore possono essere risolti andando avanti e cercando di voltare la tua testa da un'altra parte. Certo, puoi incolpare te stesso e credere di essere una vittima delle circostanze della vita, fatto sta che queste emozioni negative ti trattengono dal tuo pieno potenziale. Ecco perché diventa preponderante liberarti da queste oscurità dell'anima in modo da creare un cambiamento positivo.

Se qualcuno ti ha deluso, trova nel tuo cuore la forza per perdonare l'altra persona o, semplicemente, andare avanti. Se sei frustrato sappi che hai fatto il meglio che potevi date le circostanze e ora ha imparato da tuoi errori. Questo Arcano vuole ricordarti che anche se le cose non sono andate o non stanno andando per il verso giusto, ci sono nuove opportunità che ti aspettano, ma solo quando sei pronto. È tempo di cambiare la tua mentalità e concentrarti su ciò che può andare bene, invece che su ciò che può andare male. Sii aperto al lato più luminoso della vita e sappi che hai il supporto delle persone attorno. Loro riusciranno a farti vedere il bicchiere mezzo pieno.

Lato Ombra

Il Cinque di Coppe significa che una situazione non è andata come ti aspettavi e sei triste, deluso e dispiaciuto. Hai subito una battuta d'arresto o una delusione personale. La preoccupazione di essere visto come un fallimento pesa su di te più del fallimento stesso.

Quando in una lettura dei Tarocchi vedi comparire il Cinque di Coppe nella asserzione ombra, allora non vuoi far sapere agli altri che hai preso una strada sbagliata oppure non vuoi condividere l'idea che non sei pronto per scegliere un'opzione a discapito di un'altra. Tuttavia, visto che gli Arcani invitano a fare un lavoro importante, potrebbe essere ora il momento di aprirti e di tirare fuori i tuoi sentimenti. Le persone intorno a te non sono in grado di vedere quanto stai soffrendo, quindi non aver paura di chiedere aiuto o di parlare con qualcuno di cui ti fidi. Potresti addirittura scoprire che questo riduce il dolore emotivo.

Condividere i sentimenti con gli altri ti permette di superare delle battute d'arresto temporanee date da una tristezza generalizzata e da una piccola crisi emotiva. Il Cinque di Coppe si riferisce al senso di colpa o di vergogna che ti prende per quello che è successo oppure per quello che dovresti tirare fuori di te. Ti incoraggia a buttare fuori quella parte che tieni nascosta oppure a perdonare te stesso per qualche errore nel passato e ad andare avanti. Un detto che amo dice: "Se hai fatto del tuo meglio, hai fatto abbastanza!". Quindi non stare troppo a fasciarti la testa e pensa a come poter costruire un futuro più in linea con il tuo Sé Superiore. Quando in una lettura di Tarocchi vedi comparire il Cinque di Coppe puoi anche pensare che ti stai rendendo conto delle piene implicazioni del passato ed apprezzi le lezioni apprese con l'esperienza. Potresti persino riconoscere il valore del dolore come fonte di insegnamento e progresso in una comprensione più ampia dell'esistenza.

Il Cinque di Coppe è un promemoria che ciò che è successo è successo, ed è ora il momento di lasciare andare quello che non ti serve più a livello emotivo. Questo ti permette di aprirti a nuove esperienze e nuove opportunità che sono a tua disposizione. Potresti avere dei problemi a connetterti con nuove persone o nuove dinamiche, l'entusiasmo viene meno ed il desiderio si assopisce. Cerca il supporto di parenti ed amici. Fa' tutto ciò che è a tua disposizione per rispolverare il lato eccitante e creativo della vita.

Lo Avevi Notato?

La coppa centrale sembra essere sorretta da un cuore stilizzato formato dalle piante che culminano con due fiori. Dobbiamo così lavorare per introdurre delle novità di natura emotiva all'interno della nostra vita.

Un uovo azzurro sembra troneggiare tra le due coppe in alto. Il concetto è simile a quello appena espresso: gestare nuove realtà emotive che potranno fiorire nel giro di poco tempo.

Le Mie Parole Chiave

Voglia di connettersi a qualcosa di nuovo. Supporto di parenti e amici. Perdita di entusiasmo e di desiderio.

Le Tue Parole Chiave

Sei di Coppe

Il Sei di Coppe è una carta che riporta i ricordi felici del tuo passato, da bambino, da adolescente o da giovane adulto. Potresti semplicemente rivisitare quei ricordi nella tua mente oppure potresti tornare nella tua casa d'infanzia o - ancora - riconnetterti con i tuoi amici. Potresti anche andare ad una riunione del liceo o rivedere una persona che non frequentavi da anni. Queste connessioni ti portano a sperimentare senso di gioia e di felicità mentre ricordi i momenti divertenti passati insieme. Cogli questa occasione per scoprire se hai ancora qualcosa in comune e se desideri riportare in auge quella relazione. Il Sei di Coppe mostra spesso un maggiore livello di armonia e cooperazione nelle tue relazioni. Sei pronto a dare e sei pronto a ricevere senza aspettative. Siete anche disposti a concedervi a vicenda il beneficio del dubbio essendo passati da sfide emotive senza eguali. Questa carta ti invita ad entrare in contatto con il tuo bambino interiore e sperimentare il divertimento, la libertà e l'innocenza che derivano dall'essere di nuovo in una fase di vita spensierata.

Potresti lavorare con un libro da colorare, ballare come se nessuno ti stesse guardando, giocare con i tuoi giochi d'infanzia preferiti o trascorrere più tempo con bambini felici. Quando ti dai il permesso di confrontarti spensieratamente e senza censure con te stesso, allora divieni più spontaneo e creativo, giocoso, in grado di connetterti con il tuo sé autentico ed anche con il tuo intuito.

Lato Ombra

Il Sei di Coppe significa che ti stai aggrappando al passato perdendo i contatti con il presente. La riflessione e la nostalgia possono far emergere sentimenti positivi o negativi, ma in entrambi i casi, quando ti trovi a desiderare di far tornare le cose proprio come erano in passato, non stai vivendo bene il presente e potresti perdere tutte le opportunità che si palesano davanti a te. Da un lato va benissimo tornare con la mente al passato purché tu capisca che un cambiamento vero e duraturo avviene solo nel presente.

Il Sei di Coppe, nel suo lato ombra, rimanda ad un'opportunità di fare pace con il passato in modo da poterti concentrare su ciò che stai vivendo oggi. Quando esce in un'estrazione di carte rimanda al fatto che molte persone costruiscono castelli in aria e hanno bisogno di fermarsi e di capire cosa sta realmente succedendo nelle loro vite. Questa carta invita ad imparare dai propri errori, perdonare gli altri e se stessi riconoscendo che la vita è in continua evoluzione.

Se sei stato vittima dell'inganno in una storia che hai vissuto, non permettere a questa di fermarti e di impedirti di far entrare il nuovo nella tua vita. Il Sei di Coppe significa che hai perso i legami con il tuo bambino interiore e la vita sta diventando noiosa, ripetitiva e stantia. Potresti essere escluso da nuove occasioni semplicemente perché ti stai assumendo troppa pesantezza e responsabilità che derivano dall'essere adulti. Oppure hai un problema con la tua autostima e pensi costantemente al fatto che, in passato, sei stato troppo immaturo oppure troppo superficiale. Apriti ad una mente curiosa e divertiti come se fossi di nuovo un bambino. In questo contesto la tua mente potrebbe iniziare ad opporsi in mille modi diversi, campando scuse e cercando di fermarti. Potresti così pensare di non avere tempo oppure di non avere l'età per fare qualcosa. In realtà hai tutto ciò che ti serve. Va' a saltare nelle pozzanghere e a costruire castelli sulla sabbia.

Il Sei di Coppe significa che sei arrivato ad un momento in cui è necessario raccogliere ciò che hai seminato. È importante così rendersi conto che tutto ciò che hai fatto in passato deve divenire il frutto del tuo presente. Quando vedi comparire questa carta dei Tarocchi durante un tiraggio potrebbe essere un segno che stai facendo un volo pindarico mosso dai tuoi ricordi. Forse stai pensando ad un ex, oppure ad un vecchio lavoro o, ancora, ad una vecchia amicizia. Sei addirittura riluttante a far sapere agli altri che stai rivisitando questi vecchi ricordi nel timore che ti possano giudicare. Il consiglio è quello di continuare a fare quello che stavi facendo nella consapevolezza che il presente può riservare immensi doni per te.

Lo Avevi Notato?

Nonostante la carta presenti due file verticali di coppe che si specchiano l'una nell'altra, il motivo floreale al centro tende a toccare la prima coppa in alto a sinistra. La riluttanza di lasciare andare il passato è tanta e la tentazione di veder fiorire nuovi aspetti da quelle dinamiche non ci permette di lanciarci in un viaggio completamente nuovo.

Le Mie Parole Chiave

Faccia a faccia con il passato. Nostalgia. Confronto con se stessi. Momento in cui si raccoglie ciò che si è seminato.

Le Tue Parole Chiave

Sette di Coppe

Il Sette di Coppe è una carta di opportunità, ma a volte anche illusioni. Quando compare in una lettura di Tarocchi hai molte opzioni tra le quali scegliere, ma fa' attenzione: sei incline all'illusione e agli ideali irrealistici.

Un'opportunità con la promessa di più soldi, più fama o più potere può sembrare allettante, ma mentre guardi più a fondo in ciò che ti viene offerto, potresti capire che non è tutto oro ciò che luccica. Il tuo ego potrebbe trascinarti in una direzione specifica, ma è importante che tu faccia prima il check con il tuo Sé superiore. Valuta le tue opzioni e scava sotto la superficie per scoprire cosa comporta la scelta e l'azione.

Spesso il Sette di Coppe può essere un segno di un pio desiderio di proiettarsi nel futuro piuttosto che creare qualcosa nel qui e ora. Ad esempio potresti desiderare un corpo più sano e più in forma, fino a quando non sarà il momento di uscire e fare esercizio. Allora inizierai a farti gli sconti. Oppure potresti desiderare un'attività di successo alimentata da un reddito costante, ma non sei pronto e disposto a lavorare sodo ora per goderti i frutti del tuo lavoro domani. Se passi la maggior parte del tuo tempo a desiderare senza fare ciò che è necessario fare, allora è arrivato il momento di concretizzare e muoverti con più audacia. Potresti scoprire che le tue idee non sono radicate nella realtà ed i tuoi piani potrebbero sembrare favolosi solo su carta. Ma quando si tratta di attuarli... non funzionano nel mondo reale! Il Sette di Coppe ti invita ad uscire dalla fase delle idee appetibili tra le quali scegliere e lanciarti nell'azione vera e propria.

Lato Ombra

Il Sette di Coppe significa che devi affrontare diverse scelte, ma invece di optare per l'opzione che potrebbe essere ottimale per te, ti trovi a dare retta a ciò che dicono le persone attorno, non arrivando mai ad una condizione ideale. È opportuno capire quali sono gli obiettivi ed i criteri di scelta che ti permetteranno di intraprendere un percorso in linea con il tuo Sé Superiore.

Il Sette di Coppe significa che non riesci a creare delle associazioni con persone che contano nel tuo campo e questo ti porta a viaggiare in solitaria, rendendo poco appagante e sterile ciò che stai facendo. Forse dovresti ragionare meglio o collegarti con il tuo intuito a ciò che ti viene detto perché il rischio di crearti delle illusioni e costruire dei castelli in aria è veramente alto. Ricorda anche che il Sette di Coppe, nel suo lato ombra, rimanda a quella che in inglese è chiamata "Shining Objet Syndrome" e può essere tradotta con "Sindrome dell'oggetto Brillante". Continui a trovare la "prossima grande novità", ma non riesci a svilupparla fino in fondo. In questo caso è opportuno capire se tutto ciò che fai possa veramente essere potenziato trovando una quadratura ed una concretezza nel mondo reale. Il Sette di Coppe significa che hai davanti molte strade ed altrettante idee, ma è opportuno fermarsi un attimo e riflettere su ciò che desideri realmente a lungo termine. Tutte queste nuove proposte ed opportunità (o presunte tali) hanno un certo potere magico su di te nel momento presente e, così, corri il rischio di perdere la concentrazione se insegui tutti i tuoi sogni insieme, anche quelli non realizzabili.

Fa' un passo indietro e valuta le opzioni a disposizione in base alle tue priorità per capire quali opportunità sono un vero vantaggio per te e quali possono solo drenare in modo innaturale le tue risorse. Il Sette di Coppe significa che sei sopraffatto da alcune situazioni e non riesci ad andare avanti. Ancora una volta, il consiglio è quello di ridurre le opzioni e concentrarti solo su ciò che è importante per te. Non è necessario spingere fino in fondo continuando a cercare la "grande idea". Devi solo fare la tua scelta e andare avanti passo passo. Le cose verranno poi!

Lo Avevi Notato?

La coppa in alto a destra sembra avere il liquido al suo interno non proprio a livello. Anche la coppa in basso al centro ricalca la stessa struttura. Possiamo così pensare che, quando le nostre emozioni si incanalano cercando di valutare qual è la scelta migliore per noi, dobbiamo fare attenzione che queste non sono tutte uguali e possono nascondere delle differenze importanti.

Le Mie Parole Chiave

Castelli in aria. Illusioni. Associazioni con persone influenti.

Le Tue Parole Chiave

Otto di Coppe

L'Otto di Coppe in una lettura di Tarocchi simboleggia il fatto che la tua parte emotiva ha trovato un equilibrio ed una stabilità maggiore rispetto a quella del quattro. Nel suo significato elementare indica l'affetto tra due esseri umani che trovano nel personale equilibrio la propria felicità. Nel senso più esoterico rappresenta una forma di chiaroveggenza derivante da un giudizio equilibrato e sicuro. Se, invece, dovesse essere un monito, allora questo sarebbe: non cadere nella prigionia emotiva.

Da un altro punto di vista questa carta può spingerti ad allontanarti da una situazione deludente o che tu ritieni tale. Se hai investito le tue emozioni, ma nonostante i tuoi migliori sforzi sei rimasto deluso, tieni conto della possibilità di allontanarti e di lasciare alle spalle ciò che ti provoca tristezza.

L'Otto di Coppe ti suggerisce di prendere le tue decisioni non ascoltando gli altri. Infatti questo tuo allontanamento potrebbe non avere senso davanti ai loro occhi perché, in apparenza, sembra che tu abbia tutto ciò che desideri. Ma nel tuo cuore sai che puoi fare ancora di più ed è tempo che tu lasci ciò che hai creato per andare avanti.

L'Otto di Coppe è un segno che è arrivato il momento di chiederti sinceramente cosa ti appaga e ti porta gioia, ma anche cosa ti sta ostacolando nell'andare avanti. Fa' questo salto nel vuoto e permettiti di sperimentare ancora.

Lato Ombra

L'Otto di Coppe solleva un profondo dubbio se rimanere dove si è oppure partire per un viaggio interiore o esteriore. Potresti essere intrappolato nel dubbio tra l'allontanarti da una situazione deludente o provare un'ultima volta a migliorare le cose. Magari non riesci a capire se quella relazione faccia davvero per te oppure se è meglio mettere il punto subito. Ad ogni modo, questa fissazione, ti distrae dalla vera domanda che è: "Le circostanze possono davvero migliorare oppure è una causa persa?". Cerca di capire dentro di te, in base al tuo intuito e a cosa senti, se dovresti dare a questa situazione un'altra possibilità oppure se è meglio lasciar perdere il tutto.

L'Otto di Coppe significa che non riesci a trovare il tuo equilibrio in amore e questo ti crea profondi dubbi e perplessità perché senti che il tuo cuore è pieno, però non entri in risonanza con un'altra persona. Quando questa carta è abbinata ad altre ricettive come L'Appeso, allora potrebbe essere un segno che desideri spingerti più in profondità nella situazione. Tuttavia, se questa carta si accoppia con una più attiva come Il Carro, allora potrebbe essere il momento di andare avanti e seguire un percorso diverso.

L'Otto di Coppe significa che ci sono dei problemi evidenti a seguire il tuo percorso spirituale. Per quanto ti senti votato al contatto trascendentale, al miglioramento personale e allo sviluppo del tuo intuito, potresti passare un periodo di fermo coatto. Questo farà naufragare i tuoi progetti. L'Otto di Coppe ti invita ad ascoltare il tuo cuore perché lui sa come dirigere le tue prossime azioni.

Altre persone potrebbero avere opinioni diverse dalla tua, ma solo tu sai ciò che puoi o devi fare. Sì, solo tu sai se una situazione specifica ti può davvero essere utile o se c'è speranza per il futuro. Sii consapevole di ciò che vuoi e poi controlla se la prossima mossa è in linea con i tuoi obiettivi e con i tuoi sogni. A volte, l'Otto di Coppe può mostrare che stai andando alla deriva, saltando da una condizione all'altra, perché non ti senti mai soddisfatto di stare in un posto specifico. Hai presente il detto "l'erba del vicino è sempre la più verde"? Ecco, se questo ti risuona, chiediti cosa ti renderebbe davvero felice e, soprattutto, come puoi progettare la tua vita in linea con il senso di appagamento e di equilibrio emotivo che senti più tuo.

Lo Avevi Notato?

A differenza del Sei di Coppe dove il fiore centrale sembra molto più sviluppato, nell'Otto è decisamente più piccolo, quasi costretto tra le due coppe ai lati. In una lettura questo può benissimo significare che c'è la necessità di fertilizzare meglio una relazione, ma non perché non esista già una certa forma di equilibrio, ma perché il rischio di adagiarsi proprio a fronte di questa serenità può portare a stagnazione e prigionia emotiva.

Le Mie Parole Chiave

Il cuore è pieno e trabocca. Viaggio con fini spirituali. Equilibrio in amore che deve comunque essere stimolato.

Le Tue Parole Chiave

Nove di Coppe

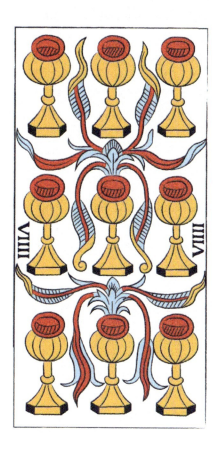

Hai presente quei momenti in cui ti guardi intorno e senti il tuo cuore traboccare di amore ed apprezzamento per tutto ciò che hai creato nella tua vita? Ecco di cosa ci parla il Nove di Coppe: di un appagamento emotivo, della felicità di sentirsi parte di un gruppo armonico e della gioia di avere tempo per se stessi. Quando questa carta appare in una lettura dei Tarocchi, siamo soddisfatti in tutti gli aspetti della nostra vita più emotiva: dalle relazioni alle amicizie, dalla famiglia ai gruppi di appartenenza. Questo stato di beatitudine potrebbe essere una diretta conseguenza di una crisi appena vissuta. C'è chi chiama il Nove di Coppe "la carta dei desideri". È un segno che i pianeti si sono allineati e puoi avere ciò che desideri. Ecco perché non potresti essere più felice. Se hai espresso il tuo desiderio e stai pazientemente aspettando che si concretizzi, allora questa carta è un ottimo presagio che presto qualcosa accadrà. Non devi cadere nella crisi più profonda, ma conviene sempre avere fiducia nell'armonia che puoi generare con l'ambiente circostante. Il Nove di Coppe è un invito a concedersi e concedere i piaceri della vita. Ciò include il gustare buon cibo, apprezzare l'arte, fare l'amore, rilassarsi in un resort di lusso o sperimentare la bellezza in molte delle sue forme. Vivi il momento e concediti il permesso di indulgere temporaneamente in ciò che ami senza alcun senso di colpa per le possibili conseguenze negative di tale piacere. Quando vedi questa carta in una lettura ricorda di esprimere gratitudine per ciò che hai. Inizia o finisci ogni giorno creando un elenco mentale delle cose per le quali sei più grato. Se stai lottando per trovare il lato positivo della vita, allora l'esprimere gratitudine ed il connetterti in modo genuino con altre persone ti aiuterà a capire che hai molto di cui essere contento. Renditi conto - però - che anche la soddisfazione e l'appagamento sono temporanei poiché tutto è in cambiamento. Ecco perché è importante apprezzare ciò che hai ora, viverlo ed amarlo fino in fondo. Domani potrebbe scomparire senza che tu abbia goduto di tutto ciò.

Lato Ombra

Il Nove di Coppe significa che, nonostante tu abbia già tutto ciò che hai sognato, puoi comunque sentirti come se ti mancasse qualcosa per raggiungere la vera totalità. Forse hai perseguito un guadagno materiale a spese della tua crescita personale o della tua realizzazione emotiva. Questo ti sta causando dei grandi problemi. Ricorda che esiste una praticità nella spiritualità che non troverai altrove. Questi benefici possono essere nascosti. Ad esempio, potresti possedere la casa o l'auto più costosa del tuo quartiere, ma per raggiungere questo traguardo hai dovuto lavorare moltissimo a discapito della tua famiglia e dei tuoi amici. Quindi, ne è valsa davvero la pena? Questa è l'essenza del Nove di Coppe nel suo lato ombra.

Quando la carta emerge in una lettura, ti chiede di riconsiderare ciò che desideri e di allinearlo con il tuo bene supremo. Potresti aver perso il contatto con ciò che è importante per te, favorendo invece l'ego ed inseguendo ciò che impressionerà gli altri. Il Nove di Coppe è un segno che, invece di cercare l'approvazione effimera altrui, dovresti volgere lo sguardo all'interno e capire cosa stai sacrificando per l'apparenza. Successo e felicità significano cose diverse per persone diverse. Quindi, invece di fare ciò che pensi che renderà felici le altre persone, inizia a fare ciò che renderà felice te. Vedrai che nulla ha a che fare con ciò che stai ostentando oggi. Se il tuo mondo esterno non ti dà soddisfazione, devi cambiare e lavorare sulla tua definizione di successo. Il Nove di Coppe significa che sei frustrato dal fatto che i tuoi desideri non si siano ancora avverati. Le tue aspettative potrebbero essere irrealistiche oppure potresti non perseguire attivamente i tuoi sogni, sperando che si manifestino senza input o azioni mirate da parte tua. Potresti addirittura aver scelto obiettivi che non ti soddisfano e, in tal caso, è meglio lasciarli cadere nel dimenticatoio.

Questo Arcano significa che non riesci a prenderti del tempo per te stesso e quindi, nella totale frustrazione, corri il rischio di essere la versione peggiore di te. Questo non ti permette nemmeno di entrare in modo armonico all'interno di un gruppo e rischi di rimanere emotivamente isolato. Anche nelle relazioni le cose potrebbero non andare come previsto. Non ti senti capito e non riesci nemmeno a trovare un punto di incontro.

Il Nove di Coppe significa che è necessario apportare delle modifiche ai tuoi obiettivi per mantenerli in pieno allineamento con i tuoi valori personali. Questa carta serve anche come promemoria per non esagerare a discapito della salute e del benessere. Forse sei in un periodo di crisi e allora esageri con cibo, feste, spese o alcool. Moderati e concentrati sulle conseguenze a lungo termine delle tue azioni anche se, sul momento, queste ti sembrano dare grande benessere.

Lo Avevi Notato?

In tutte le numerali delle Coppe, il Nove è l'unica carta a presentare una vegetazione apparentemente appassita, quasi morta, tendente al basso. Potremmo vedere in questo aspetto la necessità di far sfiorire una relazione ed appartarci solo con noi stessi. Questo tempo in solitaria e questo spazio intimo saranno un toccasana per comprendere gli sviluppi futuri.

Le Mie Parole Chiave

Prendersi del tempo per se stessi. Fare parte di un gruppo armonico pur salvaguardando la propria identità. Possibile crisi emotiva da sfruttare per comprendere pienamente qualcosa.

Le Tue Parole Chiave

Dieci di Coppe

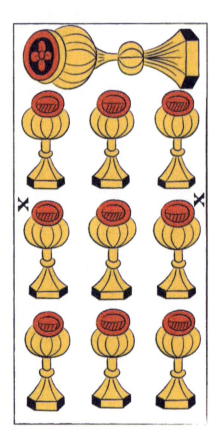

Se esistesse una carta di illuminazione emotiva sarebbe proprio il Dieci di Coppe. Questo Arcano incarna la felicità, la gioia e l'appagamento relazionale, in particolare nell'amore, tra gli amici e con la famiglia. Hai creato abbondanza di sentimenti nella tua esistenza e ora condividi questo amore con gli altri, espandendo ancora di più il tuo cuore.

Questa carta appare spesso quando sei circondato dai tuoi cari con i quali condividi una connessione potente e profonda. Vi apprezzate e vi sostenete a vicenda. Insieme vi aiutate per raggiungere il massimo potenziale. Tutto questo ti da così tanta gioia che, vedere i tuoi cari avere successo e vivere le loro vite felicemente, ti permette di trarre un grande appagamento. È un Arcano che invita anche a non fermarti davanti alla soddisfazione che provi per un risultato raggiunto, ma devi capire come mettere in pratica tutti quei piccoli o grandi aspetti che costellano la tua idea.

Lato Ombra

Il Dieci di Coppe significa che stai cercando una maggiore armonia ed una connessione più profonda nelle tue relazioni, anche se non ci riesci. Forse hai sempre sperato di avere una relazione bella ed appagante, ma in realtà ti senti disconnesso e svincolato da ogni tipo di rapporto. Percepisci che manca qualcosa e stai lottando per comunicare in modo onesto, entrare in empatia ed interagire in modo semplice. Eppure, ogni volta che ti lanci in un confronto, c'è qualcosa che non va come dovrebbe andare. Il lato peggiore di tutto è che questo senso di impotenza ti rattrista e non sai come uscirne.

Il Dieci di Coppe significa che è opportuno iniziare ad allineare le tue aspettative a quella che è la realtà. Potresti pensare che nelle relazioni tutto sarà perfetto e roseo, ma poi ti ritrovi a riscontrare che non è così. Quando questa carta esce nel suo aspetto ombra significa che potrebbe subentrare la necessità di allontanarsi dalla propria relazione. Il Dieci di Coppe significa che devi cercare un terreno comune con i tuoi cari e ricostruire il rapporto da lì. Considera l'altra persona come un essere degno di rispetto e di amore. Insomma, devi entrare nella frequenza "ama e sii amato".

È importante continuare a comunicare ed essere pronto a mantenere spazio e tempo l'uno per l'altro, in modo da riconnettersi ad un livello più profondo ed amorevole. Quando il Dieci di Coppe compare in una lettura, invita alla compassione, al rispetto ed alla comprensione, cercando l'armonia comune. Il Dieci di Coppe significa che, nonostante la tua posizione di guida, stai avendo problemi nel rivestire questo ruolo. Forse non riesci a comunicare in modo limpido il tuo sentimento oppure non riesci a motivare chi dovresti motivare. In questo caso ti conviene fermarti un attimo e capire come rispolverare il tuo repertorio, ovvero quello che ti ha portato ad essere un leader.

Questa carta compare anche in caso di problemi all'interno di un matrimonio che devono essere risolti in qualsiasi modo possibile. Il Dieci di Coppe significa che stai contemplando cosa significa, per te, una relazione d'amore. Quindi, invece di cercare in modo ossessivo e compulsivo di consolidare un rapporto, prenditi un po' di tempo per fare chiarezza su ciò che desideri da un rapporto a due. Qual è la tua idea di relazione ideale? È opportuno iniziare a lavorare in tal senso altrimenti rischi di sentirti bloccato sull'aspetto sentimentale. Quando vedi comparire il Dieci di Coppe, significa che è ora di lasciare andare ciò che non ti dà più soddisfazione e felicità e, forse, è opportuno dare il benvenuto a tutte le nuove dinamiche che sono più in linea con il tuo Sé Superiore.

Questa carta al contrario rivela un disallineamento dai valori personali. Non stai vivendo secondo la tua etica ed i tuoi principi. Smettila di andare avanti perché rischi solo di avvilirti.

Riporta la tua attenzione su ciò che rispecchia i tuoi ideali e ti rende veramente felice, anche se è diverso da ciò che si aspettano gli altri.

Infine, questa carta al contrario suggerisce che stai trascurando la tua famiglia per perseguire obiettivi materiali come la carriera oppure i soldi.

Il tuo equilibrio tra lavoro e vita privata è fuori controllo e trascorri sempre meno tempo di qualità con la tua famiglia.

Se continui in questo modo, scoprirai che le relazioni ne soffriranno e potresti non raggiungere mai quel senso di appagamento che avevi tanto sperato all'inizio.

Lo Avevi Notato?

All'interno della coppa più alta sembra esserci un denaro. Questo è un chiaro riferimento alla necessità di mettere in pratica ciò che amiamo fare dopo aver percorso completamente la via del cuore.

Le Mie Parole Chiave

Rendere manifesto il tuo sentimento. Matrimonio. Posizione di guida. Connettersi in modo più profondo ed amorevole.

Le Tue Parole Chiave

Paggio di Coppe

Il Paggio di Coppe suggerisce che un nuovo sentimento o una nuova opportunità è sopraggiunta all'improvviso. La tua energia emotiva scorre veloce ed il tuo dubbio riguarda la possibilità di cavalcare questa novità. Afferrerai questo nuovo sentimento trasformandolo in qualcosa di concreto o lo lascerai scorrere via? Spetta solo a te decidere.

Dedica del tempo ad esplorare il tutto per vedere se (e come) puoi andare avanti. Il Paggio di Coppe ti invita a vincere la timidezza e ad avere una mentalità più aperta e curiosa. Sii aperto a qualsiasi evenienza. È proprio con questo tipo di cuore che scoprirai nuovi aspetti della vita e di te stesso. Rimarrai piacevolmente sorpreso dalla tua natura creativa ed intuitiva.

Preparati a sognare l'impossibile anche se non hai i mezzi per raggiungerlo. Puoi iniziare un nuovo corso che ti piace, leggere libri su come esprimere al meglio i tuoi sentimenti o imparare di più sullo sviluppo delle tue capacità personali. Le aspirazioni corrono nel tuo cuore e potresti trovare una profonda motivazione nello sperimentare delle semplici cose. Anche se hai dei dubbi, non aver paura di mostrare i tuoi sentimenti agli altri.

Lato Ombra

Il Paggio di Coppe significa che stai vivendo un momento in cui non sai se aprire il tuo cuore o meno. Forse stai mantenendo segreto un amore o la voglia di iniziare una storia con una persona e questo ti crea frustrazione e timidezza.

Allargando il significato di questa carta, l'Arcano suggerisce che non stai esplorando le tue ispirazioni e ciò che ami fare. Forse ti preoccupi che altri rubino la tua idea, ti dicano che è destinata a fallire o ti deridano. Così, decidi di mantenere private le tue ispirazioni e potresti voler aspettare un po' prima di uscire fuori dalla fase concettuale e condividerla con gli altri. Fa' attenzione a non aspettare troppo!

Il Paggio di Coppe significa che potresti sentirti chiamato a perseguire un nuovo progetto, ma dubiti di riuscire davvero a farlo funzionare. Il tuo critico interiore potrebbe essere troppo motivato o altri ti stanno dicendo che sono solo castelli in aria, quindi finisci per temporeggiare e per trattenerti. La cosa migliore che puoi fare è focalizzarti sull'amore che provi per ciò che ti stai per lanciare a fare.

Questa carta esce anche a tutte le persone che non sanno se seguire il proprio intuito. Forse non l'hanno mai utilizzato, ma sentono comunque il suo richiamo. In questo caso potrebbe essere necessario approfondire un po' il tema prima di fidarsi completamente delle tue percezioni extra-ordinarie. Il Paggio di Coppe significa che c'è un aspetto nascosto del tuo Sé Superiore che vuole uscire fuori, ma per un motivo o per un altro ti stai trattenendo. Potresti bloccarti quando arriva il momento di esprimerti e non sai come portare questo lato di te nell'ambiente circostante. Le idee e le emozioni ci sono, ma hai difficoltà a capire come trasformarle in realtà.

Se stai esplorando il lato romantico della vita, allora la carta può suggerire che incontri moltissimi dubbi e sei pieno di perplessità. Non sai se fare una mossa oppure non farla, così come non capisci se è meglio aprire il tuo cuore oppure mantenerlo chiuso. Invece di dedicarti a questa scelta, cerca di capire intuitivamente cosa sarebbe meglio fare per te. È nell'intuito la risposta che cerchi. A volte il Paggio di Coppe significa che qualcuno è emotivamente immaturo, quindi non è una persona sulla quale fare affidamento. Questa potrebbe essere anche una persona incline a scoppi d'ira emotivi quando non ottiene ciò che vuole. Oppure potrebbe essere qualcuno eccessivamente sognante sul proprio futuro e che non è radicato nella realtà.

Se da un certo punto di vista il voler rimanere un fanciullo è un bene a livello energetico, da un altro esiste la sindrome di Peter Pan, ovvero un adulto che non vuole crescere per farsi carico delle sue responsabilità. Quando questo Arcano compare nel suo lato ombra indica proprio questo secondo caso. Sarà allora opportuno capire se l'altra persona possa realmente cambiare oppure se è solo una vittima di se stessa.

Lo Avevi Notato?

La conchiglia ha molteplici significati: può rappresentare una forma di difesa contro energie destabilizzanti, può indicare la femminilità o la ricchezza, è un richiamo ai pellegrini di Santiago, ed è anche un segno di resurrezione, motivo per il quale lo troviamo sulle tombe carolingie.

Le Mie Parole Chiave

Timidezza. Immaturità. Introversione.

Le Tue Parole Chiave

Cavaliere di Coppe

Il Cavaliere di Coppe può essere considerato come il classico romantico del mazzo dei Tarocchi ed è in contatto con la sua intuizione e con le sue emozioni. Usa magistralmente queste doti per affascinare ed attrarre gli altri. È una persona guidata dal sentimento, in grado di aprire il suo cuore e fare delle grandi dichiarazioni. Mostra compassione e comprensione verso gli altri perché ha imparato a comprendere i propri sentimenti e le proprie emozioni.

Il Cavaliere di Coppe è una persona gentile, premurosa ed in contatto con il suo lato femminile. Potrebbe essere bravo a scrivere poesie romantiche, creare arte ispirata ai suoi sentimenti più intimi o ad apprezzare un tramonto vibrante. Il suo cuore è pieno e lo segue ciecamente. Condivide liberamente i suoi sentimenti con gli altri senza costrizioni o preoccupazioni. Possiamo immaginare che sia innamorato dell'amore stesso. Quando il Cavaliere di Coppe appare in una lettura di Tarocchi, siamo ispirati da molti sbocchi emotivi e relazionali.

Mentre il Paggio di Coppe era ispirato da idee fantasiose e non sempre perseguibili, il Cavaliere di Coppe è motivato dall'azione. Ha sognato quello che voleva nel suo intimo ed ora sta andando avanti con questo sogno per renderlo realtà. Può essere un progetto artistico o qualcosa che ci sentiamo chiamati a fare, purché basata sulle nostre emozioni, sulla nostra immaginazione e sulla nostra intuizione.

Tutti i cavalieri sono in missione e quella del Cavaliere di Coppe riguarda una causa umanitaria, l'altruismo, la bellezza e la compassione. Ha una visione armonica della realtà ed è guidato dal suo cuore. Vuole vedere la pace nel mondo e coinvolgere tutte le persone. Quando si tratta di prendere delle decisioni questo Arcano è governato dal suo cuore e dalle sue emozioni.

Lato Ombra

Il Cavaliere di Coppe significa che nella tua vita sta emergendo un progetto ispirante, ma non sei ancora pronto per mandarlo avanti. Potresti passare la maggior parte del tuo tempo a sognare il risultato o la realizzazione della tua idea, ma purtroppo per te, non stai mettendo in pratica nulla. Anche se può essere arricchente passare una fase contemplativa dei propri sogni, il piano d'azione non prenderà forma finché non agirai. Ecco perché il Cavaliere di Coppe significa che devi radicare la tua idea nel quotidiano, scoprire come arrivare dove devi arrivare, quanto tempo ci vorrà, di quali risorse avrai bisogno e così via. Questo darà più peso al tuo progetto in modo da poter andare avanti con l'implementazione della tua idea.

A volte il Cavaliere di Coppe significa che sei imbronciato, geloso e lunatico. Potresti sentirti frustrato perché non ti viene data l'opportunità di sognare e creare. Stai permettendo alle tue emozioni di avere la meglio su di te e - quindi - sei sopraffatto da ansie e paure. Ricorda che è importante farti ispirare dai tuoi sogni, ma non essere dominato da questi.

Il Cavaliere di Coppe significa che qualcuno ha un approccio eccessivamente romantico alla vita ed è disconnesso dalla realtà. Potresti provare un importante livello di disillusione sul fatto che un'offerta non sia esattamente come ti aspettavi che fosse. Forse sei stato travolto dall'eccitazione o dall'emozione e non hai valutato bene la dinamica. Per esempio, potresti aver accettato un'offerta commerciale eppure, alla fine dei giochi, non ne sei per nulla soddisfatto. Oppure, potresti aver lasciato il tuo lavoro d'ufficio per lavorare a casa solo per renderti conto che ti manca il contatto sociale con i tuoi colleghi. In questo caso, se devi fare una scelta, ma senti che l'eccitazione sta salendo, allora conviene fermarti qualche minuto prima di decidere. Probabilmente la soluzione è sulla strada diametralmente opposta a quella che ti indicano le tue emozioni.

Lo Avevi Notato?

Nonostante il Cavaliere di Coppe stia seguendo il suo cuore, rappresentato proprio dalla coppa che regge in mano, la sua espressione è crucciata e perplessa. Questo può significare che - a volte - dobbiamo scontrarci contro il lato più razionale e dogmatico della vita, cosa che smorza l'euforico sentimento che ci spinge in avanti.

Le Mie Parole Chiave

Aprire il cuore. Essere guidati dal sentimento. Arrivo di notizie a carattere emotivo e sentimentale. Dichiarazioni.

Le Tue Parole Chiave

Regina di Coppe

La Regina di Coppe è educativa, premurosa, sensibile e compassionevole. Quando la vedi apparire in una lettura dei Tarocchi stai incarnando la sua energia di madre e nutrice. Sostieni gli altri ascoltandoli con il cuore e prendendotene cura profondamente. Questa carta rappresenta l'empatia e la percezione dei bisogni altrui.

È una donna che non sempre si lascia andare e, in questo caso, ha bisogno di capire bene una situazione prima di spalancare il suo cuore e fidarsi completamente. Nonostante nel tempo abbia maturato diverse convinzioni sull'amore, sui rapporti, sui sentimenti e sulle relazioni, è anche disposta ad ascoltare e - a volte - a cambiare la percezione che ha sviluppato nel tempo.

La Regina di Coppe suggerisce che sei una persona intuitiva ed in sintonia con le energie soprasensibili circostanti. Nelle tue interazioni con gli altri, puoi leggere facilmente tra le righe per avere un'idea di come comunicare in modo efficace, consentendo a tutti di sentirsi ascoltati e compresi. Le persone si fidano di te e sanno che hai sempre la soluzione giusta. Puoi sintonizzarti immediatamente su ciò che stanno attraversando e puoi aiutarli a capire problemi, blocchi emotivi e relazionali. Questa carta si riferisce ad una guaritrice, un consigliere o un coach intuitivo o emotivo. Forse ad una buona amica.

Nei tuoi progetti deve esserci sempre un aspetto con il cuore, il che significa che devi sentirli dentro prima di buttartici a capofitto. Sai riconoscere quando qualcosa si sta spegnendo in una relazione e potresti aver bisogno di chiudere il tuo cuore, sapendo che è una scelta dolorosa, ma necessaria. Quando la Regina di Coppe appare in una lettura di Tarocchi ti viene chiesto di fidarti del tuo intuito e di prestare attenzione ai tuoi sentimenti e alle tue emozioni, ma cerca di non essere vittima del tuo fondamentalismo. Impara a sentire le sensazioni anche quando sono complicate o impegnative. Sei più forte di quanto pensi!

Lato Ombra

La Regina di Coppe significa che devi fare attenzione al tuo benessere emotivo. Sei bravo a prenderti cura degli altri, ma forse è arrivato il momento di pensare un po' di più a te stesso. Questa carta suggerisce che potresti essere emotivamente prosciugato perché sei stato impegnato a sostenere qualcuno, dimenticandoti dei tuoi bisogni.

È necessario stabilire dei limiti precisi con i tuoi cari in modo che sappiano che li ami, ma che non devi assumerti tutto il loro bagaglio emotivo. Certo, puoi tenere il cuore aperto verso questi tipi di rapporti, ma alla fine ognuno è responsabile di se stesso e della sua esperienza di vita. Non sei tu che devi farti carico di tutti questi aspetti destabilizzanti. Ognuno intraprende il suo viaggio ed impara a farcela da solo.

La Regina di Coppe significa che sei coinvolto in situazioni emotive di altre persone e hai creato una relazione di codipendenza che non è salutare per nessuno. Potresti darti troppo, ricevendo poco. Oppure potresti inconsciamente favorire questa dipendenza fino a che il rapporto non degrada in qualcosa di particolarmente malato. Esamina le tue relazioni e vedi dove devi creare un sano distacco. A volte, la Regina di Coppe è un segno che il tuo intuito lavora alla sua massima capacità anche se tu stai facendo fatica ad ascoltarlo. Ora, non importa quanto pensi di essere impegnato. Cerca il tempo e lo spazio per connetterti con te stesso e scendere nelle profondità di tutto questo.

La Regina di Coppe significa che tu, oppure una persona attorno a te, ha bisogno di capire qualcosa prima di spalancare completamente il suo cuore e fidarsi. Ma attenzione, questo potrebbe anche essere un avvertimento: stai lasciando che il tuo cuore governi sulla testa! Le tue emozioni potrebbero sopraffarti. Se questo ti risuona, radicati, esprimi i tuoi sentimenti in privato o con un terapeuta di fiducia e poi cerca di capire perché tutto ciò è emerso in questo modo. Fa' attenzione a non lasciare che le tue emozioni prendano il sopravvento, altrimenti la perdita di controllo e di prospettiva ti condurrebbero alla rovina. Forse è necessario trovare una nuova tranquillità per te stesso, meditare, scrivere un diario o pensare a tutto ciò che ti rilassa e nutre la tua intimità. Trova uno spazio tranquillo per calmarti ed ascoltare attentamente la tua voce interiore.

La Regina di Coppe significa che potresti essere fuori contatto con l'espressione emotiva e quindi, per paura di essere frainteso, imbottigli i tuoi sentimenti. Questo alza i livelli di stress gravando sul tuo benessere psicoemotivo. Ricorda che la tua capacità di far fronte ai problemi quotidiani potrebbe risentirne. L'Arcano ti invita ad esplorare i tuoi sentimenti e le tue emozioni più intime per capire cosa ami realmente. Trascorri un po' di tempo da solo con le carte dei Tarocchi, carta e penna alla mano: come ti senti? Cosa ti suggerisce il cuore? Non importa se stai vivendo emozioni positive o negative. Sei chiamato ad ascoltare ed onorare i tuoi sentimenti. Infine, questo Arcano significa che la spiritualità e la fede ti stanno chiudendo nelle tue convinzioni e non sei disposto ad ascoltare chi ha una visione diversa dalla tua.

Lo Avevi Notato?

Questa regina ha la coppa chiusa. La coppa è il simbolo del cuore e possiamo così pensare che ha qualche problema ad aprirsi al prossimo. Tuttavia, all'altezza dell'impugnatura della coppa stessa, si nota che la donna non sta realmente reggendo il prezioso recipiente. In una lettura potrebbe essere necessario capire se esistono convinzioni limitanti che imprigionano la consultante non permettendole di vivere pienamente la sfera emotiva. Una volta trovate, sarà facile notare la caducità di questi limiti ed aiutare la persona ad allineare nuovamente la sua anima con il suo scopo.

Le Mie Parole Chiave

C'è bisogno di capire qualcosa prima di spalancare il cuore. Donna di fede. Persona chiusa nelle sue convinzioni, ma disposta comunque ad ascoltare.

Le Tue Parole Chiave

Re di Coppe

Il Re di Coppe rappresenta la padronanza del regno emotivo, dell'inconscio e della funzione del cuore nella vita di tutti i giorni. Quando questa carta si presenta in una lettura di Tarocchi hai acquisito il controllo dei tuoi sentimenti e puoi accettarli senza permettere loro di avere la meglio su di te. Il Re di Coppe è un uomo generoso e dal cuore grande.

Potrebbe essere stato ferito in passato a livello puramente emotivo, ma questo non gli impedisce di continuare ad amare. D'altronde non esiste esperienza che non sia stata preceduta da qualche sconfitta. Ecco perché, anche quando la vita ti lancia delle sfide importanti, questa carta ricorda che puoi attingere alla tua maturità emotiva e alla tua stabilità sentimentale per aiutarti a superare il tutto. Non lasciare che le cose ti prendano più di tanto facendoti affogare nel dramma. Scegli un approccio equilibrato e calmo. Se vieni sfidato in prima persona, il Re di Coppe suggerisce che devi rimanere saldo di fronte all'energia negativa degli altri. Sii fermo sui tuoi confini personali affermando ciò che è accettabile e ciò che non è accettabile, a livello emotivo, per te.

Questo re è equilibrato e controlla le sue emozioni. Il suo intelletto non risiede nella testa, ma nel cuore. Riesce a rimanere fedele ai suoi principi e a non andare fuori rotta. In qualità di leader, gli interessa raggiungere gli obiettivi mantenendo inalterato l'equilibrio tra mente e cuore, ragione ed intuizione. Come re ha un'energia maschile e paterna, mentre come carta di coppe porta il suo lato emotivo in primo piano. Offre saggi consigli quando si tratta di sentimenti, emozioni e relazioni. Può vedere i rapporti umani nella loro interezza.

Il Re di Coppe è compassionevole nei confronti degli altri creando legami e relazioni basate sulla comprensione e sulla pazienza. Prova ad interagire con gli altri e ad esplorare i loro sentimenti in modo più profondo. Ecco perché riesce a creare un senso di pace all'interno delle relazioni. Il Re di Coppe può apparire nella tua vita come un mentore, una guida spirituale o un coach emotivo. Oppure puoi entrare tu stesso in questo ruolo.

Lato Ombra

Il Re di Coppe significa che stai concentrando la tua attenzione sui sentimenti più intimi, scoprendo tutte quelle emozioni immagazzinate nel tuo inconscio. Purtroppo ti stai anche rendendo conto che, nel tempo, non hai sempre tirato fuori il tuo "universo interiore" e quindi ti trovi a pensare al fatto che sei emotivamente arido. Forse dovresti connetterti con più persone, lavorare sulle emozioni oppure iniziare percorsi di automiglioramento. Anche la ricerca di un supporto con un consulente qualificato oppure un ipnoterapeuta ti permetterà di andare più in profondità.

Il Re di Coppe significa che potresti essere incline ai drammi ed ai turbamenti interiori. Questo lasciarti andare alle emozioni non ti permette di vedere le cose come stanno. Se gli altri dovessero accorgersi di questa tua fragilità, allora potrebbero iniziare a toccare proprio quei tasti che ti mandano visibilmente in confusione. Questa carta esce anche alle persone depresse, ansiose, lunatiche ed imprevedibili. A volte, il Re di Coppe significa che manchi di auto-compassione e picchi duro senza empatia. Se questo aspetto ti risuona, cerca di risalire alla causa principale del tuo atteggiamento al fine di portare consapevolezza e miglioramento nella tua esistenza. Forse è anche arrivato il momento di fare pace con ciò che ti ha infastidito fino ad oggi. Abbandona i problemi emotivi ed i blocchi sentimentali. Anche se non ci puoi fare molto per alcune situazioni che ti arrivano addosso tra capo e collo, è importante che la tua risposta emotiva sia matura e salda.

Questo Arcano indica che un dolore del passato sta condizionando anche il tuo presente (e futuro) e dovresti lavorare al fine di rilasciare queste energie destabilizzanti. Stai reprimendo le tue emozioni e ti stai ritirando dal mondo esterno perché temi cosa potrebbe succedere se dovessi affrontare i tuoi sentimenti una volta per tutte. Forse sei imbottigliato in qualche schema mentale e questo non ti permette di rilasciare correttamente l'energia emotiva. Fa attenzione perché, qualora la pressione diventasse eccessiva, il rischio di uno sfogo sarebbe davvero alto. Elabora i tuoi sentimenti e trova qualcuno con cui condividerli.

Il Re di Coppe rappresenta qualcuno di vendicativo e poco compassionevole che ama punire gli altri o li manipola. Forse è un vampiro energetico o una persona che fa leva sui bisogni altrui. Quando qualcuno usa il ricatto emotivo per ottenere ciò che vuole o per portare avanti il suo benessere personale, è importante mettere dei paletti ed allontanarlo immediatamente dalla nostra esistenza. Non permettere che qualcun altro ti lasci incerto su te stesso e sui tuoi valori, come se il problema fossi tu. Questo ti porta solo ad un'instabilità emotiva immeritata e catastrofica. Se hai già incontrato questa persona in passato allora i suoi effetti su di te non sono conclusi e, così, dovrai lavorare per cercare di liberartene una volta per tutte.

Lo Avevi Notato?

La coppa di questo re sembra essere rotta all'altezza dell'impugnatura. Possiamo pensare al fatto che il suo cuore abbia sofferto e, gli effetti di questa sofferenza, sono ancora manifesti. Non è un caso che i piedi siano rivolti al passato. Ricorda che i piedi sono la parte più sincera del corpo e puntano sempre dove, inconsciamente, sta andando la nostra attenzione. Tuttavia, lo sguardo dell'uomo è rivolto al futuro ad indicare che nonostante abbia vissuto dei traumi, non ha perso la voglia di amare e di provare nuove esperienze.

Le Mie Parole Chiave

Uomo generoso e dal cuore grande. Ferite emotive del passato che non impediscono, però, di continuare ad amare. Incontro con un terapeuta, un amico, un consigliere.

Le Tue Parole Chiave

Asso di Spade

L'Asso di Spade segna un'ondata di nuova energia dai regni dell'intelletto. Potresti essere sull'orlo di una svolta significativa o di un nuovo modo di pensare che ti consente di vedere il mondo con occhi più limpidi. Questa carta rappresenta l'intelligenza, la parola ed il discernimento. Quando la vedi comparire in una lettura di Tarocchi potresti avere un'improvvisa realizzazione o una comprensione cosciente di un problema che ti ha turbato. Ora riesci finalmente a vedere il percorso davanti a te.

Medita regolarmente per eliminare il chiacchiericcio mentale e sfruttare al massimo questo potenziale intellettuale. Considera questa carta come un segno di incoraggiamento; dice che la tua mente è in modalità razionale. Sei aperto ad abbracciare nuove idee e a bramare nuovi stimoli saltando sulla prossima occasione. Semaforo verde alla tua ispirazione, al pensiero ed alle visioni originali. Persegui le opportunità che attingono alle tue capacità intellettuali. Questa carta rimanda alle ottime capacità di comunicazione e del potere mentale. Potresti sentirti ispirato a seguire un corso di scrittura, ad esercitare le tue capacità di parlare in pubblico oppure ad essere coinvolto in attività che richiedono più presenza razionale del solito.

Sei all'inizio del viaggio, ma puoi sentire l'energia che si accumula e non vedi l'ora di iniziare. Se canalizzi questa energia nelle mosse giuste potresti raggiungere il successo con pochi sforzi. Mantieni una mentalità di successo e potrai superare gli ostacoli lungo il percorso. La spada è una lama a doppio taglio il che implica che può creare e distruggere. Il messaggio è ora chiaro: con il potere arriva la responsabilità. Spetterà a te sfruttare le opportunità per un bene superiore o in modo aggressivo ed egoistico.

Lato Ombra

L'Asso di Spade indica che una nuova idea sta emergendo dentro di te (oppure che stai portando mentalmente a conclusione), ma non riesce a passare la tua "fase controllo". Questo, purtroppo, ti fa permanere su uno stato di potenzialità che può addirittura fermarti. Puoi cercare di fare maggiore chiarezza sul perché questa idea ti destabilizzi. Forse non sei sicuro che porterà ai risultati che desideri veramente.

Quando l'Asso di Spade compare in una lettura di Tarocchi è importante darti tempo e spazio per meditare e liberare la mente. Potrebbe così nascere qualcosa nel modo più semplice ed efficace possibile. Se è parecchio tempo che stai provando a mettere in pratica un progetto, allora l'Asso di Spade è un segnale che devi tornare al tavolo da disegno per continuare il tuo lavoro. Potresti avere troppe idee in testa che finiscono per lasciarti disorientato, oppure potresti addirittura percepire il desiderio teorico di muoverti su più fronti, senza però sapere cosa significa mettere in pratica il tuo pensiero. Questa è la classica situazione da lato ombra dell'Asso di Spade!

Questa carta ti invita anche a dedicare più tempo alla definizione, in termini semplici, di ciò che desideri nella vita. Puoi stabilire qualche obiettivo specifico, realistico e realizzabile in modo da poter essere chiaro sul lavoro che c'è da fare. Concentrati sulle basi e pianifica meglio chiarendo le tue aspirazioni ed i tuoi obiettivi. Quando l'Asso di Spade enfatizza il suo aspetto più buio, può anche suggerire un giudizio offuscato ed una mancanza di chiarezza mentale su una situazione specifica. Ti mancano informazioni o prove rilevanti che ti aiuteranno a decidere, quindi investi il tuo tempo e le tue energie nella ricerca della verità piuttosto che prendere la cosa in sé solo per il suo valore nominale.

Lo Avevi Notato?

Sulla fronda che esce dal lato sinistro ci sono nove piccole bacche annerite. Il 9, nei Tarocchi, è il numero di tutto ciò che è arrivato alla fine di un ciclo e deve necessariamente essere lasciato andare. Di contro, nella parte destra, la fronda sembra essere in salute. La spada taglia in due la vegetazione creando una netta separazione tra passato e futuro.

Le Mie Parole Chiave

La razionalità ed il discernimento. L'intelligenza. La parola. Chiacchiericcio mentale che deve essere canalizzato meglio.

Le Tue Parole Chiave

Due di Spade

Il Due di Spade indica che stai affrontando una decisione difficile e non sai quale opzione sia migliore dell'altra. Entrambe le possibilità possono sembrare ugualmente buone o ugualmente cattive e sei perplesso su quale ti porterà al miglior risultato. Devi essere in grado di valutare i pro ed i contro di ogni scelta e, quindi, esprimere il tuo giudizio consapevolmente. Usa la tua testa per scegliere il percorso che è più in linea con il tuo Sé Superiore.

In questa carta ritroviamo una tappa in cui le idee germogliano fino all'eccessiva intellettualizzazione, ma nonostante questo non si riesce a parlare e a passare all'azione. Questo grande lavoro cerebrale può portare anche a confusione e dubbi. Ecco perché è importante capire anche come togliersi da questa situazione passiva ed iniziare fattivamente un percorso.

Quando vedi comparire il Due di Spade in una lettura di Tarocchi puoi pensare che la totalità delle circostanze non è completamente sotto i tuoi occhi. Potresti non avere le informazioni necessarie per prendere la decisione migliore, potresti perdere qualcosa da valutare (come potenziali rischi o minacce), oppure stai tralasciando delle informazioni critiche o delle soluzioni alternative che ti potrebbero aiutare ad essere guidato in una particolare direzione. Una volta rimossa questa benda invisibile sarai in una posizione migliore per iniziare il tuo percorso.

Se stai cercando di nasconderti da una situazione difficile o da una decisione imminente, sperando che ignorarla abbastanza a lungo la farà sparire, questa carta sottolinea che - sfortunatamente - è improbabile che questo avvenga. Il problema non si risolverà da sé. Più a lungo rimanderei prolungando questa situazione, e più sarai vittima del tuo scuotimento intellettuale. Questa carta ricorda che molte decisioni nella vita sono difficili e raramente abbiamo risposte chiare ed univoche. L'invito è quello di fare le tue scelte con le migliori intenzioni, pienamente consapevole delle possibili conseguenze.

Lato Ombra

Il Due di Spade significa che ti senti intrappolato tra l'incudine ed il martello e sembra che questo limbo si trascini da molto tempo. La conseguenza potrebbe essere un blocco, un'incapacità di andare avanti ed una estrema intellettualizzazione della situazione che non farà che peggiorare le cose. L'Arcano, nel suo aspetto ombra, indica che potresti non avere tutte le informazioni necessarie per prendere una decisione corretta. Questo può indicare anche il fatto che non hai accesso a fascicoli o informazioni che ti servono e che potrebbero risolvere il tuo dilemma. Oppure potresti sperimentare un sovraccarico di idee così gravoso da lasciarti paralizzato. C'è anche la possibilità di avere troppi punti di vista dalle più disparate persone. Allora devi setacciare i consigli al fine di selezionare solo quelli più pertinenti al tuo caso.

Il Due di Spade ti invita ad ascoltare la tua intuizione su questioni difficili. In tal senso controlla anche gli aspetti ombra del Due di Coppe. Potrebbe essere necessario isolarti temporaneamente dal mondo esterno in modo da poter entrare in connessione con la tua voce interiore. Devi far emergere la tua saggezza intuitiva. Fidati di ciò che sai essere vero e giusto per te. Prendi le tue decisioni in base alla tua bussola interna. Se dovessimo corroborare le nozioni tradizionali sul Due di Spade, allora dovremmo dire che rappresenta una situazione di stallo. Potresti raggiungere un vicolo cieco con un amico, una persona cara, un collega o qualsiasi persona al tuo fianco. Il problema è che tutte le parti coinvolte si rifiutano di vedere la situazione dal punto di vista dell'altro e da qui nascono gli scontri. L'invito è quello di togliere i paraocchi e guardare la situazione da un'angolazione diversa. Forse dovrai individuare il compromesso da raggiungere per iniziare a muoverti in modo concreto, utile ed appagante. Altrimenti questo blocco continuerà ad andare avanti.

Il Due di Spade potrebbe anche suggerire che ti senti bloccato nel mezzo di una competizione. Magari non sai con chi schierarti oppure entrambe le fazioni non rappresentano i tuoi ideali. Potresti essere tentato di vestire il ruolo del mediatore, ma il consiglio è quello di meditare attentamente se ne vale la pena. Ad esempio, tentare di riunire due membri della famiglia in conflitto nella speranza di promuovere un ambiente armonioso, finirebbe per portarti ad essere un bravo messaggero o la discarica di tutte le loro preoccupazioni. Diviene così opportuno capire onestamente se hai un ruolo da svolgere per permettere di trovare nuovamente un equilibrio oppure se conviene uscire fuori da quella situazione depotenziante.

Lo Avevi Notato?

Nella carta è presente il fiore centrale più grande delle numerali di questo seme. Tuttavia, per quanto questo elemento possa provare ad espandersi, sarà limitato dalle due lame laterali che taglieranno l'eccesso nello spazio. Puoi immaginare questa vegetazione come le tue idee che proliferano, ma che sono comunque ingabbiate da schemi e pattern mentali. Se non capisci come incanalare il tutto potresti rimanere vittima di un'eccessiva intellettualizzazione.

Le Mie Parole Chiave

Germogliano le idee, ma non si passa all'azione. Studio. È necessario evitare l'intellettualizzazione passiva onde evitare il nascere di dubbi.

Le Tue Parole Chiave

Tre di Spade

Quando il Tre di Spade compare in una lettura dei Tarocchi segnala che ti senti profondamente ferito e deluso. Il tuo sistema di valori è stato trafitto dalle lame affilate delle parole, delle azioni e delle intenzioni offensive degli altri. Ti hanno inflitto dolore, tristezza e violenza. Questi eventi possono essere inaspettati e vengono dal nulla, rendendoli ancora più dolorosi.

Il Tre di Spade parla anche di un'idea che viene messa in pratica in modo così violento da rompere l'equilibrio creato. Questo può generare confusione e caos. Se hai subìto una grave battuta d'arresto o una perdita, ora è un ottimo momento per esprimere la tua tristezza. Questo fa parte di un processo di purificazione. Lasciare andare ti aiuterà a passare a tempi migliori. Datti l'opportunità di gridare e di urlare a squarciagola. Fa tutto il necessario per

215

esprimere la tua idea e ricorda che è essenziale continuare a concentrarti sul percorso da seguire. Quindi, una volta accettato quello che è successo, puoi andare avanti con la tua vita. Non a caso questa carta può ricordare che il dolore è una parte necessaria dell'esistenza; senza di questo non sperimenteresti mai le sfide di cui hai bisogno per crescere e svilupparti come persona. Ogni disagio che riesci a trasformare in opportunità ti fa diventare più forte, permettendoti di imparare dai tuoi errori e fare l'esperienza necessaria. Il dolore può offuscare le tue facoltà mentali per un po', ma non permettergli di relegarti in quel caos mentale.

Il 3 è un numero "giovane" e, così, la buona notizia è che la stagione dolorosa passerà. La tristezza è temporanea. Ti riprenderai. Le nuvole si dissolveranno e le prospettive miglioreranno. L'importante è trovare il modo per stabilizzare la tua idea.

Il Tre di Spade arriva spesso in una lettura dei Tarocchi quando prendi a cuore le parole degli altri. Potresti essere incline a stare male per commenti negativi sui social network, per colleghi al lavoro dispettosi o amici che abusano della tua gentilezza. Quando questo accade sposta l'energia sulle note che ti stanno veramente a cuore. Se vuoi analizzare ciò che ti hanno detto potresti chiedergli o chiederti se esiste una verità più profonda in ciò che hanno proferito. Insomma, usa tutto ciò che hai a tua disposizione per espandere la tua prospettiva e vedere il quadro più ampio di ciò che sta accadendo.

Lato Ombra

Il Tre di Spade significa che devi prestare attenzione ai tuoi pensieri interiori e al dialogo nella tua mente. Le tue parole sono potenti, specialmente quelle che ti ripeti giorno dopo giorno. Potresti essere una persona incline all'autocritica, alle convinzioni depotenzianti e al dialogo interiore limitante e negativo. Se ti identifichi in questo modo sarai bombardato dall'idea che non sei abbastanza bravo per fare qualcosa e, quindi, fallirai in partenza.

Quando senti che questi pensieri negativi stanno sgattaiolando fuori, chiediti se pronunceresti mai queste parole in un momento di serenità. La risposta ti potrebbe sconvolgere. Ecco perché il grande lavoro interiore ed esteriore da fare quando vedi comparire il Tre di Spade è quello di trovare una nuova armonia nei tuoi pensieri. Sposta le tue frequenze verso il positivo! Hai già tutto quello che ti serve per essere chi vuoi essere e non devi continuare a trattarti male. Il Tre di Spade rimanda alla tua ipersensibilità verso le parole ed i pensieri altrui. Forse hai bisogno di sviluppare uno strato impermeabile che ti permetta di non dare troppo valore agli altri. Lascia andare il dolore che queste parole ti stanno causando e concediti una coccola in più.

A differenza dell'Asso di Spade e del Due di Spade, questa carta inizia ad avere dei tratti decisamente più attivi. Qualcuno ti potrebbe accusare di essere egoista, ma ti conviene guardare dentro di te per vedere perché ti si muovono queste accuse. Scopriresti che sono infondate. Il Tre di Spade indica che hai recentemente attraversato un momento difficile in cui una relazione è finita o è stata messa in discussione. Magari una persona cara si è allontanata o sei stato ferito da una situazione che ti ha colpito profondamente. Per fortuna, questa carta suggerisce che questo tempo sta per passare e sei sulla strada della guarigione. Renditi conto che ogni nuvola che arriva poi se ne va e lascia un cielo sereno e pieno di colori.

Hai raggiunto un punto in cui puoi accettare il dolore e sei pronto per andare avanti. Il Tre di Spade significa che stai trovando molto difficile passare da una recente perdita o da un avvenimento che ti ha fatto tremare il cuore ad un periodo di serenità. Questa carta indica che stai ancora soffrendo e hai bisogno di passare attraverso un periodo di pulizia emotiva ed intellettuale per liberarti dal tuo passato ingombrante. Forse stai già facendo del tuo meglio per lasciarti alle spalle tutto questo e provare ad abbracciare una nuova vita, ma purtroppo hai ancora un lungo viaggio di fronte. Fa attenzione a non rimanere bloccato nella tristezza e a concentrarti sull'abbracciare le nuove opportunità.

È sempre molto difficile sopportare una separazione o capire la motivazione perché hai subito un tale dolore. Impara ad accettare le circostanze in modo che il processo di guarigione non venga bloccato. Infine, Il Tre di Spade serve come promemoria per farti pensare prima di parlare, così da non doverti pentire più tardi di ciò che hai detto.

Lo Avevi Notato?

La lama di questa carta sta tagliando una forma vegetale composta da 5 bacche e 17 foglie, per un totale di 22 elementi, come gli Arcani Maggiori. Possiamo pensare così che la nostra idea crei disarmonia in un equilibrio preesistente. Il Tre di Spade ha la guardia bianca che si relaziona al motivo vegetale in basso a sinistra, anch'esso bianco: c'è sempre un germe di fertile purezza in questa esplosione razionale.

Le Mie Parole Chiave

Confusione e caos. Un'idea viene messa in pratica in modo violento, rompendo l'equilibrio.

Le Tue Parole Chiave

Quattro di Spade

Il Quattro di Spade ti dice di riposarti prima di affrontare la prossima sfida. Hai raggiunto un importante traguardo e devi ricaricare le tue energie prima che inizi la fase successiva. Questo ti permette di essere rilassato e pronto per partire. Anche se sei altamente produttivo e motivato, prendi tutto il tempo necessario per mandare avanti la tua idea oppure per trovargli una stabilità. Lo stress e la tensione costante possono spezzare anche le persone più dure e resistenti, ma brevi periodi di riposo ti permetteranno di rinfrescare la tua energia mentale, la tua concentrazione e la voglia di buttarti in una nuova sfida.

Se stai passando un periodo di costrizione, vissuto come una forte prigionia, prendi questa carta come un segno per fare un passo indietro ed impiegare questo tempo per guadagnare nuove prospettive. È importante avere nuovi stimoli cerebrali, ma la passività del numero 4 suggerisce di non prendere decisioni effettive. In un momento di silenzio ed inattività potresti sviluppare la tua forza mentale liberando il cervello dai disordini e dallo stress.

Trascorri del tempo in un luogo che ti crea pace, calmo e tranquillo. Va in ritiro o inizia un corso di meditazione. Devi ricostituire la tua forza interiore e passare del tempo per connetterti nuovamente con il tuo Sé superiore. In senso più pratico, il Quattro di Spade è un indicatore del fatto che devi prenderti del tempo per rivedere i progressi fatti fino ad ora. Se recentemente hai mandato avanti qualche idea e non hai ancora trovato la sua stabilità, questo è un ottimo momento per farla quadrare e rivalutare le tue priorità. Cerca di capire cosa funziona e cosa no. Fermarti a riflettere dopo ogni grande sfida ti posizionerà bene per il successo futuro.

Lato Ombra

Il Quattro di Spade invia un messaggio potente e dice che devi prenderti del tempo per riposare e ricaricare le tue energie. Potresti lavorare per lunghe ore, dedicare il tuo tempo e le tue forze a qualcuno che ne ha bisogno oppure essere coinvolto in un'impresa altamente stressante ed impegnativa. Sei vicino all'esaurimento e le tue riserve di energia stanno finendo oppure sono già finite! Se non ti fermi e ti prendi un po' di riposo adesso potresti crollare ed esaurirti completamente, rendendoti inefficace ed incapace di aiutare gli altri.

Il Quattro di Spade, nel suo lato ombra, significa che ti stai ritirando dal tuo mondo esterno per dare valore a quello interno. Forse è arrivato il momento per una disintossicazione dai social media, una fuga di un fine settimana o un ritiro silenzioso in modo da poter concentrare le tue energie interiori e ritrovare la pace. Usa la meditazione per calmare la mente, ma fa attenzione a lavorare con strumenti che muovono energie come, per esempio, i Tarocchi: forse non hai la lucidità per farlo.

Il Quattro di Spade significa che mostri irrequietezza e vuoi fare tutto in una volta sola. Anche se il tuo corpo e la tua mente ti stanno chiedendo tregua, vuoi continuare ad andare avanti perché ti senti come imprigionato nel tuo piccolo mondo. Tuttavia, l'assenza di una direzione, potrebbe portarti a sprecare molte risorse ed a lasciarti in balia di te stesso. È fondamentale prendersela comoda ed assicurarsi di non finire a terra. Tutte le idee avviate nel recente passato devono trovare una quadratura in poco tempo. Il Quattro di Spade può anche rappresentare la stagnazione e la mancanza di azione che porta ad una maggiore frustrazione. In questa asserzione potrebbe comparire come un significato opposto rispetto a quello dato in precedenza. Dobbiamo così onorare il valore del numero 4 che parla di una stabilità e del giusto equilibrio tra la quadratura e l'innovazione. Ad esempio, un matrimonio è diventato spiritualmente o emotivamente vuoto. Potrebbe essere necessario cercare di capire con l'altra persona cosa sta succedendo (quadratura) e prendere delle decisioni al riguardo (innovazione) come: un momento di pausa, una riconciliazione oppure una fine. In egual misura, il Quattro di Spade suggerisce che sei frustrato dalla mancanza di cambiamenti nella tua vita. Parte di questa mancanza è dovuta al tuo approccio passivo. Potrebbero esserci state situazioni castranti o di cui non eri soddisfatto, ma hai scelto di aspettare e sperare che alla fine cambiassero da sole, anche se ora stai solo sperimentando la sedimentazione di questa scelta.

Lo Avevi Notato?

Al centro della carta, la foglia di destra sta toccando parte della lama. Possiamo vedere, in questa situazione, una sorta di evoluzione già intravista nel Due di Spade, ovvero la voglia di far proliferare le idee, ma anche la consapevolezza di essere all'interno di una prigione che non ci permette di farle evolvere fino in fondo. Sulla parte sinistra della forma vegetale, troviamo l'unica bacca bianca di questo seme. È un simbolo di imperturbabilità e purezza che ci invita a mantenere alta e vigile la speranza, anche se nel momento presente sperimentiamo esclusivamente divieti e limiti.

Le Mie Parole Chiave

Prigionia. Situazione di costrizione. Necessità di far evolvere la propria idea onde evitare un momento di stasi coatta.

Le Tue Parole Chiave

Cinque di Spade

Il Cinque di Spade compare quando hai avuto un disaccordo, un conflitto o un litigio e te ne sei andato con un senso di tristezza e di perdita. Potresti essere arrabbiato e risentito per le parole che hai detto e ora vorresti tornare indietro e cambiare tutto. Un senso generale di sporco incombe su di te mentre i tuoi rapporti diventano più aspri. Anche se hai vinto la discussione e ne sei uscito come apparente vincitore, ti renderai conto nel giro di poco tempo di aver perso tanto quanto il tuo avversario. Questa battaglia ti è costata fiducia, rispetto e dignità. L'epilogo ti ha isolato.

Mentre cerchi di raccogliere i pezzi e di lasciare il conflitto alle spalle scopri che è più difficile di quanto pensassi. Qualcuno ha perso la fiducia in te e qualcun altro sta mantenendo le distanze. Dovrai decidere se il tuo punto di vista è così importante da essere disposto a mettere a repentaglio le tue relazioni o se puoi scendere a compromessi e guardare negli occhi l'altra persona al fine di trovare un accordo. Il consiglio del Cinque di Spade è quello di scegliere con cura le tue battaglie. Potresti essere tentato di combattere ogni conflitto per assicurarti di ottenere ciò che desideri, per dimostrare che hai ragione o per difenderti quando ti senti sfidato o minacciato. Tuttavia, la maggior parte degli esperti dei Tarocchi concorda sul fatto che il Cinque di Spade ti invita a scegliere saggiamente le guerre da combattere. Questo ti farà accedere ad uno stile di vita più sano e leggero, portandoti a sperimentare un'esistenza pacifica. Anche le relazioni interpersonali saranno più forti.

Il Cinque di Spade rimanda spesso anche alla competizione con altre persone per raggiungere il successo. Vedi gli altri come minacce alla tua stessa felicità e, quindi, cerchi di vincere ad ogni costo. Se sei stato coinvolto in un conflitto la carta è un invito a scusarti. Più a lungo rimugini o più cerchi di dimostrare di avere ragione e più difficile diventerà la relazione. Sii pronto a dire che hai sbagliato e a fare ammenda. Non ha senso cercare di giustificare il tuo comportamento. Lascialo andare e datti l'opportunità di progredire in modo sano. Trova un terreno comune con coloro con cui hai litigato o cerca il perdono in modo da poterti lasciare alle spalle tutto questo. A volte il Cinque di Spade indica i fallimenti. Mostra che nonostante i tuoi migliori sforzi è probabile che ne esca fuori come perdente. Accetta la sconfitta! Sii più intelligente e più saggio la prossima volta.

Lato Ombra

Il Cinque di Spade parla di tutte quelle volte in cui hai provato a discutere fino alla fine solo per realizzare che non esiste un vincitore o un vinto. Potresti aver spinto al massimo e cercato di essere quanto più convincente possibile solo per accorgerti che la persona dall'altra parte non ti sta nemmeno ascoltando. Probabilmente anche lei vuole solo parlare, parlare e parlare. Si è venuta ad instaurare una sorta di "guerra per vincere" atta ad abbattere l'altra persona senza arrivare ad un accordo ragionevole. E quando sei in questa posizione d'attacco finisci per sentirti malissimo, indipendentemente dal fatto che porterai a casa una vittoria oppure una sconfitta.

Come carta di conflitto, tensioni e disaccordi, il Cinque di Spade significa che hai desiderio che il periodo di lotta finisca in modo da accedere al perdono e, conseguenzialmente, concentrare tutte le tue energie su attività

223

costruttive ed equilibrate. Forse è opportuno iniziare a rendersi conto che possono esserci solo perdenti da questo modo di affrontare la questione. A volte, la carta esprime che qualcosa dal tuo passato cerca di lasciarti completamente impantanato a livello intellettuale e, così, non riesci ad accedere ad alcun tipo di novità. Senti una strana preoccupazione riguardo il passato: le dinamiche possano ripetersi e potresti essere nuovamente ferito. In questo caso è necessario iniziare a lavorare sul perdono oppure su qualsiasi cosa che ti possa portare ad evolvere e a lasciare il passato proprio lì dove è stato fino ad oggi.

Il Cinque di Spade mostra una vecchia ferita che è stata riaperta e stai sperimentando la paura e la tensione associata a quel ricordo. Semplicemente: non permettere che questo ti blocchi. A volte parla del risentimento residuo dopo una discussione con qualcuno che è (o è stato) molto vicino a te. Hai avuto alcune conversazioni stimolanti e accese allo stesso tempo, cosa che ha nutrito emozioni negative. Se questo conflitto rimane irrisolto potrebbe avere un impatto significativo sulla tua capacità di creare una relazione armoniosa.

Il Cinque di Spade suggerisce che dopo un periodo di scontri sei pronto per andare avanti con la tua vita e creare così un cambiamento positivo. Riporta la tua energia nella sede principale: dentro te stesso. Devi tornare ad essere quella bella persona che sei, piena di idee equilibrate e di sentimenti positivi, lavorando su come creare soluzioni vantaggiose per tutti. Questo potrebbe significare un compromesso oppure il momento di lasciar perdere qualcosa. Addirittura, in alcuni consulti di Tarocchi, questa carta significa che è la giusta opportunità per scusarci, chiedere perdono e fare ammenda, in modo da poter tornare nuovamente sul nostro percorso, creando un terreno più fertile per idee e collaborazioni.

Lo Avevi Notato?

Il Cinque di Spade è l'unico Arcano delle numerali di questa serie a presentare il pomolo rosso. È un elemento attivo che invita a lavorare in modo dinamico con le proprie idee. A differenza del Tre di Spade, però, viene richiesta una canalizzazione di questa energia al fine di evitare disarmonie ed esplosioni più vicine alla distruzione che alla costruzione.

Le Mie Parole Chiave

Perdita o vincita in cui il prezzo pagato non rende davvero dei vincitori.

Imporre la propria idea può far nascere dei conflitti.

Le Tue Parole Chiave

Sei di Spade

Il Sei di Spade mostra che sei in uno stato di transizione lasciandoti alle spalle ciò che era familiare e andando verso l'ignoto. Potresti cambiare casa, lasciare una relazione, cambiare lavoro, attraversare un rito di passaggio o un cambiamento mentale. Questa trasformazione può essere opera tua oppure imposta.

Un senso di tristezza nel lasciarti alle spalle ciò che ti è così familiare potrebbe pervadere i tuoi sentimenti. Tuttavia sai che questa mossa è essenziale per la tua crescita personale. La tristezza per ciò che stai lasciando andare sarà presto sostituita da una maggiore chiarezza mentale ed una rinnovata accettazione del cambiamento. Il Sei di Spade ti invita a lasciare andare tutto ciò che ti trattiene, sia dal tuo passato che dalle circostanze presenti. Guarda il tuo futuro e scegli la via più in linea con la tua logica ed il tuo potenziale a lungo termine. Fa' il meglio con ciò che hai a disposizione e non badare all'insicurezza. Non soffermarti su ciò che rimane indietro. Vedi il tutto come una grande opportunità per cambiare le tue convinzioni.

Lato Ombra

Il Sei di Spade si presenta durante una lettura dei Tarocchi quando passi attraverso un momento di cambiamento personale o spirituale. Potrebbe trattarsi di un rito di passaggio per farti lasciare alle spalle un modello comportamentale oppure una credenza che non ti serve più. Questo è un viaggio intenso e privato. Devi lavorare in solitudine per realizzarlo. Forse hai identificato ciò che devi lasciare andare per abbracciare un modo nuovo di pensare e ora, finalmente, puoi portare a compimento il tutto.

A volte il Sei di Spade indica che sai che devi fare un cambiamento, ma sei riluttante a farlo. Controlla come sublimare l'energia degli Arcani precedenti come il Quattro o il Cinque di Spade.

Puoi sperare che un problema si risolva da solo e non dovrai così litigare con persone difficili o incappare in questioni spinose. Oppure ti stai ingannando pensando di poter sopportare tutto questo anche quando, nel profondo del tuo cuore, sai che è ora di affrontare la situazione. È naturale voler evitare il disagio, ma il Sei di Spade significa che devi spingerti oltre la tua zona comfort anche se ti sentirai "strano". Quel disagio può essere un segno positivo che la tua crescita sta finalmente avvenendo, quindi senti dentro di te quell'energia di cambiamento e lascia che ti incoraggi a continuare e ad andare avanti per espanderti come persona. In alcuni casi il Sei di Spade suggerisce che stai resistendo ad una profonda trasformazione perché credi che sia qualcosa che ti viene imposto dall'esterno. Invece hai bisogno di sentire che parte tutto da te. Per esempio, il tuo partner potrebbe avere la necessità di trasferirsi per lavoro e tu devi andare con lui. Ciò che è importante non è se stai subendo o meno questo cambiamento, ma se esistono vantaggi in questa nuova dinamica proposta. Inizia a pensare se in questo trasferimento possa nascondersi un bene oppure un'occasione per te. Quest'opera di affermazione di se stessi ci permette di allinearci con i nostri valori più alti.

Il Sei di Spade significa che stai cercando di andare avanti nella tua vita, ma fai fatica a farlo e tendi a rivangare affari incompiuti, conflitti irrisolti o lezioni di vita che devi capire prima di concederti il lusso di muovere passi verso il futuro. Se senti di non avere gli strumenti a disposizione entra nell'ottica che devi fare il meglio con ciò che hai. Infine, il Sei di Spade suggerisce che potrebbero esserci momenti in cui l'incertezza del futuro ti immobilizza oppure, anche avendo deciso di muovere i primi passi, l'indecisione la fa da padrona soprattutto se ti tormenti chiedendoti sempre quale sarebbe stata l'opzione migliore da scegliere. In questo caso la carta è un gentile incoraggiamento a scivolare in avanti ricordandoti che stai andando verso un futuro migliore.

Lo Avevi Notato?

Dal corpo della vegetazione centrale, vediamo spuntare una bacca nera. È un chiaro rimando ad un futuro incerto, che può spaventare, ma che nasconde in sé il germe di una nuova speranza.

Le Mie Parole Chiave

Fare del nostro meglio con ciò che abbiamo a disposizione. Insicurezza per un futuro ignoto. Lasciare andare qualcosa che ci imprigiona.

Le Tue Parole Chiave

Sette di Spade

Tradizionalmente il Sette di Spade indica il sotterfugio, l'inganno ed il tradimento. Potresti cercare di farla franca con qualcosa e stai sgattaiolando alle spalle di altre persone sperando di passare inosservato. Se sei fortunato potresti farcela mantenendo il tuo segreto intatto, ma qualora fossi sfortunato ed altri scoprissero l'inganno, allora la vergogna e l'imbarazzo sarebbero dietro l'angolo ad aspettarti.

Sii consapevole che ogni volta che usi l'astuzia o l'inganno per ottenere un vantaggio su qualcuno o su qualcosa rischi di essere scoperto. Di contro potresti essere tu la vittima di un tradimento. Altre persone non sono sincere con te e potresti non esserne a conoscenza. Così, magari, ti stai fidando di qualcuno che si rivelerà essere responsabile di qualche tradimento. Ecco perché è importante fare attenzione a qualsiasi comportamento subdolo tu possa percepire.

Il Sette di Spade sottolinea l'importanza della strategia in ciò che fai. Magari non sei in grado di fare tutto in una volta e, sotto certi aspetti, nemmeno dovresti. Inizia a dire di sì solo ai progetti più importanti. Questa carta suggerisce anche che potresti usare scorciatoie per ottenere ciò che desideri invece di seguire diligentemente il processo. Forse è necessario dover trovare modi per risolvere rapidamente il tuo problema o per raggiungere i tuoi obiettivi. In questo caso ti conviene pensare a come agire in modo alternativo, ma non fraudolento.

A volte il Sette di Spade suggerisce la necessità di mettersi al primo posto per ottenere quello che vogliamo, anche se questo significa deludere le altre persone o mettere fuori gioco qualche avversario. Per esempio ti potrebbe essere chiesto di partire per lavoro al fine di partecipare ad un evento importante, ma questo significherebbe perdere il compleanno di tuo figlio, quindi declini l'opportunità del viaggio anche se sai che sconvolgerà il tuo capo. Il punto è questo: non puoi essere tutto per tutti e, a volte, devi mettere al primo posto le tue priorità anche se gli altri potrebbero non essere d'accordo con te.

Lato Ombra

Il Sette di Spade significa che soffri della sindrome dell'impostore. Dubiti di te stesso e delle tue capacità. Per esempio, se hai avviato una nuova attività, potresti iniziare ad avere dei dubbi sulle tue conoscenze o qualità, oppure sul fatto che non sei nessuno per poter fare quello che stai facendo. Sappi che non è il tuo Sé Superiore a parlare, ma solo l'ansia e la paura. Esci dalla tua testa e confida di avere tutto il necessario per rendere la tua nuova impresa un successo.

Il Sette di Spade, nel suo lato ombra, rimanda anche alla mancanza di determinazione, alla voglia di utilizzare qualche sotterfugio per raggiungere un traguardo oppure all'assenza di coraggio e di decisione. È opportuno rispolverare questi valori prima di andare avanti. Allo stesso modo, l'Arcano significa che stai ingannando te stesso, cercando di indurti a credere in qualcosa anche se non è ben integrata con la tua essenza. Questo ti farà stare solo tanto male in futuro. Puoi tentare di illuderti che tutto vada bene quando, in realtà, nulla sta andando per il verso giusto. In questo caso la carta rappresenta il momento in cui devi prendere di petto la situazione e lavorarci su al fine di capire cosa non sta procedendo come dovrebbe. Il Sette di Spade significa che c'è in atto un inganno interiore. Inizia a lavorare sulla tua chiarezza di intenti. Ricorda anche che questo Arcano rappresenta il mantenimento di alcuni segreti che rimangono nascosti. Potresti celare qualcosa di oscuro che speri non venga mai rivelato, oppure, qualcuno sta nascondendo qualcosa a te. Ad ogni modo, mantenere questo segreto può portare a stress e a forti tensioni oltre che a profondi sentimenti di colpa e di vergogna. Sebbene il pensiero di confessare possa essere orribile, ti libererà dalle emozioni negative che stai vivendo. Devi perdonare te stesso e confidarti con qualcuno di cui ti fidi. Di conseguenza ti sentirai molto più leggero.

Il Sette di Spade significa che sei coinvolto in una relazione o in qualcosa di extra-coniugale nella quale, però, sta crescendo una certa riluttanza. Forse percepisci il peso della farsa ed inizia a farsi strada l'idea di lasciar perdere la situazione o di far uscire tutto allo scoperto. Avendo la carta un'energia di esteriorizzazione, allora il consiglio è quello di non contrapporsi agli eventi e cercare di buttare fuori ciò che è celato. Se dovessi riassumere il tutto, direi che è importante discernere le scelte comode sul breve periodo (ma devastanti sul lungo) da quelle scomode nell'immediato, ma arricchenti in futuro.

Lo Avevi Notato?

L'ornamento del pomolo giallo non è perfettamente geometrico. Due linee sulla destra sono più ravvicinate. Per quanto l'intelletto possa essere un'arma affilata e forgiata, ci sarà sempre una parte priva di equilibrio e direzione.

Le Mie Parole Chiave

Determinazione. Evitare il sotterfugio. Atteggiamento deciso e coraggioso.

Le Tue Parole Chiave

Otto di Spade

L'Otto di Spade rivela che ti senti intrappolato e limitato dalle circostanze. Credi che le opzioni siano limitate o che non esista nemmeno una via d'uscita. Potresti avere una reazione violenta, una quantità significativa di debiti o una situazione fuori allineamento con il tuo essere interiore. Ti senti intrappolato tra l'incudine ed il martello senza alcuna risoluzione disponibile. Tuttavia prendi nota che bisogna solo avere il coraggio e permettere alla nostra natura essenziale di liberarsi dai legami autoimposti che ci trattengono.

Quando l'Otto di Spade appare in una lettura di Tarocchi è come un avvertimento che i tuoi pensieri e le tue convinzioni non ti servono. Non sono utili. Potresti pensare troppo alle cose, crearti schemi negativi o limitanti. Forse consideri sempre e solo lo scenario peggiore. E più pensi alla situazione e più ti senti bloccato e senza opzioni. È tempo di uscire dalla tua testa e lasciare andare i pensieri logoranti. Quando cambi i tuoi pensieri cambia la tua realtà. Sostituisci le parti negative a quelle positive, le situazioni limitanti a quelle funzionali per un cambiamento. L'Otto di Spade ti assicura che esiste una via d'uscita dalla situazione attuale. Hai solo bisogno di una nuova prospettiva. Le risorse di cui necessiti ci sono, ma spetta a te utilizzarle in modo che servano davvero. Qualcuno potrebbe apparirti in aiuto o potrebbero esserci soluzioni alternative che non hai esplorato completamente. Ecco perché devi essere aperto e trovare la risposta piuttosto che farti bloccare dal problema. Qualora stessi affrontando la situazione con una mentalità da vittima, sappi che questa ti limita molto. Potresti sentire che non è colpa tua e che sei stato messo nei guai contro la tua volontà. Ma a cosa ti serve questa energia? È imperativo che tu riprenda il tuo potere e la tua responsabilità personale. Apri gli occhi a tutte le opzioni di fronte a te. Non sei impotente!

A volte questa carta indica che sei confuso sul fatto di restare o andare, soprattutto se ti ritrovi in una situazione difficile. Hai un piede dentro sperando che le cose possano in qualche modo funzionare, ma l'altro piede è fuori dalla porta pronto ad andare. Ti preoccupi che entrambe le opzioni possano portare a conseguenze negative, quindi rimani bloccato dove sei. Ancora una volta, questa carta ti chiede di uscire fuori dalla tua testa e di cercare di vedere come i tuoi pensieri possono supportarti al fine di farti uscire dalla prigione dell'intelletto.

Lato Ombra

L'Otto di Spade significa che le convinzioni limitanti che ti affliggono da tempo ti stanno impedendo di andare avanti. Potresti dire a te stesso che non meriti un successo, un riconoscimento oppure l'abbondanza. Potresti addirittura concludere che sei troppo vecchio per raggiungere un determinato risultato o, peggio ancora, che quell'impedimento è troppo grave per permetterti di andare avanti. Tutta questa spazzatura mentale è in grado di fermare ogni tuo progresso, rendendo sterile qualsiasi altro sforzo. È normale sentirsi addosso dei limiti, ma quando diventano troppo invalidanti allora è doveroso ragionarci su. Alla luce di questa consapevolezza diviene opportuno lavorare per cambiare il proprio sistema di credenze. Inizia a capire quando uno schema di pensiero negativo ti sta imprigionando e studia come rompere le catene. L'Otto di Spade significa che stai passando un periodo di rinunce estremamente pesante che non ti permette di godere appieno della vita. Ecco perché la rigidità emotiva e la rigidità intellettuale ti remano contro. I divieti e gli impedimenti sono sempre più grandi fino a farteli percepire come una sorta di punizione oppure di ingiustizia.

Nel suo aspetto ombra, l'Arcano suggerisce anche che sei più incline al dialogo interiore negativo ed alla sofferenza inflitta dal tuo critico intimo personale piuttosto che all'estroversione ed alla leggerezza. Ogni volta che provi a fare qualcosa non ti senti mai abbastanza e questo, purtroppo, non ti permette di andare avanti. Questa carta invita a sviluppare doti quali l'empatia o la telepatia. L'Otto di Spade significa anche che gli scheletri nell'armadio devono essere tirati fuori. Consenti a te stesso di lasciare andare i vecchi modelli di comportamento e tutti i sistemi di credenze che ti trattengono. La carta può mostrare che ti stai uccidendo nella negatività e non riesci a muovere un passo senza insultare il tuo Sé Superiore. Certo, puoi vedere la luce alla fine del tunnel e puoi creare una realtà più positiva per te stesso, ma è importante capire come muovere i primi passi senza dare retta al tuo critico interiore. L'Otto di Spade compare a tutte quelle persone che si trovano a vivere un momento difficile, non sono aperte al cambiamento ed all'accettazione oltre che aver fatto dell'inamovibilità il loro stendardo di battaglia. Puoi riflettere su ciò che ha funzionato in passato e ha cambiato il tuo modo di fare qualcosa. Riconosci le opzioni che hai di fronte e rifiuta di interpretare il ruolo della vittima, assumendoti una maggiore responsabilità per dove ti trovi nel momento presente.

Lo Avevi Notato?

L'intreccio superiore delle spade risulta essere sbagliato. Una linea, infatti, rompe la geometria dello schema. Questo è un chiaro rimando al fatto che la perfezione intellettuale è solo una trappola che non ci permetterà di progredire.

Le Mie Parole Chiave

Razionalizzare. Sentirsi bloccati nella ragione. Divieti. Rinunce. Mirare all'essenziale.

Le Tue Parole Chiave

Nove di Spade

Il Nove di Spade suggerisce che pensieri oscuri e sentimenti inquietanti ti stanno appesantendo, forse tenendoti sveglio la notte. Ti preoccupi eccessivamente per una situazione ed i pensieri negativi hanno la meglio su di te. Lo stress e l'ansia cresce. Più ti associ alle tue paure e più queste governano la tua vita. Man mano che ciò che non funziona ti ossessiona, diventi ansioso e perdi di vista la visione globale della situazione. È una sorta di ciclo negativo che si autoalimenta in cui un pensiero orribile ne porta ad un altro, un altro ed un altro ancora fino a quando non ti senti affogare. Proprio come le nove spade formano un reticolato, così anche i tuoi pensieri negativi ti ingabbiano. Fa attenzione perché la preoccupazione nel Nove di Spade può diventare una profezia che si autoavvera. Man mano che sei ossessionato da ciò che potrebbe andare storto è più probabile che manifesti il tuo scenario peggiore perché stai agendo inavvertitamente in modi che supportano i tuoi pensieri negativi. Ad esempio, potresti temere che il tuo partner ti tradisca anche se non hai realmente trovato segni di infedeltà. Più ti preoccupi di questo potenziale risultato e più la tua ansia allontanerà il tuo partner finché, un giorno, si sentirà completamente disconnesso da te ed inizierà una nuova relazione con un'altra fiamma. Quando ripeti i pensieri negativi nella tua mente corri il rischio di manifestarli nella realtà, quindi il Nove di Spade ti chiede di interrompere questo ciclo. Ogni volta che emerge un'emozione negativa prova a sostituirla con una positiva.

Il Nove di Spade ti ricorda che gran parte della paura e della preoccupazione che stai vivendo sono nella tua testa e non rappresentano necessariamente un riflesso accurato di ciò che sta accadendo intorno a te. Potresti addirittura peggiorare le cose pensando troppo oppure ossessionandoti sugli scenari peggiori. È tempo di esaminare la situazione da nuove prospettive. Invece di cercare prove di ciò che sta andando storto, concentrati su quello che realmente c'è sotto i tuoi occhi. Fa un respiro profondo e renditi conto che - forse - la vita non è così terribile come ti appare in questo momento. Spesso il Nove di Spade compare quando la preoccupazione, la disperazione e l'ansia alterano i tuoi cicli sociali e tendono a farti isolare dal mondo circostante. Quando si trova in una lettura è tempo di chiedere un appoggio. Non devi provare ad agire da solo. Cerca di ottenere il sostegno degli altri per aiutarti a superare questo periodo oscuro della tua vita. Le persone ti aiuteranno a vedere la luce alla fine del tunnel e ti condurranno verso una soluzione o un senso di pace, nonostante i tuoi problemi. Stai lottando per capire chiaramente la tua situazione perché sei afflitto da pensieri negativi ed avere una prospettiva obiettiva e di terze parti ti aiuterà a trovare una via d'uscita.

Lato Ombra

Il Nove di Spade significa che stai vivendo un profondo tumulto interiore a causa della tua mentalità. Senti le cose in modo peggiore rispetto a quello che realmente sono. Puoi provare a mantenere le tue preoccupazioni personali per te, ma se stai lottando per tenere la testa fuori dall'acqua, potrebbe essere il momento di confidarti con gli altri e cercare il loro aiuto ed il loro supporto. C'è che ti offrirà una nuova prospettiva, chi una spalla sulla quale piangere e chi allevierà parte del tuo stress o della tua tensione. Il Nove di Spade significa che la paura ti sta assalendo e stai permettendo a questa energia destabilizzante di ostacolare l'espressione del tuo pieno potenziale. Fa attenzione perché questo potrebbe causare la perdita della tua forza vitale e dell'entusiasmo. L'Arcano mostra anche che non puoi fare passi avanti perché l'angoscia ti attanaglia. È tempo di fermarti e valutare quali paure sono realmente giustificate e quali no. Impara a lasciare andare le convinzioni limitanti, le paure paralizzanti ed i dubbi su te stesso. L'Arcano suggerisce che ti stai criticando in modo aspro ed indegno. Ti sminuisci e ti impegni moltissimo in un dialogo interiore negativo. Quindi, quando questa carta appare nel suo aspetto ombra, chiediti perché ti fai del male. Cosa puoi fare per sentirti meglio? Come ti stai auto sabotando? Qual è la sorgente della tua forma depressiva? Potrebbe essere necessario fare uno sforzo più consapevole per abbandonare il dialogo interiore negativo e sostituirlo con un rinforzo positivo. Questo sarebbe proprio un lavoro ben fatto!

Il Nove di Spade ha a che fare con una preoccupazione importante che, però, puoi fronteggiare per raggiungere un successo poco sperato. Potresti esserti reso conto che le cose non sono poi così brutte come le avevi immaginate. Rilassati e cerca di distendere le tue energie mentali. Ricorda che portare all'eccesso l'intellettualizzazione, soprattutto quando non hai possibilità di confronto, genera suggestioni diaboliche. Ricorda infine che, qualora fossi impossibilitato a reagire ad uno stato depotenziante o depressivo, allora è opportuno rimetterti fisicamente in moto, andando a correre o facendo attività fisica.

Lo Avevi Notato?

Il bocciolo in alto a destra, a differenza degli altri tre, è chiuso. Questo potrebbe significare che un'idea stressante o destabilizzante non ci permette di farci aprire al nostro pieno potenziale.

Le Mie Parole Chiave

Ansia e paura. Momento di riflessione e di raccoglimento. Visione della realtà poco lucida.

Le Tue Parole Chiave

Dieci di Spade

Il Dieci di Spade segna un finale doloroso, ma inevitabile. Ad esempio una relazione potrebbe interrompersi bruscamente o il tuo lavoro potrebbe subire dei cambiamenti drastici. È come se questo finale fosse uscito dal nulla e avesse scosso il tuo mondo. Non avresti mai potuto aspettartelo, ma ora è successo tagliando nel profondo e lasciandoti come se il mondo si fosse sbriciolato intorno a te. Stai soffrendo per il dolore di questa perdita scioccante e ti chiedi se troverai la forza per iniziare un nuovo percorso oppure se riuscirai a fidarti di nuovo.

Quando questa carta appare in una lettura dei Tarocchi potresti essere vittima del tradimento o dell'inganno di qualcuno. Ti senti come se fossi stato pugnalato alla schiena e stessi vacillando. Una persona a te vicina ti potrebbe tradire, un collega potrebbe diffondere delle voci fastidiose su di te o un membro della famiglia venire meno alla fiducia che gli hai accordato. Il dolore inflitto è profondo, non perché quello che hanno fatto è doloroso di per sé, ma perché sai – sotto sotto - che questo segna la fine di una relazione così come la conosci ad oggi.

Il Dieci di Spade può suggerire che stai assumendo il ruolo di vittima sperando che gli altri abbiano pietà di te e ti salveranno dalla disperazione. Ora, non puoi cambiare le azioni di un'altra persona, ma puoi cambiare il modo in cui rispondi a quelle azioni. Anche se sei stato ferito o tradito, puoi scegliere di rialzarti e di andare avanti con la tua vita. In questo modo il Dieci di Spade ha molto a che fare con l'accettazione delle circostanze attuali. Devi riconoscere la necessità del cambiamento per facilitare il rinnovamento e permettere che avvenga, piuttosto che combatterlo e rifiutarlo categoricamente. La buona notizia è che, come tutti i 10, rappresenta la fine di un ciclo e - quindi - anche il pieno impatto di ciò che è accaduto prima di poter andare avanti. Sarà facile? No. Ma questa prova non durerà per sempre! Alzati e rifletti su cosa ti è successo. Ora sei in grado di capire appieno il tuo percorso. Quando lo fai il dolore e la preoccupazione svaniranno e presto capirai perché tutto questo doveva accadere proprio a te. Ciò che hai sopportato non è stato senza scopo. Usa il potere della comprensione per imparare dal tuo dolore e trarre saggezza dalla sconfitta. L'ora più buia sta per finire.

Lato Ombra

Il Dieci di Spade significa che stai combattendo un cambiamento oppure una fine inevitabile. Non sei pronto ad affrontare quello che sta accadendo. Tuttavia, più resisti e più questa situazione continuerà a trascinarsi avanti. È il momento di togliere la benda dai tuoi occhi e farla finita di rimandare e di rallentare ciò che deve essere fatto. Abbi fiducia che tutto ciò che sta accadendo proprio ora nella tua vita, ha una ragione di esistere. Anche se può essere difficile capire cosa stai attraversando, sappi che tutto può incentivare la tua crescita personale.

Il Dieci di Spade significa che una situazione nel tuo passato è finita male. Stai portando con te delle ferite, ma le hai nascoste in modo così importante che non ti rendi nemmeno più conto che sono presenti. Questi vecchi dolori devono essere affrontati una volta per tutte. Può essere difficile tornare indietro, ma è l'unico modo per liberarti da questo dolore e lasciarlo andare definitivamente. L'Arcano significa che devi evitare di buttarti in qualsiasi confronto perché non stai duellando ad armi pari. Anche le persone che si proclamavano tue alleate potrebbero voltarti le spalle. Rimarresti solo, afflitto e senza scopo. Il Dieci di Spade significa che devi rivalutare le circostanze e lasciare andare ciò che non è più funzionale al tuo equilibrio ed alla tua realizzazione. Piuttosto che soffermarti sul tuo passato è essenziale voltare pagina e renderti conto di come, molti dolori, ti abbiano in realtà portato a grandi consapevolezze. Usale per partire nuovamente su un percorso più affine al tuo Sé Superiore.

La carta è un invito a renderti conto del fatto che tutta la tristezza, la nostalgia e le emozioni negative che hai provato stanno finendo. Dovresti iniziare qualche lavoro in grado di permetterti di rilasciare i ricordi e darti l'opportunità di andare avanti con maggiore speranza per il futuro. Ricorda anche che questa carta compare in caso di tradimenti, inganni e persone che ti pugnalano alla schiena. Il dolore inflitto è profondo, ma non perché è doloroso ciò che ti è stato fatto, quanto perché questo segna la fine di una relazione, di un'amicizia o di una dinamica sulla quale avevi riposto molta fiducia. Entra nell'ottica che l'Arcano è una sorta di ultima prova. L'ora è più buia prima dell'alba.

Lo Avevi Notato?

La spada di sinistra sembra essere rotta. Quando esce dall'intreccio basso, non è formata. Inoltre tocca con la punta il reticolato destro, mentre la spada di sinistra, che passa sopra all'altra, non arriva a congiungersi con le altre lame. Questo dettaglio indica i duelli ad armi impari. Ecco perché bisogna cercare assolutamente degli alleati oppure evitare di scontrarsi apertamente con gli altri.

Le Mie Parole Chiave

Cercare alleati. Evitare gli scontri. Confronto ad armi impari.

Le Tue Parole Chiave

Paggio di Spade

Il Paggio di Spade è una carta che indica forti dubbi sulle proprie capacità o sulle proprie idee. È una tappa di confusione e poca esperienza. Di contro, non manca di energia e di entusiasmo. Potresti infatti essere felice di iniziare un nuovo progetto, perseguire un nuovo approccio o imparare qualcosa che non conoscevi. Hai così tanta energia che ti senti come se potessi fare quasi tutto. La vera sfida è continuare in questo modo... sul lungo periodo! Ce la farai a lasciare inalterata questa energia?

Come con tutti i paggi, l'inizio sembra promettente anche se esistono dei profondi dubbi. C'è bisogno di qualcos'altro per tenere il passo e stabilizzare l'avvio. Il Paggio di Spade viene spesso estratto quando esplori un nuovo modo di pensare: una nuova idea, una nuova prospettiva, una nuova conoscenza o una nuova tecnica. Hai una mente curiosa e sei assetato di sapere. Vuoi scoprire cose nuove. Mentre esplori questo nuovo modo di pensare ti ritrovi a fare molte domande e a raccogliere quante più informazioni possibili. Sei anche in una fase esplorativa e, non padroneggiando ciò che cerchi, sei incline a commettere errori lungo la strada. Ma qui viene il bello: la tua curiosità ti permette di imparare anche da questi errori.

Poiché le spade si riferiscono, oltre che al mentale, anche alla parola ed alla comunicazione, il Paggio di Spade suggerisce che stai esplorando un modo diverso di esprimerti con gli altri e di comunicare le tue opinioni. Potresti essere attratto dal parlare in pubblico, scrivere un libro oppure un blog, avviare un podcast o essere più presente sui social media. Sei un ottimo comunicatore e devi fare il passo successivo per condividere il tuo messaggio con il mondo. Ancora una volta, questa è la fase esplorativa, quindi cerca di essere aperto a tutti quei nuovi modi di esprimerti e scoprire dove si trovano i tuoi talenti interiori.

Lato Ombra

Il Paggio di Spade significa che ti stai trattenendo dall'esprimere un'opinione, un'idea, una verità oppure qualcosa in cui credi veramente. La situazione diventa ancora più soffocante quando il bacino d'ascolto è grande. Preferisci esprimere i tuoi pensieri e le tue opinioni in privato o solo con le persone che rientrano nella tua cerchia intima. Oppure, il Paggio di Spade significa che hai un punto di vista particolare su un problema che affligge più persone, ma non hai ancora calibrato e definito il tuo messaggio. Se hai bisogno di una piccola spinta per rendere manifeste le tue idee e le tue opinioni, potrebbe essere necessario lasciare andare la paura e gridare ciò che pensi anche da sopra i tetti!

A volte il Paggio di Spade significa che parli tanto, ma agisci poco. Questo è un tratto comune con Il Bagatto degli Arcani Maggiori. Fa molta attenzione a fare promesse che sai di non poter mantenere o a dire cose di cui poi ti pentirai. Prima di promettere qualcosa a qualcuno, o di prendere un impegno specifico, assicurati di poterlo mantenere e di poterlo rispettare, al fine di preservare la tua integrità e la tua reputazione. Inoltre, il Paggio di Spade significa che devi diffidare degli impegni che gli altri si prendono con te ed inizia a mettere in atto misure adeguate a garantire che tutti mantengano ciò che hanno promesso. Questa carta può essere anche rappresentativa di una persona che vuole cercare di impressionarti con grandi storie ed aneddoti anche se poi, sotto sotto, non riesce mai ad arrivare al punto. L'Arcano indica che i tuoi dubbi e le tue incertezze sono così grandi da paralizzarti e non permetterti di sviluppare, in modo adeguato, la tua idea. Stai agendo troppo frettolosamente, senza pensare alle conseguenze. Hai molta energia dentro di te, ma non la stai usando in modo efficace. Affronta le cose una alla volta piuttosto che cercare di gestire tutto insieme. Per quanto strano possa sembrare, questo ti porterà a risultati molto più significativi.

Poiché a questo ragazzo piace porre domande su domande, quando il Paggio di Spade compare nel suo aspetto ombra significa che stai infastidendo gli altri con i tuoi quesiti, le tue interruzioni ed anche la tua inesperienza. Certo, magari stai solo cercando di capire meglio una situazione oppure un concetto, ma cerca di valutare quali sono i modi più costruttivi per affrontare tutto questo. Sarebbe opportuno iniziare ad usare frasi come: "Aiutami a capire…" oppure "So che ne sai più di me e quindi mi piacerebbe confrontarmi su questo aspetto…". Sii consapevole di come potresti apparire agli altri e metti in discussione le tue idee, nella consapevolezza che ci sarà sempre qualcuno in grado di insegnarti qualcosa.

Lo Avevi Notato?

Il fodero della spada ha due colori: la parte alta è rosa, mentre la parte bassa si fonde con il giallo del terreno. Forse c'è qualcosa che ingabbia la nostra idea e ci radica profondamente a terra. Allora sorge un dubbio se rimanere ancorati ad un sistema di valori preesistente oppure sguainare le nostre credenze e permetterci di seguire la via dell'autenticità.

Le Mie Parole Chiave

Dubbio e indecisione. Trovare il modo di comunicare le proprie idee. Non lasciarsi fermare dal dubbio.

Le Tue Parole Chiave

Cavaliere di Spade

Come con tutti i cavalieri dei Tarocchi, anche quello di spade è una persona in missione. Una volta che ha deciso qualcosa, niente lo può fermare. E come carta di spade, questo cavaliere usa attivamente il potere del suo intelletto per raggiungere i propri obiettivi. Quando l'Arcano appare in una lettura dei Tarocchi è un segno che sei molto motivato, ambizioso ed orientato all'azione. Sei così fortemente sul pezzo che non ti fermerai davanti a nulla. Le sfide, le difficoltà e gli ostacoli sul cammino da percorrere non ti turbano perché sai dove vuoi andare. Va' avanti con forza e determinazione e fa accadere le cose. Il Cavaliere di Spade suggerisce che sei veloce nell'agire e tendi a non pianificare in anticipo, preferendo invece immergerti subito nella questione. Prosperi con alti livelli di energia che ti spingono in avanti e ti ispirano ad agire per manifestare i tuoi desideri. Questa carta ti ricorda di essere risoluto nell'ottenere ciò che desideri. Non tirarti indietro per aspettare che qualcosa accada. Fa' sempre la prima mossa e persegui attivamente i tuoi obiettivi. Puoi sfruttare questa energia anche nella tua vita essendo lungimirante e proattivo. Vedi te stesso come il creatore del tuo futuro e sii pronto a compiere i passi necessari per realizzarlo. Il rovescio della medaglia è che, a volte, agisci troppo rapidamente e non hai riflettuto a fondo sulle cose. Potresti non essere a conoscenza delle potenziali sfide, dei rischi che ti ostacoleranno o delle conseguenze indesiderate delle tue azioni. Potresti addirittura essere incline ad affrettare le cose o a "tagliare gli angoli" per portare velocemente a termine un lavoro. Oppure potresti perseguire un obiettivo specifico pensando che sia proprio quello che vuoi, ma in seguito ti renderai conto che è fuori allineamento con chi sei e con cosa speravi di ottenere. A volte un po' di pianificazione e di preparazione può fare molto.

Il Cavaliere di Spade rappresenta anche il tuo bisogno di comprendere il mondo da un punto di vista intellettuale. Hai capacità di comunicazione ben sviluppate e puoi facilmente lanciarti in argomenti solidi ed opinioni su questioni importanti e di attualità. Ti piace interagire con gli altri in modo da poter condividere le tue idee e sviluppare nuovi pensieri e nuovi punti di vista. Potresti essere adatto a gruppi di discussione con persone che la pensano allo stesso modo al fine di incoraggiarvi a vicenda e motivarvi lungo il percorso.

Lato Ombra

Il Cavaliere di Spade significa che sei pieno di energia e di motivazione, ma non puoi incanalare e rilasciare questa energia in modo efficace. Forse sei irrequieto o ti stai frustrando perché vuoi agire, ma qualcosa ti sta trattenendo. Possiamo parlare di un tempismo sbagliato, del fatto che non hai abbastanza risorse oppure che stai facendo affidamento su qualcuno che non è pronto. Devi trovare modi alternativi per rilasciare questa energia, altrimenti finirai per scoppiare.

Il Cavaliere di Spade suggerisce che hai voglia di fare qualcosa, ma non hai una vera e propria direzione. Così finisci solo per prendere decisioni avventate ed impulsive. Fa attenzione: potresti trascinare qualcuno nella rovina insieme a te. I tuoi pensieri sono in subbuglio, si disperdono facilmente e cambi continuamente idea. Se ti trovi in una posizione di comando, puoi essere confuso, oltre che confondere le persone attorno a te. Anche se stessi affrontando un percorso in solitaria, sappi che la tua mentalità guerrafondaia e disorganizzata non può aiutarti ad avere successo. Potrebbe essere necessario fare un piccolo check per vedere quali idee sono degne di essere perseguite e quali bisogna scartare. Certo, ci vorrà disciplina mentale per portare a termine il compito. Devi solo chiederti se ne sei all'altezza.

Il Cavaliere di Spade significa che è necessario rallentare perché sei a rischio di un grave esaurimento. Vuoi essere coinvolto in tutto, ma non stai riuscendo in nulla. Il motivo? La tua energia è vagante e dispersiva. Senti che il carico di stanchezza cresce e, allora, devi prenderti un po' di tempo per radicarti, raccogliere i tuoi pensieri e concentrarti sulle tue priorità. Ricorda anche che l'Arcano significa che devi andare a fare esperienza pratica, mettendo in gioco le tue idee senza aver paura di fallire. Mentre sei lanciato alla ricerca dell'indipendenza e della libertà, potresti commettere dei grandi errori a causa della tua natura impaziente e sconsiderata. Se è vero che commettere errori è naturale, allora dovrà essere altrettanto naturale renderti conto che sbagliare è parte integrante del tuo viaggio. Non esiste persona arrivata che non sia caduta più e più volte facendo tesoro dei suoi fallimenti.

Lo Avevi Notato?

Quello del Cavaliere di Spade, è l'unico cavallo ad avere entrambe le zampe anteriori sollevate, come se fosse imbizzarrito. Questo ci parla dell'irruenza con la quale mandiamo avanti le nostre idee. A tal proposito, lo sapevi che nelle statue, la posizione delle zampe del cavallo è esplicativa di com'è morto il cavaliere che lo cavalca? Quando il cavallo ha due zampe sollevate da terra, il nostro cavaliere è morto combattendo. Se invece il cavallo viene raffigurato con una zampa sollevata, la morte è avvenuta in seguito ad una ferita riportata in battaglia.

Le Mie Parole Chiave

Possibile direzione sbagliata. Portare avanti un'idea con decisione. Mettere tutta l'energia e la combattività per difendere i nostri ideali.

Le Tue Parole Chiave

Regina di Spade

La Regina di Spade combina la chiarezza mentale ed il potere intellettuale del seme di spade con la maturità e la ricettività delle regine. Ha il dono di usare il suo intelletto ed il suo giudizio imparziale pur rimanendo flessibile ed aperta a ricevere input da altre fonti. Quando ci troviamo al cospetto di questa donna possiamo pensare ad una persona fredda, ma giusta. Potrebbe essere schiva ed autoritaria. È una guerriera che non ci penserebbe due volte a mettersi sulla difensiva e a difendere i suoi beni.

La Regina di Spade vuole sapere come, cosa, perché, dove, quando e chi di tutto. Si connette con le persone attraverso una comprensione intellettuale importante. È determinata, indipendente e resiliente. Qualcuno potrebbe essere intimidito da questa figura, ma una volta superato il suo aspetto duro e sviluppato un senso di fiducia e di rispetto, è possibile intravederne il lato più morbido. Quando compare in una lettura dei Tarocchi significa che non bisogna tollerare menzogne, eccessive confusioni o mezze verità. È preferibile entrare nel vivo della questione senza troppe chiacchiere o pettegolezzi.

Lato Ombra

La Regina di Spade significa che stai permettendo alle tue idee di avere la meglio su di te. Forse i tuoi pensieri sono particolarmente limitanti o, forse, hai subito delle ferite nel passato che non ti permettono di osservare il mondo in modo chiaro e trasparente. Potresti essere intellettualmente coinvolto in un particolare problema che drena in modo innaturale la tua energia. Questo distorce la percezione della situazione. Così, dal punto di vista appena affrontato, la Regina di Spade ha a che fare con la necessità di fermarsi un attimo, respirare profondamente e cercare di non sovrapporre diversi pensieri che possono confonderti. Forse puoi provare a lavorare su doti come la medianità o la telepatia per "allenare" la tua parte più rigida e trascenderla.

La Regina di Spade significa che siamo al cospetto di una donna fredda, che non si lascia andare alle emozioni e che potrebbe ricorrere a piccole ingiustizie per raggiungere il suo scopo. Dietro il senso schivo ed autoritario, purtroppo, non si nasconde nulla di buono e, quindi, è opportuno capire quanto potere dobbiamo (e possiamo) accordarle nella nostra vita. È una guerriera molto forte ed indipendente che non ha realmente bisogno degli altri. La carta esce quando ci troviamo di fronte ad una particolare situazione per la quale, pur di raggiungere il nostro scopo, rischiamo di creare dei danni molto più grandi ed importanti rispetto a quello che farebbe l'accettare le piccole sconfitte. La Regina di Spade significa che le tue relazioni non stanno andando particolarmente bene. Potrebbe esserci una persona che ha una visione estremamente castrante della vita oppure che vuole imporre le sue idee. Forse stai addirittura permettendo agli altri di dominarti e di influenzare negativamente la tua capacità di prendere decisioni importanti. Così, esiti a perseguire i tuoi piani perché non vuoi importi nel gruppo o, semplicemente, non riesci ad interrompere una relazione poco soddisfacente.

Alla fine dei giochi dovrai essere più deciso, sicuro di te ed assertivo. Con un'analisi accurata, un alto grado di obiettività ed un'attenta considerazione delle opzioni a disposizione, potresti capire chi risuona con te e chi è meglio lasciare andare. Questo non significa che le persone che allontanerai saranno necessariamente "brutte persone", ma che in questo particolare momento della tua vita non sono in linea con il tuo Sé Superiore.

A volte, la Regina di Spade significa che c'è del risentimento, della rabbia o addirittura dell'odio nei tuoi confronti. Non ti sarà fatto alcun credito di compassione o gentilezza. Questa carta può anche rappresentare una parte di te che si palesa in questo modo. E, allora, è opportuno capire se questa energia destabilizzante e negativa possa trovare un'applicazione migliore in altri ambiti. Infine, l'Arcano compare a tutte quelle persone che stanno facendo piazza pulita di sostenitori e contatti, isolandosi dagli altri in modo importante. Questo potrebbe portare ad essere visti come meschini ed intolleranti.

Lo Avevi Notato?

Il trono non è ben definito. Le due colonne ai lati sono asimmetriche: una culmina con una forma tondeggiante, mentre l'altra è dritta. Anche la rifinitura alta, a livello cromatico, non è precisa: la parte sinistra è bianca, mentre quella destra è azzurra. Pur essendo una regina, non si trova in un ambiente reale. Sulla sua pancia, un taglio nero può rimandare ad un parto cesareo o ad una ferita del passato che non si è ancora risanata.

Le Mie Parole Chiave

Donna fredda, ma giusta. Colei che è sulla difensiva e protegge i suoi beni. Guerriera combattiva. Persona schiva ed autoritaria.

Le Tue Parole Chiave

Re di Spade

Il Re di Spade è un simbolo di potere e di autorità intellettuale e ha il coraggio per ottenere tutto ciò che desidera. Quando questa carta appare in una lettura dei Tarocchi sei nel tuo pieno potenziale razionale e puoi governare il tutto da un luogo di autorità e rispetto. Rimani fermo nella tua verità ed esprimi te stesso con profonda convinzione. Di conseguenza, gli altri presteranno attenzione a ciò che hai da dire.

L'Arcano indica che hai una mente lucida e puoi percepire la verità, quindi spetta a te prendere l'iniziativa fornendo un punto di vista obiettivo e prendendo decisioni basate su un giudizio imparziale. Sei in una buona posizione per giudicare la tua situazione in modo appropriato ed identificare eventuali comportamenti limitanti che si frappongono. Sei anche abile a tenere sotto controllo le tue emozioni mentre attingi al tuo potere intellettuale ed alla tua chiarezza mentale per accertare la verità. Vai dritto al punto e arriva direttamente al cuore della questione per la massima efficienza e per il massimo impatto. Sebbene tu possa preoccuparti di non essere particolarmente premuroso o comprensivo con gli altri, questo distacco e ciò di cui hai più bisogno nel momento presente.

Il Re di Spade ti incoraggia ad usare la logica e l'intelletto per navigare sull'oceano da solcare. È opportuno prendere decisioni ferme e ben studiate, rimanendo equo nei tuoi rapporti con gli altri. Devi essere in grado di prendere qualsiasi situazione, guardarla con totale imparzialità e poi lanciarti in una decisione perspicace e ponderata. Spesso la carta rappresenta un consulente professionale come: un avvocato, un consulente fiscale o un direttore. Questo professionista ha una solida reputazione ed una vasta conoscenza nel suo campo. È imparziale ed attinge alla sua esperienza ed alla sua innata comprensione delle regole, dei sistemi e delle strutture per darti consigli ben studiati. Potrebbe - di primo acchito - sembrare distaccato o disinteressato alle tue circostanze personali. Tuttavia, questo modo di procedere ti permetterà di godere oggettivamente dei benefici della sua guida senza coinvolgimenti personali. Il Re di Spade è orgoglioso della sua esperienza e delle sue qualifiche ed è probabile che addebiti una tariffa elevata per i suoi servizi. Tuttavia è in grado di offrire il rigore e le conoscenze specialistiche di cui hai bisogno in questo momento. Se non hai ingaggiato l'aiuto di un esperto, vedere comparire questa carta in una lettura dei Tarocchi ti suggerisce che potrebbe valerne la pena. Richiedi una consulenza legale o finanziaria. Potresti anche godere dei consigli intelligenti di mentori severi, ma giusti.

Lato Ombra

Il Re di Spade significa che stai vivendo una sorta di "potere silenzioso". Potresti non essere la persona più rumorosa nella stanza oppure la più visibile sui social network, ma questo non significa che non hai nulla da dire, anzi. C'è così tanto che puoi dare agli altri! Il tuo potere e la tua autorità provengono da dentro, ovvero dalla tua incrollabile fiducia in te stesso e dalla profonda connessione con i tuoi valori più autentici. Non permettere alle persone di portarti fuori rotta. Cerca di attingere dal tuo Sé Superiore tutto ciò che ti serve per rimanere saldo sulle tue idee. Detto questo, ricorda che stiamo trattando il lato ombra di questa carta e, allora, il Re di Spade significa che potresti essere vittima di un abuso di potere. Forse stai aspettando che l'autorità faccia il suo corso eppure l'ingiustizia ed i ritardi non ti permettono di godere pienamente del risultato che meriti. Oppure sei tu che abusi del tuo potere perché hai accumulato un'autorità significativa, ma questa ti ha dato un po' alla testa ed ora il tuo ego guida completamente ciò che fai. Potresti così usare la tua capacità manipolatoria o persuasoria per soddisfare i bisogni personali, avendo però problemi sociali o relazionali. O, ancora, potresti usare il tuo intelletto sopraffino per far sentire gli altri inferiori e svantaggiati. Così ti viene richiesto di calmare questo modo di fare e rimanere aperto e disponibile verso il prossimo.

Il Re di Spade significa anche che qualcuno si sta mostrando sotto mentite spoglie. Devi fare molta attenzione a valutare e giudicare chi hai davanti. Forse stai passando un momento in cui non ti vuoi occupare completamente di qualcosa del tuo passato, ma è opportuno prendere la situazione in mano e recidere completamente ciò che non ti risuona più. Questa carta esce quando non ci facciamo carico delle nostre responsabilità, non prendiamo decisioni e, soprattutto, scarichiamo sugli altri le nostre colpe. Quando compare in una lettura, significa che qualcuno non è particolarmente intelligente, anche se usa parole grosse e modi affettati per cercare di sembrare tale. Forse potrebbe essere una persona che usa parole taglienti, critico nei confronti degli altri e severo nei modi. Ricorda: questa carta può rappresentare una persona nella tua vita o addirittura te stesso. In ogni caso, devi stare attento perché, sebbene questo personaggio possa essere affascinante ed intelligente, è anche in grado di fare del male. Infatti, nel suo lato ombra, ha in mente solo i suoi interessi personali e farà tutto il possibile per raggiungere i suoi scopi, anche se questo significa approfittarsi di te. Il Re di Spade riflette una mancanza di decisione su dove si trovano le tue migliori opportunità o in quale direzione dovresti andare. Forse non sei mentalmente lucido e non capisci cosa devi fare. I tuoi pensieri sono nebulosi e ti senti in preda al panico o, addirittura, fuori controllo. Dato che quando esce al dritto rappresenta un uomo razionale in grado di usare la sua intelligenza per definire le situazioni, nel suo lato ombra questa carta indica che ti senti perso e poco incline a prendere una posizione ben definita. Di conseguenza, stai rimandando le decisioni che dovrebbero essere prese nell'immediato.

Lo Avevi Notato?

Le due mascherine sulle spalle hanno espressioni diverse: quella di sinistra è sorridente, mentre quella di destra appare più cupa. Questo significa che c'è un forte rischio di coccolarsi nel passato, ma temere ciò che ci riserva il futuro.

Le Mie Parole Chiave

Intelligenza e carisma. Recidere qualcosa del passato senza volersene occupare del tutto. Responsabilità, decisioni e crescita.

Le Tue Parole Chiave

Asso di Denari

L'Asso di Denari, come tutti gli altri Assi dei Tarocchi, rappresenta la potenzialità, i nuovi inizi e le opportunità. Come carta di denari, questi nuovi inizi sono correlati al mondo materiale: finanze, ricchezza, carriera, manifestazione dei tuoi obiettivi e salute. Potresti ricevere una nuova offerta di lavoro, una somma di denaro, una nuova opportunità di business o di investimento e così via. Non importa l'occasione in sé, ma l'Asso di Denari annuncia un senso di prosperità e di abbondanza nelle aree materiali o finanziarie. Indubbiamente è un invito gradito, ma non un giro gratuito di giostra. Come con tutti gli assi nel mazzo dei Tarocchi, questa carta illustra la possibilità di una nuova impresa, ma non ne garantisce il successo. Quel pezzo dipende da te. Considera l'Asso di Denari come una sorta di semaforo verde. Segnala le fasi iniziali della manifestazione dei tuoi obiettivi e ti assicura che puoi veramente ottenere ciò che hai deciso di fare tuo. Le tue idee sono pronte per trasformarsi in qualcosa di tangibile. Questa carta ti incoraggia così a mappare come realizzare le tue ambizioni, creare i piani mirati e mettere in atto quelle azioni specifiche. Tieni gli occhi aperti per avere la possibilità di manifestare i tuoi sogni e realizzare il tuo pieno potenziale interiore.

L'Asso di Denari simboleggia anche la possibilità di ricchezza non solo per il tuo conto in banca, ma anche in senso olistico. Potresti scoprire opportunità per generare una nuova fonte di reddito o ricevere un regalo finanziario. Oppure potresti avere un guadagno inaspettato o la possibilità di creare ricchezza in senso più ampio: felicità, contentezza, realizzazione. Questo asso significa abbondanza in molte aree della tua vita. Se desideri amplificare questa sensazione di prosperità invia il tuo ottimismo e la tua energia positiva. Ne riceverai in cambio molto, ma molto di più.

Lato Ombra

Quando l'Asso di Denari compare nel suo aspetto ombra in una lettura dei Tarocchi potresti sentirti esitante ad andare avanti con un'offerta, un invito o un'opportunità. Questo potrebbe riguardare le tue finanze, la tua carriera oppure i tuoi affari. Potresti anche ritrovarti a dubitare di avere quello che serve per farcela. Non andare avanti finché non sei pronto. Valuta la fattibilità della tua idea ed i suoi potenziali risultati. Conviene mettersi seduti e strutturare un piano molto pratico prima di partire.

Tra i significati di questa carta può essere annoverato un avvertimento su un'opportunità finanziaria che non si dimostrerà tale. Se stai aspettando un aumento di stipendio, un nuovo lavoro, un prestito oppure un'offerta commerciale, allora questo potrebbe cadere inaspettatamente nel vuoto o la controparte potrebbe ritirare l'offerta senza spiegazione. Il motto portante diviene quello di non fare dei progetti sulla raccolta dei frutti se non hai ancora visto crescere la pianta. Se ricevi un'offerta aspetta che i soldi (o i benefici materiali) siano sul tuo conto bancario prima di spenderli.

L'Asso di Denari ti consiglia di stare molto attento alle spese. Quando questa carta accentua il suo aspetto ombra parla del fatto che non è il momento di assumersi obblighi come rate o situazioni che ci legano finanziariamente. Non fare nemmeno affidamento sulla promessa di un'opportunità finanziaria in futuro. Di contro, devi essere pragmatico e valutare al meglio la fattibilità di un'idea. A volte l'Asso di Denari suggerisce che stai cercando di manifestare i tuoi obiettivi, ma continui ad incorrere in ritardi ed altri impedimenti. Se hai un successo limitato potresti dover rivedere l'approccio proposto. Hai forse bisogno di riallineare i tuoi obiettivi a qualcosa di più realistico? In quest'ottica potrebbe essere necessaria una consulenza finanziaria o di altro tipo per aiutarti a tornare in carreggiata.

Se stai cercando di avviare una nuova attività o di accettare una nuova offerta di lavoro, l'Asso di Denari avverte di un rischio significativo a causa della mancanza di pianificazione e di lungimiranza. Non lanciarti nella tua startup senza verificare se il mercato ha veramente bisogno dei tuoi servizi. In ultimo, l'Arcano compare quando si rende manifesta la necessità di dedicare un po' più di tempo alla fase di pianificazione ed al prestare ampia considerazione agli aspetti finanziari della tua nuova impresa.

Lo Avevi Notato?

La parte vegetale bassa tocca l'estremità della carta, quasi radicandosi con essa. Questo aspetto conferma l'energia materiale del seme. Ad ogni modo, una sorta di bocciolo bianco in basso a sinistra dimostra anche la presenza di un nuovo modo di vedere e vivere la materia, quasi a volerla spiritualizzare.

L'Asso di Denari è l'unico a poter essere percepito come disteso a terra, alla stregua di un tappeto. Gli altri tre (coppe, spade e bastoni) danno un senso di verticalità.

Le Mie Parole Chiave

Finanze. Energia materiale. Corpo fisico.

Le Tue Parole Chiave

Due di Denari

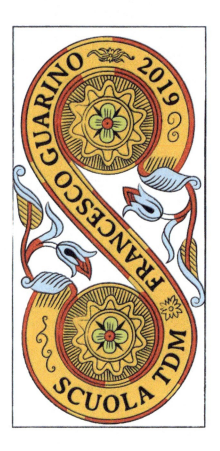

Quando il Due di Denari compare in una lettura dei Tarocchi stai facendo il giocoliere tra priorità, ruoli e responsabilità. Ad esempio, potresti essere un genitore che lavora, un direttore generale di azienda, un assistente amministrativo in un ufficio affollato o qualcuno che svolge più mansioni. Questa carta suggerisce che stai facendo un ottimo lavoro nel bilanciare queste diverse priorità e puoi affrontare qualunque cosa la vita ti riserva, ma ricorda che il confine tra il far fronte a queste richieste ed il perdere il controllo è davvero sottile. Devi saper gestire con parsimonia il tuo tempo, la tua energia e le tue risorse in modo da non perdere l'equilibrio.

Il Due di Denari appare spesso quando sei impegnato, correndo da una cosa all'altra, su percorsi tortuosi e con pochi tempi morti. Potresti dire a te stesso che non hai abbastanza tempo o che vai troppo di corsa, tuttavia ricorda che l'organizzazione seria e strutturata ti permette di sfinare gli impegni. A volte anche una pausa è la cosa più produttiva che puoi fare!

Allo stesso modo, il Due di Denari può indicare che, sotto sotto, stai perdendo di vista il quadro più ampio della situazione. Magari nel correre di qua e di là non riesci più a vedere la tua meta o le cose importanti per te. Se questo ti risuona allora fermati un momento per darti delle priorità e per riorganizzare i tuoi tempi al fine di creare la quotidianità che desideri. L'Arcano ti invita a gestire il carico di lavoro elevato. Come tutti i due nei Tarocchi, anche questo è una carta di gestazione e, quindi, non è detto che tu riesca a portare a termine tutto ciò che devi portare a termine. Tuttavia è importante rimanere concentrato e produttivo. Qualora ci fosse qualcosa da firmare, allora puoi farlo. La carta, infatti, accende un semaforo verde per le firme. Ampliando il concetto, è possibile dire che la scrittura di per sé potrebbe essere qualcosa di positivo nella sua forma generale. Così potresti trarre vantaggio dallo scrivere un libro, un blog oppure un elenco di cose da fare, gestire meglio la calendarizzazione dei tuoi eventi o provare a programmare gli impegni in modo più rigoroso. La gestione del tempo è fondamentale per la tua capacità di destreggiarti tra queste varie priorità.

La carta richiama la tua consapevolezza sul concetto di equilibrio e sulle parti della tua vita in cui ce l'hai e in cui non ce l'hai. Mentre si cerca di dare un assetto stabile, niente rimane in perfetta armonia. Ad esempio, stabilizzare il lavoro e gli impegni familiari sembra fantastico, ma in realtà la tua famiglia potrebbe avere priorità diverse dalle tue. Quindi quello che tu vivi come un equilibrio, non lo è per gli altri. Quando il Due di Denari compare in una lettura di Tarocchi vedilo come un promemoria alla pazienza, alla flessibilità e all'adattabilità mentre cerchi di destreggiarti tra le tue responsabilità. Famiglia, amici, finanze, salute, nuove sfide e lavoro possono creare dei vortici stressanti. Preparati così a soddisfare le richieste che ti arrivano dai diversi ambiti e cerca di ragionare su tutte le opzioni. Ricorda che se hai successo in un'area della tua vita è probabile che tu stia lottando in un'altra. Questa è solo una parte dell'equilibrio e va bene così. La vita è questa!

Lato Ombra

Il Due di Denari significa che devi mettere più attenzione per gestire il tempo e le priorità. Forse stai passando un periodo in cui il carico di lavoro aumenta in modo esponenziale e non riesci ad incanalarlo in alcun modo.

Risulta opportuno creare una sorta di lista delle cose da fare per migliorare la gestione dei tuoi impegni e anche delle risorse a disposizione. Questa carta rimanda all'attenzione necessaria per amministrare i pagamenti, la gestione delle finanze, il mantenimento degli impegni e tutte quelle situazioni di ordine pratico che potrebbero, in qualche modo, portarti a futuri problemi se non le tieni sotto controllo.

Il Due di Denari significa che stai perdendo equilibrio in qualche parte della tua vita e mentre puoi effettivamente lottare per trovare questo stato di armonia, devi anche accorgerti che nulla rimane immutabile nel tempo. È una carta che rimanda anche ai sentieri così articolati e poco lineari che possono mandarti completamente fuori strada, inficiando il tuo lavoro. Quando vedi comparire in una lettura dei Tarocchi il Due di Denari nel suo aspetto ombra, allora sei avvertito riguardo la gravosità dei tuoi impegni e, a volte, stai lottando duramente per mantenere la tua vita entro limiti accettabili di stress. Il paradosso? Non ti accorgi che proprio questa lotta aumenta i livelli di destabilizzazione che provi. Ecco perché una delle lezioni più importanti di questo Arcano è quella di sapersi organizzare a livello teorico per poi mettere in pratica solo l'essenziale di ciò che serve.

La carta segnala anche un problema nel far fronte alle responsabilità, organizzare un budget, avere un elenco di impegni, pianificare in modo profittevole qualcosa o gestire efficacemente il proprio tempo. Se la lettura dei Tarocchi verte su un investimento importante di risorse, allora l'Arcano invita a bilanciare nuovamente il peso che stai dando a quel settore. Ad esempio, potresti eccellere nella tua carriera, ma avere poco tempo per la tua famiglia lasciandola disconnessa dalla tua vita. Anche se potresti non sentire il problema di qualche notte in cui rincasi tardi dal lavoro, arriverà un momento in cui sarà abbastanza e dovrai pagare le conseguenze di queste disattenzioni. Infine, il Due di Denari invita a rivalutare le proprie priorità e a decidere dove trascorrere il tuo tempo ed impiegare le tue energie. Le distrazioni potranno essere molte e ci vorrà ogni singolo grammo della tua concentrazione per rimanere fedele ai tuoi obiettivi.

Lo Avevi Notato?

I raggi che partono dai denari in alto ed in basso non sono simmetrici e, oltre a creare questa difformità, rendono anche diverse le due monete. Questo significa che, davanti a due o più opzioni, bisogna valutare per bene gli elementi costitutivi delle stesse al fine di prendere la decisione migliore che si possa prendere.

Le Mie Parole Chiave

Ragionare tra due opzioni. La strada è tortuosa e, per raggiungere la meta, bisogna essere flessibili. Firmare, scrivere o registrare qualcosa.

Le Tue Parole Chiave

Tre di Denari

Lo scalpellino non potrebbe costruire la Cattedrale senza l'aiuto degli architetti e, gli architetti, non potrebbero costruirla senza lo scalpellino. Ogni persona ha un ruolo importante da svolgere così, quando tutti si uniscono come una squadra, allora possono creare qualcosa di molto più grande. Ecco perché, quando il Tre di Denari si presenta in una lettura di Tarocchi, ti conviene prenderlo come un segno per collaborare con gli altri creando sinergie al fine di ottenere grandi risultati.

L'Arcano rappresenta il valore di diverse idee e di livelli di esperienza nella collaborazione. Gli architetti rispettano la conoscenza specialistica dello scalpellino e lo scalpellino apprezza la saggezza e l'esperienza degli architetti. Anche se il loro background, i livelli di esperienza e le competenze sono molto diverse, entrambi possono unirsi per condividere le loro intuizioni in un modo che migliora il prodotto finito. Ad un determinato livello di coscienza non c'è "noi e loro" così come non esiste alcun senso di superiorità. Ogni persona ha qualcosa da offrire. Tutti portano a termine il lavoro collettivamente e contribuiscono al gruppo attraverso l'ascolto e la condivisione attiva. Mentre lavori a vari progetti con altri, riconosci il valore che ogni persona porta in tavola.

Il Tre di Denari, come tutti gli altri tre nei Tarocchi, segnala la fase iniziale di attuazione che segue l'idea dell'asso e la pianificazione del due. Sai cosa vuoi creare, hai stabilito i piani, raccolto le tue risorse e ti sei messo al lavoro. Potresti aver già raggiunto il tuo primo traguardo significativo. Certo, non sei per nulla vicino all'obiettivo finale, ma hai gli strumenti in mano e stai facendo accadere le cose. Insomma sei completamente e meravigliosamente inserito nel processo creativo. Man mano che implementi i tuoi piani ti renderai conto di avere le capacità e le risorse necessarie per raggiungere ciò che vuoi raggiungere. Considera il Tre di Denari come un incoraggiamento ad andare avanti. Sei competente in quello che fai e puoi fare progressi. Continua così! Ora è quando una buona gestione del progetto darà i suoi frutti.

Lato Ombra

Il Tre di Denari significa che potresti essere alle prese con una mancanza di armonia con gli altri membri del team, cosa che rende difficile l'avvio o il completamento di un progetto. Non siete sulla stessa lunghezza d'onda, non state ascoltando le reciproche idee o non avete spunti pratici comuni. È importante allineare le nuove idee con il progetto originale e rimanere aperti a nuovi accordi su come lavorare insieme per raggiungere determinati traguardi.

Il Tre di Denari suggerisce che è necessario rinegoziare le tempistiche, le risorse e la quantità di energia che ognuno sta mettendo in gioco nel progetto. Questo Arcano rimanda anche alla corretta pianificazione ed organizzazione, suggerendo che devi portare più energia sistematica nel tuo lavoro, soprattutto se non hai un'idea chiara di come raggiungere i tuoi obiettivi. Visto che l'Arcano si riferisce ad un progetto pratico che vede la luce anche se non è ben definito, quando compare nel suo aspetto ombra potrebbero esserci delle situazioni che rallentano l'avvio. Potrebbe anche porsi in essere una mancanza di rispetto tra i membri del team. Idee diverse rispecchiano un po' le energie dell'Arcano. Magari ognuno sta cercando di mettersi alla prova oppure di farsi vedere dai superiori a discapito dell'armonia generale. Se questo è anche il tuo caso, stabilisci linee guida chiare, specialmente riguardo al rispetto ed al lavoro in squadra. Riconosci il contributo unico che ogni persona apporta, indipendentemente dalla sua esperienza e dalla sua conoscenza. Il Tre di Denari indica che stai lavorando in modo relativamente banale. I tuoi contributi e la tua esperienza non vengono apprezzati o, peggio ancora, sono sottovalutati. Sei su un percorso che non ti da molte opportunità di crescita e la tua voglia di progredire viene disattesa costantemente. Forse può essere un buon momento per fare una mossa tattica e trovare una carriera che valorizzi realmente i tuoi talenti.

A volte la carta può indicare che preferisci andare da solo sulla strada che ti porterà al compimento della tua idea. Anche se sei stufo di aspettare gli altri o di sentirti sotto pressione, dovresti comunque riconsiderare la cosa: è preferibile la sinergia che un lavoro in solitaria. Sii è aperto a chiedere aiuto.

Lo Avevi Notato?

A differenza del Tre di Coppe dove gli elementi colmavano la totalità della carta, nel Tre di Denari ritroviamo le monete estremamente compatte, quasi al centro dell'Arcano. Questa sorta di restrizione significa che abbiamo paura di lanciare il nostro progetto nel mondo. Lanciati, scoppia, inizia!

Le Mie Parole Chiave

Un progetto vede la luce, ma non è ancora in grado di tracciare una rotta o di dare solidità. Collaborazioni da armonizzare. Non avere paura di iniziare qualcosa.

Le Tue Parole Chiave

Quattro di Denari

Il Quattro di Denari ti chiede di esaminare il tuo rapporto con le finanze. Ecco la domanda: stai accumulando ricchezza ed investendo saggiamente i tuoi soldi mentre ti godi la vita di tutti i giorni o ti stai aggrappando disperatamente ad ogni centesimo, avendo paura di spendere il tuo denaro e di non averne abbastanza?

Nel suo aspetto più positivo, il Quattro di Denari suggerisce che hai creato ricchezza ed abbondanza mantenendo una concentrazione costante sui tuoi obiettivi ed agendo in modo prudente. Sei attento alla tua sicurezza finanziaria a lungo termine e risparmi attivamente denaro controllando le tue spese. Questo ti permette di accumulare ricchezza e di vivere uno stile di vita confortevole non solo ora, ma anche in futuro. Puoi prendere in considerazione un piano di risparmio, un budget familiare, un piano pensionistico ed investimenti sicuri in modo da poter proteggere ciò che hai accumulato nel tempo al fine di aumentare lentamente e costantemente il tuo patrimonio netto. Tuttavia, come approfondiremo anche nel suo aspetto ombra, il Quattro di Denari accompagna una mentalità di scarsità, specialmente con i beni materiali. Invece di spendere saggiamente i tuoi soldi e di goderti uno stile di vita confortevole, stai scegliendo di accumulare le tue finanze per paura che tu possa perdere tutto quanto o che qualcuno te le porti via. La tua gestione del budget può essere così conservatrice e rigorosa da eliminare molti dei piaceri che la vita può offrire: viaggi, occasioni sociali, attività divertenti. Il denaro funziona meglio quando può fluire ed essere scambiato, non quando viene messo da parte. In fondo anche questo è energia e potresti iniziare a renderti conto che stai rinunciando alla felicità e all'appagamento nella tua vita solo perché non vuoi spendere i tuoi soldi e ti sei barricato dietro un approccio eccessivamente sicuro alla vita. Se giochi in difesa, non vincerai mai. Ecco perché, se questo concetto ti risuona, sei invitato a trovare un sano equilibrio tra la spesa ed il risparmio.

Così, il Quattro di Denari può suggerire che stai dando troppo valore alla materia. Potresti essere eccessivamente attaccato ai tuoi beni, permettendo agli oggetti di diventare una parte estremamente importante della tua esistenza. Valuta la tua stima in base a chi sei e non a quanto guadagni, all'auto che guidi, a dove vai in vacanza o a quanto è costosa la tua casa. Hai mai notato che le persone più ricche del pianeta sembrano anche quelle vestite in modo peggiore? Ecco perché la lezione più ampia che l'Arcano trascina con sé è quella di saper onorare e rispettare il denaro e la ricchezza. Non attaccarti così tanto a queste da perdere di vista ciò che è più importante per te.

Se stai lottando con le tue finanze, il Quattro di Denari è un saggio consiglio per gestire i tuoi soldi e le tue risorse con più attenzione, in modo da non vivere al di sopra delle tue possibilità. Insomma, assicurati di non spendere più di quanto guadagni e di avere un budget ed un piano di risparmio in modo da poter raggiungere i tuoi obiettivi finanziari e vivere una vita sicura e stabile. Al di là del denaro e della ricchezza, il Quattro di Denari parla di un eccessivo controllo nella tua vita. Forse, a volte, controproducente: al lavoro potresti essere microgestito e non lasciare che gli altri entrino nella tua zona d'azione; in una relazione potresti essere protettivo, persino possessivo, assicurandoti che nessun altro minacci ciò che hai costruito; a livello personale potresti avere un atteggiamento inflessibile e resistere al cambiamento. Dopotutto hai già stabilito un modo di vivere che funziona per te e non vuoi metterlo in discussione. Attenzione però: giocare sempre e solo sul sicuro potrebbe essere la strada da percorrere solo fino ad un certo. Rimani aperto alle novità.

Lato Ombra

Il Quattro di Denari può comparire nelle tue letture quando stai valutando ciò che è importante per te, specialmente quando si tratta di situazioni materiali come il denaro oppure l'eredità. Potresti aver attribuito troppo valore ai beni materiali e ora sei arrivato alla conclusione che il denaro e gli averi non ti renderanno davvero felice! Dovresti iniziare a sbloccare questa energia coltivando l'amore, l'intelletto oppure qualche hobby. Conseguenzialmente allenterai la presa sul bisogno di accumulare cose a favore di una ricerca più limpida e leggera del significato della vita.

Il Quattro di Denari significa che sei costretto ad ordinare i tuoi spazi e ad optare per uno stile di vita minimalista. Il denaro non è la tua priorità e stai ridefinendo il rapporto con ciò che ti circonda. Quando compare nel suo aspetto ombra, significa che hai un problema nel trovare una stabilità materiale, un lavoro che ti dia un'indipendenza economica oppure nel tenere le tue spese sotto controllo. Esistono addirittura persone che spendono inconsciamente sperando di trovare la felicità, ma si accorgeranno presto che tutto questo sarà solo fonte di ansia e stress, mentre le loro risorse diminuiranno. Potresti pensare che, per mantenere inalterato il tuo stile di vita, sia necessario far entrare almeno un'altra fonte di reddito, ma nel tentativo di guadagnare più soldi finiresti per lavorare a rotta di collo a discapito delle persone che ti sono intorno. Magari stai trascurando qualcuno oppure ti stai dimenticando qualche appuntamento importante. Se dovessimo allargare il significato di questa carta allora potremmo pensare a qualcuno che non rischia più di tanto e tende a camminare solo su sentieri battuti in precedenza da altre persone. Purtroppo questo atteggiamento non permette di uscire fuori dalla zona comfort e così, gli schemi con cui si affronta la vita, avranno la meglio, non facendo mai entrare il nuovo nella propria esistenza. Questa carta può apparire quando sei in modalità di autoprotezione e hai un forte desiderio di stabilità e sicurezza. Proprio per questo stai facendo tutto ciò che è in tuo potere per creare un ambiente stabile. Ricorda però che, a volte, proprio la stabilità e la sicurezza si raggiungono assumendosi una buona dose di rischio che ci permette di aprirci a dimensioni inesplorate.

Lo Avevi Notato?

Una sorta di scudo effiggiato con simboli stilizzati si colloca al centro dell'Arcano come chiaro riferimento alle casate, alle famiglie o ai gruppi riuniti sotto un medesimo stendardo.

Le Mie Parole Chiave

Stabilità materiale. Avere degli schemi. Percorrere sentieri già battuti. Senso di appartenenza.

Le Tue Parole Chiave

Cinque di Denari

Il Cinque di Denari è una carta che indica la comparsa di un nuovo elemento tangibile che prova ad integrarsi con strutture preesistenti. Questa sorta di novità può essere accolta con un po' di resistenza. È importante così impegnarsi a capire come creare un nuovo assetto. Secondo la tradizione l'Arcano rimanda ad una perdita finanziaria. Hai attraversato momenti difficili specialmente quando si tratta della carriera, dei beni materiali, delle finanze e del tuo lavoro. Di recente potresti aver avuto proprio questi problemi con la tua professione, la tua casa o la tua sicurezza finanziaria. È come se non ti sentissi più al sicuro perché ti è stato tolto qualcosa. Magari il tuo ego è stato ferito e questo è un duro colpo per la tua autostima. La cosa positiva? Questa carta degli Arcani Minori ha degli effetti temporanei e - quindi - è una tappa che passerà. Se stai provando ad entrare in un gruppo potresti percepire che gli altri ti scrutano con un po' di sospetto, così la tua integrazione non avviene in modo del tutto naturale. Addirittura, la carta potrebbe avere a che fare con una voglia di novità reali e concrete che però non trovano il loro sbocco. A volte il Cinque di Denari evidenzia il fatto che saboti le tue capacità di creare abbondanza concentrandoti solo su ciò che non hai. Tutto quello che riesci a vedere è ciò che va storto. Il consiglio è quello di spostare il focus su ciò che invece è in tuo possesso, anche se ti sembra piccolo o apparentemente insignificante. Esprimi gratitudine e vedrai come, nel tempo, gli aspetti positivi continueranno a crescere e questo senso del "non avere" sarà solo un ricordo passato. Indirizza la tua attenzione su ciò che hai in modo tale che i tuoi poteri di manifestazione vengano utilizzati al meglio.

Lato Ombra

Se nella tua lettura compare il Cinque di Denari significa che hai subito un grave colpo finanziario, hai sbagliato un investimento o hai perso il lavoro. Potresti trovare nuove fonti di reddito oppure qualcuno si è offerto di aiutarti mentre ti rimetti in piedi. Oggigiorno, a differenza di ciò che ti diranno molte persone, è molto semplice trovare una fonte di reddito alternativa. Devi essere solo disposto a lavorarci su e a far esplodere il tuo lato creativo. Questo è perfetto, ma ricorda di iniziare a lavorare dapprima sulla fiducia in te stesso e solo successivamente su come venire fuori da questa difficoltà finanziaria. Una mentalità positiva corre parallela ai risultati pratici che potrai ottenere.

Il Cinque di Denari può illuminare la persistenza di una povertà esteriore o interiore, materiale o spirituale. Potresti sentirti come se qualcosa mancasse nella tua vita o fosse completamente fuori posto, ma stai lottando per cercare di far quadrare i conti ed innovare la situazione. Questa carta compare anche quando le persone si sentono isolate pur stando in compagnia. Riflettendo più a fondo potresti addirittura arrivare a renderti conto di aver messo troppa enfasi sulla ricchezza materiale ed aver così trascurato il tuo universo spirituale. Ecco perché, nel suo aspetto ombra, l'Arcano ti fa sentire una vocina interiore che ti ricorda costantemente di non avere abbastanza, soprattutto quando si tratta di denaro e di beni materiali. Potresti anche avere la convinzione di non essere degno di qualcosa perché, in questo momento, i tuoi piani non stanno andando come previsto. Forse ritieni di non meritare un regalo, una coccola materiale o di non poterti permettere le cose che desideri veramente. La tua preoccupazione è settata sulla spesa, credendo che fare uscire dei soldi ora ti darà dei problemi dopo. Questa mentalità può essere un ottimo supporto, ma non deve limitarti eccessivamente, facendoti scadere in una sorta di carestia interiore. Ricorda che questo ciclo negativo ti porterà a sentirti ancora più insoddisfatto e vuoto. Se trovi che questa fissazione per le cose materiali stia causando danni al tuo spirito ed alla tua mentalità, è arrivato il momento di smetterla. Anche se hai solo pochi centesimi in tasca potresti comunque avere una famiglia amorevole, degli amici speciali oppure un hobby che ti appassiona nel profondo. Sì, le cose possono non essere brillanti in questo momento, ma se senti che una mentalità povera emerge nei tuoi pensieri, fermati e cerca di vedere in quali ambiti della tua vita risiede la vera ricchezza. Quando apprezzi veramente qualcosa… la fai accadere!

Infine, la carta segnala che non ci sono novità che siano in grado di aiutarti lungo il percorso e allora l'unica persona che può aiutarti sei tu. Ecco perché sei chiamato ad avere fiducia in questa consapevolezza: l'Universo è qui per supportarti anche finanziariamente, specialmente quando stai seguendo la tua chiamata e lo scopo della tua anima.

Lo Avevi Notato?

Questa è l'unica carta del seme di denari dove la vegetazione laterale tocca le estremità della carta. Questo senso di costrizione ricorda che è opportuno trovare spazio e tempo per tutte le novità che vengono dall'esterno.

Le Mie Parole Chiave

Le persone si adattano alla novità con un po' di resistenza. Appare un nuovo elemento. Possibili perdite che non devono influenzare la fiducia nel futuro.

Le Tue Parole Chiave

Sei di Denari

Potresti essere l'uomo più ricco del pianeta, ma non lo sarai mai davvero se non riesci a condividere la tua ricchezza e la tua abbondanza con gli altri. Hai accumulato a livello materiale e ora sei in grado di offrire assistenza a chi ne ha più bisogno. Parlando del seme di denari, è sempre una questione puramente materiale. La carta suggerisce di donare generosamente per mezzo di beneficenze, raccolte fondi o elemosina. Insomma, vivi tutti quei buoni sentimenti associati all'aiutare gli altri. Certo, magari non sei finanziariamente ricco e - allora - puoi offrire il tuo tempo, la tua energia ed il tuo sostegno concreto a coloro che ne hanno più bisogno. Dare il tuo tempo è spesso altrettanto soddisfacente quanto fare un regalo oppure devolvere denaro. Il dono tangibile della tua presenza viene ricevuto altrettanto bene, se non meglio! Potresti anche essere propenso a fare un prestito a qualcuno sulla promessa che, alla fine, ti ripagherà una volta che si sarà rimesso in piedi. Questo è un prestito basato sulla fiducia e sulla buona fede sapendo che se dai via qualcosa, allora ti verrà restituito. Ricorda tuttavia che questo scambio riguarda più una soluzione a breve termine che non una soluzione sostenibile nel tempo. Quindi, per esempio, pensa come puoi sostenere finanziariamente la tua famiglia o i tuoi amici in un modo che li incoraggi verso la loro indipendenza e non verso la perenne assistenza.

D'altra parte, anche tu puoi avere bisogno di ricevere la generosità di altre persone. Accetta questi doni con gratitudine! Questo ti aiuterà a rimetterti in piedi e, alla fine, a godere di nuove risorse. Focalizza il tuo lavoro sulla ricerca di nuovi modi per diventare ancora più autosufficiente. Il rischio di accettare in modo acritico l'aiuto e la gentilezza è che se ne diventa dipendenti fino ad annientare qualsiasi intraprendenza dell'individuo. Infine, il Sei di Denari è una carta che rappresenta l'armonia finanziaria. Ricorda che tutti i sei nei Tarocchi hanno il significato di armonia.

Lato Ombra

Il Sei di Denari significa che non stai dando credito a te stesso e alle tue potenzialità. Potresti passare un periodo in cui ti stai trascurando e, allora, prendersi un po' cura di sé farà la differenza. Considera l'acquisto di un piccolo regalo per mostrare a te stesso l'auto apprezzamento per ciò che hai fatto. Il Sei di Denari significa che mentre doni qualcosa agli altri non sei centrato sul valore dello scambio. In questo modo rischi di scaricarti nel giro di poco. Per esempio, puoi prestare denaro ad un amico e notare che fa fatica a restituirlo e, quindi, posticipa sempre. Oppure presti qualcosa a qualcuno e quella persona non accenna mai alla restituzione di quell'oggetto, oltre a mancare di gratitudine e di apprezzamento. Inizia ad entrare nell'ottica che questa è una strada a senso unico e, se continui così, le persone inizieranno ad approfittarsi pesantemente di te. Certo, non puoi cambiare l'atteggiamento dell'altra persona o costringerla ad esserti grata, però puoi imparare dall'esperienza e da tutte le volte che ti sei sentito calpestato e vilipeso. Impara a rifiutare di aiutare qualcuno in futuro. Oppure inizia a pensare a metodi alternativi con i quali essere ripagato in modo che ci sia un sano scambio energetico.

Il Sei di Denari significa anche che potresti aver vissuto un periodo problematico e, quindi, il tuo animo generoso e disponibile si è un po' bloccato. In questo caso ricorda che è importante mandare avanti un atteggiamento ben disposto verso gli altri nella consapevolezza che l'individualità non ti porterà molto lontano. Certo, devi essere aperto al prossimo, senza fare - però - troppo affidamento sugli altri. Magari vuoi mandare avanti un'idea o concretizzare un progetto, ma stai dando eccessiva importanza ad un aiuto che, però, potrebbe essere disatteso all'ultimo minuto. È quindi importante capire come affrontare la situazione in modo individuale parallelamente ad una richiesta di assistenza.

Un lato ombra dell'Arcano suggerisce che hai la tendenza a spendere più di quanto ti puoi permettere e sebbene questo denoti uno spirito generoso incredibile (salvo se non lo fai in modo stupido!), devi anche assicurarti di essere in grado di sostenere te stesso e la tua famiglia. Il Sei di Denari ti chiede di essere consapevole di quali sono le tue uscite. Se non hai intenzione di fermarle, devi trovare un modo alternativo per guadagnare qualcosa in più. Forse puoi avviare un'attività on-line? Oppure hai bisogno di trovare lavoro oggi stesso? A volte sei incline a spendere molti soldi e devi stare attento a non contrarre debiti oppure inizia a calcolare le tasse che, altrimenti, potrebbero sfuggirti di mano nel giro di poco tempo. Sei sicuro di avere la situazione economica completamente sotto controllo?

Infine, il Sei di Denari riflette il lato egoistico della carità. Sta attento a non cercare di dimostrare agli altri che sei generoso. Puoi dare ai bisognosi senza cercare poi il riconoscimento sociale. In una lettura sulle relazioni questa carta suggerisce che la tua dolce metà sta prendendo più di quello che concede, creando una sorta di disuguaglianza nella vostra relazione. Mi raccomando: che il tuo spirito generoso non venga sfruttato e che non sia sempre tu a dover fare compromessi a beneficio dell'altra persona.

Lo Avevi Notato?

Possiamo scomporre questa carta in due triangoli di cui uno con il vertice verso l'alto ed il secondo con il vertice verso il basso oppure possiamo notare che i denari al centro formano un quadrato dal quale escono fuori un denari alto ed un denari basso. Questo è un chiaro invito ad uscire fuori dalla quadratura materiale, iniziando a condividere ciò che abbiamo.

Le Mie Parole Chiave

Generosità. Impiegare i mezzi per il proprio piacere. Chiedere aiuto, ma cercare anche di capire come affrontare un problema in modo individuale.

Le Tue Parole Chiave

Sette di Denari

Il Sette di Denari dimostra che comprendi il valore di investire tempo ed energia ora per ottenere delle ricompense a lungo termine. Hai un forte desiderio di buttarti in progetti sostenibili nel lungo periodo e non stai cercando vittorie veloci. Questo ti fa onore. Vuoi anche assicurarti di porre la tua attenzione sulle aree giuste invece di sprecare tempo e fatica in attività che non ti daranno alcun valore.

Quando questa carta compare in una lettura dei Tarocchi vedila come un invito a fare un passo indietro dalle operazioni quotidiane e guardare il quadro più ampio della situazione. Celebra ciò che hai creato e valuta i tuoi progressi raggiunti fino ad oggi. Ti senti sulla buona strada? Allo stesso modo, se stai pianificando il tuo futuro, il Sette di Denari ti incoraggia ad avere una visione a lungo termine e a valutare dove puoi investire al meglio il tuo tempo e le tue energie per il massimo rendimento. È inutile continuare a mettere le tue forze in qualcosa se non riuscirai a cogliere i frutti di questo lavoro. Se negli ultimi mesi hai lavorato sodo o hai fatto degli sforzi extra in qualcosa di impegnativo o di importante, questo progetto può essere più vicino al culmine di quanto tu pensi. Il duro lavoro ripaga sempre. Potrebbe addirittura non essere così difficile ricevere ricompense finanziarie o tangibili per tutto ciò che hai fatto.

A volte il Sette di Denari può indicare la frustrazione che sentiamo quando i tempi si allungano. Abbiamo lavorato per qualcosa di importante e potremmo temere che i nostri sforzi non vengano ricompensati. Viene così elogiata la pazienza e l'apprezzamento degli sforzi fatti finora. Se il tuo lavoro non è stato ripagato come previsto ricorda che le aspettative potrebbero essere irragionevoli. Concentrati sul presente e fa' quello che puoi... con ciò che hai!

Lato Ombra

Il Sette di Denari significa che i tuoi sforzi potrebbero essere dispersi in cose inutili o, peggio ancora, vani. È necessario iniziare a ragionare su come stai investendo le tue risorse. Certo, puoi spendere dei soldi in fase iniziale che produrranno frutti in futuro, ma stai attento che questi frutti arrivino davvero e che tu non ti ritrovi a mani vuote nel giro di poco tempo. Oppure, quello che pensavi ti avrebbe reso felice sta creando stress ed ansia e forse, sotto sotto, non vale la pena continuare. Esamina bene dove stai investendo il tuo tempo, le tue energie e le tue risorse assicurandoti di essere soddisfatto dei progressi attuali e di godere pienamente di quelli futuri.

La carta consiglia di impiegare un sistema di priorità per assicurarti di non sprecare risorse preziose in aree che non daranno altro che blocchi, problemi e grattacapi. Il Sette di Denari significa che anche se puoi continuare ad investire su situazione specifica, devi vedere se qualcuno ti sta sfruttando, oppure vuole metterti dentro quella dinamica solo per ciò che hai e non per quello che sei. Se fossi alla fine di un progetto, potresti bloccarti cercando di capire quando e come arriverà l'ultimo tassello della tua opera. Questa carta, pertanto, ti invita a dare priorità alle situazioni e alle persone che ti stimano veramente e non a quelle che cercano di sfruttarti. Inizia anche a fare delle analisi sui costi e sui benefici delle principali attività che ti coinvolgono nelle spese. Potrebbe essere la contabilità di una casa, di un investimento oppure degli acquisti in generale. Inoltre, taglia fuori dalla tua vita coloro che ti rubano il tempo senza riconoscere il tuo valore. Fa il punto su ciò che devi ancora affrontare per arrivare dove devi arrivare. L'Arcano, a volte, dice che sai quando smettere di investire le tue energie, ma qualcosa ti impedisce di farlo. Alcune persone sono inclini a continuare a sforzarsi solo perché, in passato, hanno speso molto tempo e molte risorse dietro ad un progetto che non sta dando i suoi frutti. Questo, purtroppo, le mette nella strana condizione di continuare ad andare avanti su quel percorso invece di fermarsi immediatamente. Sviluppa quelle abilità che ti permettono di identificare una situazione che non offre più alcun valore e, quindi, di sapere quando metterla in valigia e partire per nuovi lidi.

Il Sette di Denari, nonostante parli apertamente della materia, può essere estratto anche nelle domande emotive ed indica che hai lavorato molto duramente per gettare le basi della tua relazione, ma ora il tuo focus è sulla perdita. Infatti c'è qualcosa che non ti fa essere sicuro dell'altra persona e, quindi, giochi in difesa. Potresti anche sentirti frustrato dal fatto che la relazione non sta progredendo o non cresca così rapidamente come speravi, specialmente dopo che le hai dedicato molto del tuo spazio e del tuo tempo. È opportuno rendersi conto che, a volte, puoi riversare il tuo cuore e la tua anima in qualcosa che può svilupparsi anche se, nel momento presente, non hai garanzie. Potresti anche arrivare alla strana conclusione che questa relazione non vale realmente tutto ciò che gli stai dando e allora, in questo caso, conviene parlare apertamente dei tuoi bisogni e del fatto che questi non sono ancora stati soddisfatti.

Lo Avevi Notato?

Scomponendo la carta possiamo vedere un triangolo centrale inserito in un quadrato formato dai denari posti agli angoli. Questo aspetto invita a trovare il cuore spirituale all'interno di un discorso materiale, anche se a volte sembra complesso da vedere.

Le Mie Parole Chiave

Costruire qualcosa che abbia riscontro sul lungo periodo. Arrivo del tassello mancante per completare l'opera.

Le Tue Parole Chiave

Otto di Denari

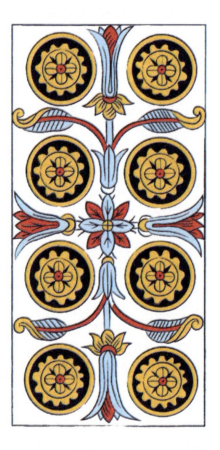

L'Otto di Denari è una carta di apprendistato e di maestria. Quando questa carta appare in una lettura dei Tarocchi stai lavorando duramente per migliorare le tue abilità e diventare un maestro in ciò che fai. Potresti aver recentemente cambiato il tuo lavoro o alcuni degli assetti economici ed ora stai applicando la determinazione e la concentrazione per padroneggiare ciò che hai imparato. Sei diligente e laborioso e ti stai applicando a tutto ciò che è al centro della tua attenzione. Mentre svolgi lo stesso compito più e più volte, ti fai strada verso la padronanza del tuo mestiere e crei il tuo successo.

L'Otto di Denari indica che, nonostante un equilibrio materiale, potresti necessitare anche di un ulteriore studio o conoscenza per affinare le tue capacità. Potresti infatti già essere esperto in qualcosa di particolare, ma per diventare un luminare necessiti di un quid in più. Se, per esempio, ti ritieni un ottimo cuoco casalingo, forse dovresti iniziare a concentrare la tua attenzione sulla raffinata cucina francese. Oppure hai imparato le basi della lettura dei Tarocchi e te la cavi molto bene, ma è ora di diventare un esperto in questo ramo. Certo, questo richiederà molta dedizione e studio, ma qualora fossi disposto a lavorare sodo e a prestare attenzione ai dettagli, nulla ti può fermare.

Più in generale, l'Otto di Denari suggerisce che stai lavorando sui dettagli dei vari aspetti della tua esistenza nel tentativo di migliorare continuamente la tua vita. Potresti essere insoddisfatto del tuo stato attuale e sai che devi apportare alcuni importanti cambiamenti per aumentare il tono generale della tua quotidianità. Non si parla delle emozioni o della spiritualità, ma di qualcosa di tangibile e concreto. Riassumendo possiamo pensare a questa carta come ad un'energia laboriosa e coscienziosa, un incoraggiamento a continuare a fare ciò che stai facendo, anche se hai già raggiunto un particolare equilibrio. Se vedi comparire l'Otto di Denari durante una lettura di Tarocchi e non sei attualmente impegnato a persegurie attivamente un obiettivo, chiediti cosa potresti imparare per migliorare te stesso e quali abilità devi sviluppare per arricchire la tua vita.

Lato Ombra

L'Otto di Denari significa che sei concentrato sul miglioramento personale e lo sviluppo di alcune attività in modo ossessivo e compulsivo. Sei altamente disciplinato e concentrato quando si tratta di affrontare il compito proposto, ma hai difficoltà quando si tratta di godere del tempo per te stesso oppure di prenderti un attimo di pausa. Forse pensi un po' troppo in là nel tempo non capendo che il passato, il presente ed il futuro sono solo un'illusione. L'Otto di Denari significa che potresti avere alcune lacune a livello creativo e cerchi di colmarle lavorando ancora più duramente. Questo tipo di approccio ti porterà solo ad ulteriori blocchi oltre che ad un uso poco consapevole del tuo impegno e del tuo tempo. Purtroppo i risultati desiderati in campo materiale sono ormai un ricordo lontano ed ora devi rimettere mano al progetto per sistemarlo oppure riorganizzarlo. Certo, sei disposto a fare questa cosa ancora ed ancora, ma è importante renderti conto che i livelli di attenzione e di energia sono molto limitati. L'Otto di Denari significa che sei concentrato sulla creazione di qualcosa di così perfetto che può diventare un'ossessione. Quando stai dietro ad ogni minimo dettaglio, rischi di perdere di vista il quadro più ampio ed il motivo per cui stai svolgendo il tuo compito. Allo stesso modo il tuo bisogno di perfezione potrebbe ostacolare la tua capacità di adattamento e di cambiamento. Forse le cose, secondo la tua logica, devono essere fatte in un certo modo, ma perché non provi a ragionare su cosa accadrebbe se ti permettessi di cambiare qualche circostanza? Riesci ad adattarti alla trasformazione di schemi oppure vai immediatamente in tilt? Sappi che quello della perfezione è solo un mito e questa carta ti invita a rendertene conto da subito, abbandonandoti alla meravigliosa arte dell'imperfezione.

L'Otto di Denari significa che, nonostante il tuo lavoro ossessivo e compulsivo su un progetto, non stai portando a casa il risultato bramato. Potrebbero alzarsi i livelli di stress e di frustrazione, diretta conseguenza della mancanza di progressi. Cerca di lavorarci su in modo mirato. L'Arcano significa che non hai le capacità oppure il talento necessari per tagliare il traguardo prefissato o, semplicemente, questo non fa per te. Ecco perché dovresti ragionare sulle energie che stai muovendo nel momento presente. Sono in linea con il tuo Sé Superiore oppure stai andando un po' fuori strada? In qualche lettura questo Arcano esce a chi non sa bene cosa deve fare per raggiungere un obiettivo e, quindi, tende a tenersi occupato con piccoli compiti che non gli fanno fare veramente dei grandi progressi. In questo caso, l'Otto di Denari significa che è opportuno fare un passo indietro e valutare se sei davvero concentrato sulle cose giuste oppure se è meglio studiare cosa è necessario fare (anche con un maestro) per riportare la tua attività su margini di profitto tangibile.

Lo Avevi Notato?

Come visto già per le carte precedenti, anche destrutturando questo Arcano, vediamo comparire due quadrati di cui uno basso ed uno alto. Questo significa avere una quadratura materiale e spirituale che conduce ad un profondo equilibrio.

Le Mie Parole Chiave

Equilibrio materiale. Ottimi risultati anche se ci vuole impegno. Approfondire e stabilizzare una conoscenza.

Le Tue Parole Chiave

Nove di Denari

Hai lavorato duramente per creare abbondanza nella tua vita ed il Nove di Denari dice che puoi finalmente goderti i frutti del tuo lavoro. Grazie ai tuoi sforzi indipendenti, alla fiducia in te stesso ed alla disciplina, hai ottenuto un meritato successo e hai creato una base stabile per la tua ricchezza materiale ed il tuo comfort. Ora siediti, rilassati e goditi i lussi ed i piaceri della bella vita, il tempo libero, il divertimento, il comfort ed il riposo. Te lo meriti!

Quando questa carta appare in una lettura dei Tarocchi non aver paura di concederti il lusso di coccolarti, soprattutto come ricompensa per tutto il tuo duro lavoro. Regalati un'occasione speciale o una coccola personale per celebrare il tuo meraviglioso viaggio. Hai già ottenuto molto e, anche se potresti non essertene accorto, questa è la tua opportunità per riconoscere i risultati e recuperare le energie per la fase finale. Il Nove di Denari parla anche di indipendenza finanziaria. Ti incoraggia a creare uno stile di vita lussuoso grazie ad azioni e sforzi mirati. Ricorda che chi segue la sua idea non conformandosi con gli altri trova più facilmente una strada vincente, anche se poco battuta. Investi con saggezza e chiedi consulenze finanziarie per ottenere il massimo dalla tua ricchezza.

Sebbene il seme di denari si concentri tipicamente sulla ricchezza materiale e sul guadagno, questa carta può anche indicare che sei in perfetta armonia con l'ambiente circostante. Sai apprezzare la bellezza e l'abbondanza, l'energia e le vibrazioni che portano armonia e piacere nella tua vita. Puoi goderti il giardinaggio o la floricoltura, passare il tuo tempo nella natura, facendo semplicemente un picnic o una passeggiata al parco.

Lato Ombra

Il Nove di Denari significa che tutto è incentrato sull'autostima. Quando vedi questa carta in una lettura di Tarocchi, cogli l'occasione per riflettere sul senso che dai all'amore per te stesso e, soprattutto, al valore che percepisci quando pensi a ciò che fai oppure a ciò che sei. Ricordati che stiamo valutando il lato ombra del Nove di Denari che, quindi, rimanda al dubbio onnipresente di essere o non essere abbastanza. Forse sei giù di morale perché credi che le tue capacità non sono idonee per espletare il lavoro. Magari pensi di meritare uno stipendio più alto oppure più tempo per riposare, data l'importanza di ciò che fai, però ti riduci sempre a lavorare per poco o niente, ad accettare uno stipendio inferiore a quello che dovresti oppure ad impegnarti molto per quagliare poco. Sappi che meriti di essere ricco in tutte le sfaccettature della parola. Anche monetizzare con la tua passione è un segno di ricchezza. Inizia a capire, per esempio, perché è fondamentale lavorare con ciò che ami.

Il Nove di Denari significa che potresti concentrarti sull'aumento del tuo senso di autostima. Così devi investire su te stesso, rinnovando il guardaroba, imparando nuove abilità per migliorare il tuo lavoro o seguendo un corso di sviluppo personale. Insomma, in poche parole, lavorare sull'amor proprio per mezzo di azioni concrete e mirate. Anche se sei riluttante a spendere soldi per te, sappi che puoi concederti il lusso nella vita, in particolare se ti fa stare bene e senti che ne vale la pena. La carta è un appello, un messaggio: sei abbastanza perché sei fantastico! Il Nove di Denari significa che stai lavorando così tanto che finisci per non avere tempo oppure energia. Questo è davvero sciocco. Per favore, fa un bel respiro. Pensaci un attimo: il tempo è l'unica cosa che non puoi comprare. Quando lo impieghi per mandare avanti un percorso che non ti lascia nient'altro se non uno stipendio, non ti accorgi che sei comunque povero. E sei povero perché stai perdendo la ricchezza che, altre dinamiche della tua vita, ti darebbero. Ad esempio, nel tentativo di creare una solidità economica per te stesso, oppure per la tua famiglia, potresti lavorare 70 ore alla settimana, senza pausa, e poi accodarci anche un secondo lavoro da casa. Questo, però, ti sta facendo allontanare da quella famiglia che vorresti - invece - salvaguardare per mezzo del tuo lavoro sfrenato. Capisci il controsenso? Capisci che stai comunque perdendo l'occasione di godere del tempo di qualità con loro?

Scopri dov'è il limite nel modo in cui stai acquisendo i tuoi soldi, apporta tutte le modifiche che devi apportare e non preoccuparti se questo ti fa andare un po' in crisi. Il Nove di Denari significa che devi ritirarti in un ambiente più vicino alla natura come una montagna, un bosco oppure un lago. È importante ripristinare le tue energie e cercare di ricaricarsi un po'. Allo stesso modo, l'Arcano dice che potresti avere l'esigenza di rivedere il tuo tenore di vita, specialmente se stai vivendo sopra le tue possibilità.

Lo Avevi Notato?

Il denari centrale è separato dagli altri per mezzo di una sorta di cortina vegetale. Questo fa sì che tutto il valore viene concentrato sulla singola persona prima che entri in risonanza con le altre.

Le Mie Parole Chiave

Chi segue la sua idea. Persona non conformista. Strada non convenzionale battuta da pochi, ma che si può rivelare vincente.

Le Tue Parole Chiave

Dieci di Denari

Il Dieci di Denari è un segno positivo che hai raggiunto un punto di completamento e realizzazione nel tuo viaggio. Come carta di denari questo senso di realizzazione è probabile che sia il risultato di un percorso professionale, di investimenti finanziari, di un ambiente familiare stabile o di una possibile partnership a lungo termine. Hai accumulato ricchezza ed abbondanza attraverso il tuo duro lavoro e la tua dedizione e - ora - puoi goderti la condivisione di questa ricchezza con gli altri. Questa è una di quelle carte che promettono che tutto, alla fine, si riunirà e i tasselli troveranno il loro posto nel mosaico. Sarai orgoglioso di tutto ciò che hai ottenuto.

Ad un livello molto più spirituale, il Dieci di Denari è un'illuminazione sulla ricchezza, ovvero l'aver raggiunto un livello di consapevolezza tale al riguardo che riesci a trascendere la materia e ad abbracciare le infinite possibilità che l'universo offre. Quando questa carta appare in una lettura dei Tarocchi sei circondato dall'abbondanza. Le frequenze della mancanza e della deficienza non fanno più parte della tua vita. Hai tutto ciò di cui hai bisogno soprattutto nel regno materiale. Sei finanziariamente sicuro e confidi che avrai sempre ciò di cui hai bisogno e ciò di cui desideri. Esprimi gratitudine per aver realizzato i tuoi obiettivi. Questa carta riflette la stabilità e la creazione di una base duratura per il successo futuro.

Il Dieci di Denari indica che ti senti obbligato a condividere il tuo successo con gli altri per assicurarti che anche loro siano materialmente al sicuro. Hai lavorato duramente per arrivare fin qui e ora puoi vedere l'impatto che hai avuto sulla realtà passata. Se ancora non hai goduto per la gioia e la soddisfazione dei tuoi progressi, allora è arrivato il momento di farlo. L'Arcano è anche un segno che la famiglia è importante per te come base tangibile di una crescita avvenuta. Sei una persona fortemente connessa alla storia ed al patrimonio della tradizione, una parte del lungo lignaggio che ti precede direttamente o indirettamente.

Lato Ombra

Il Dieci di Denari significa che devi iniziare a ragionare sul fatto che, se vuoi davvero le ultime scarpe alla moda o una vita super lusso invece di goderti la ricchezza di ciò che hai in questo momento, potresti perdere ciò che conta realmente nella tua esistenza. Questa carta indica che non riesci a vedere la ricchezza di ciò che ti circonda e sei inserito all'interno di un processo materiale senza eguali. Purtroppo, per raggiungere l'agio economico, potresti intraprendere delle scelte completamente sbagliate, a tutto discapito della tua vita e del tuo futuro. È importante inquadrare bene i soldi ed il potere che questi esercitano su di te.

Il Dieci di Denari significa che devi essere pronto a mettere in discussione il tuo bisogno di stabilità, la sicurezza e tutto ciò che ti da agio. Solo così potrai finalmente godere di ciò che conta realmente. Quando lo vedi comparire in una lettura di Tarocchi, ricorda che stai barattando qualcosa per avere in cambio un po' di soldi. Quando ti circondi di cose costose e vivi uno stile di vita lussuoso, potresti volerne sempre di più, senza sentirti mai soddisfatto. Magari spendi più del dovuto e questo ti può portare sull'orlo della bancarotta nel giro di poco. Per esempio, acquisti una casa che sembra un resort di lusso. Fantastico! Potresti però svegliarti dopo un po' di tempo solo per renderti conto che devi pagare un mutuo incredibile, oltre che la manutenzione e le pulizie. In breve tempo bruceresti le tue riserve finanziarie mentre cerchi disperatamente di sostenere questo stile di vita più elevato rispetto a quello che puoi permetterti. Se non sei disposto a declassare, allora i pensieri ed i malumori inizieranno a farsi sentire. Anche la tua autostima potrebbe vacillare.

La carta significa che stai affrontando delle sfide, delle difficoltà e delle battute d'arresto nella tua situazione finanziaria, lavorativa o familiare. Se hai delle preoccupazioni nel non riuscire a prenderti cura dei tuoi cari, allora cerca di capire come riorganizzare le tue finanze al fine di garantire loro una certa stabilità. Controlla anche i tuoi investimenti che, nel frattempo, potrebbero aver perso un valore significativo. A volte questa carta compare nelle domande di natura emotiva ad indicare un matrimonio in crisi oppure in quelle professionali per parlare di un lavoro a rischio. Forse è tempo di rivalutare la tua posizione e scegliere una linea d'azione che ti aiuterà a ritrovare il giusto senso di sicurezza e di autostima.

Lo Avevi Notato?

I primi tre denari posti in verticale non hanno il nucleo rosso. Abbiamo così tre denari senza colore e sette colorati. Tre e sette sono numeri sacri: la ricchezza materiale ha raggiunto la sua sacralità.

Le Mie Parole Chiave

Situazioni di lusso e comodità. Abbondanza. Attenzione all'eccessivo materialismo.

Le Tue Parole Chiave

Paggio di Denari

Il Paggio di Denari, così come tutti i paggi dei quattro semi dei Tarocchi, porta un messaggio di inizio, ispirazione e potenzialità di un progetto materiale o di un'impresa. Poiché i denari governano il regno della materia e corrispondono all'elemento terra, questa carta simboleggia una consapevolezza crescente del valore del denaro, della carriera, dei beni, della ricchezza e della salute fisica. È importante capire come manifestare in misura maggiore queste benedizioni materiali. Raccogli nuove opportunità e desideri scoprire come poter trasformare i sogni in realtà.

Quando il Paggio di Denari appare in una lettura dei Tarocchi stai attingendo alla tua capacità di manifestare un obiettivo oppure un sogno personale e potresti essere proprio nel bel mezzo di un nuovo progetto.

Possiamo parlare di un hobby, di un'impresa commerciale o l'inizio di un'esperienza educativa. Potresti essere entusiasta delle potenziali possibilità di ciò a cui stai dando la tua energia.

Detto questo, l'Arcano non parla propriamente della realizzazione dei tuoi sogni fine a se stessa, quanto dell'energia iniziale per iniziare il processo di trasformazione dei sogni in realtà tangibile. Devi mettere in atto piani chiari per raggiungere i tuoi obiettivi. Quindi rimani concentrato sugli elementi pratici e tangibili tenendo i piedi ben piantati a terra e non lasciarti trasportare cercando, in modo ossessivo e compulsivo, il prossimo passo da fare. Il tuo buon senso ed un approccio pragmatico ti porteranno ad una soluzione che funziona.

Il Paggio di Denari può essere un apprendista avido che cerca di capire come le sue abilità congiunte alle conoscenze acquisite gli assicureranno il successo. Appare spesso in una lettura dei Tarocchi quando sei pronto per mandare avanti le tue conoscenze ed imparare qualcosa di nuovo. Considera questa carta come un invito a seguire un percorso pratico, anche se ti senti un principiante completo. Più competenze apporti alla tua vita e più obiettivi puoi raggiungere. Insomma, potresti essere nuovo a tutto questo, ma hai un'energia giovane che ti pervade e che ti può sostenere lungo il percorso.

Lato Ombra

Il Paggio di Denari significa che stai esplorando un nuovo progetto oppure un'idea imprenditoriale, ma non sei pronto per mandarla avanti con dedizione e fiducia. Questa carta rappresenta la preoccupazione di non avere le capacità o le risorse per avere successo. Questo ti fa procrastinare e, così, rallenti il tuo percorso. Se l'opportunità continua a presentarsi e vuoi andare avanti, allora fidati di avere ciò di cui hai bisogno in questo momento ed il resto si svilupperà man mano che andrai avanti. Insomma, non devi avere tutto ora, giusto? Inizia con ciò che hai e le cose si conformeranno strada facendo.

Il Paggio di Denari significa che stai cercando di far decollare un'idea oppure un progetto, ma ogni volta che ci provi, qualsiasi cosa sembra non servire a nulla e quello che ti accade non ti aiuta a fare realmente dei passi avanti. Forse non hai pianificato a sufficienza, hai perso di vista la tua ispirazione originale o non ti stai impegnando adeguatamente. Concediti un po' di tempo allontanandoti dal progetto per un breve periodo in modo da poter ricaricare le energie e concentrarti, di nuovo, prima di riprovare. La carta significa che stai sognando ad occhi aperti nuovi obiettivi senza aver intrapreso le giuste azioni per portarli a termine. Quindi devi rivedere i tuoi progetti e pensare al motivo per cui volevi raggiungerli. Immagina come sarà la tua vita quando avrai tagliato il traguardo ed impegnati nuovamente nelle azioni necessarie per trasformare i tuoi sogni in realtà.

Infine, il Paggio di Denari ti invita ad imparare dai tuoi errori passati. Anche se una situazione non ha funzionato come ti aspettavi, puoi comunque scoprire "nuovi te stesso" che potrebbero aiutarti in futuro. Forse l'Arcano ti obbliga a rivedere i passi sbagliati ed a chiederti come puoi evitare di ripetere gli stessi errori. Devi essere aperto e curioso, confidando che i fallimenti di oggi porteranno ai successi di domani.

Lo Avevi Notato?

Il denari interrato fa pensare al fatto che è necessario scavare un po' più a fondo per trovare le giuste risorse al fine di affrontare un problema o sviluppare un progetto.

Le Mie Parole Chiave

Piedi ben piantati a terra. Avere i mezzi per affrontare qualcosa. Porre le basi per un'idea o per un progetto.

Le Tue Parole Chiave

Cavaliere di Denari

CAVALIER·DE·DENIERS

Il Cavaliere di Denari rappresenta lo sforzo e le responsabilità che seguono i sogni e gli ideali per essere soddisfatti. Questo cavaliere è un personaggio metodico, laborioso e schematico. È bombardato da stimoli che devono essere assecondati perché rappresentano la vera ricchezza. Questo non significa correre dietro - in modo acritico - ad ogni novità, ma cercare di implementare quello che ti serve e continuare sul tuo percorso. In questo caso il compito del Cavaliere di Denari è quello di trovare la giusta direzione, un modo per arrivare all'obiettivo. Questo, a volte, gli permette di trascendere il senso ultimo della materia. Quando la carta appare in una lettura dei Tarocchi stai lavorando verso i tuoi obiettivi in modo schematico e metodico. Forse hai un piano in atto e ti attieni scrupolosamente al tuo programma per portare a termine il lavoro. Potresti lavorare non tenendo sotto controllo le scadenze o le tempistiche, ma sei comunque coerente, impegnato e serio. Va benissimo così. Metti un piede davanti all'altro fino alla fine del lavoro. Questa carta ti invita anche a continuare a fare quello che stavi facendo, anche se arranchi ed i progressi sono graduali. Non c'è un reale bisogno di cambiare il tuo approccio se non quello di essere leggermente più aperto ai nuovi input. Segui il flusso e attieniti alla tua solita routine.

Il Cavaliere di Denari mostra che sei un pianificatore naturale. Immagina il tuo obiettivo, determina la migliore linea d'azione ed attieniti al piano con una concentrazione incessante e metodica. ualsiasi lavoro non sarà mai lasciato a metà perché è essenziale completare l'opera. A volte l'Arcano indica gli aspetti più banali e noiosi della vita come gli orari ripetitivi, le faccende domestiche, le responsabilità quotidiane, la routine di ogni giorno e gli obblighi sociali ai quali siamo sottoposti. È possibile che ti venga assegnato un compito da svolgere e dovrai impegnare tutto il tuo tempo per portare a termine con successo il progetto.

Con il Cavaliere di Denari ti viene richiesto di accettare la responsabilità senza lamentela e senza rancori. Se stai adottando un approccio moderato e conservatore alla vita sappi che è un'ottima scelta. Questo cavaliere ti invita a continuare fino alla fine il tuo percorso.

Lato Ombra

Il Cavaliere di Denari, nel suo lato ombra, suggerisce in modo importante di avere più autodisciplina ed impegno per raggiungere i tuoi obiettivi. Invece di provare cose nuove o di stimolare più idee, cerca di stabilire un programma oppure una routine per te stesso. Attieniti a questa fino a quando non avrai completato il compito assegnato. La carta significa che hai necessità di spostarti, forse un viaggio di lavoro oppure per risolvere qualche bega di natura monetaria. In questo caso, avere una sorta di routine e rispettare le tue abitudini sarà un modo grandioso per evitare di bruciarti sul lungo periodo. Per esempio, puoi creare un piano alimentare sano o un programma di esercizi per te stesso al fine di essere in forma ed in salute. Potrebbe anche rivelarsi necessario prestare maggiore attenzione alle questioni pratiche della tua vita che hai ignorato di recente. Il Cavaliere di Denari significa che devi lanciarti nella manutenzione della casa, nelle relazioni d'affari, nelle questioni finanziarie ed andare avanti nel tuo lavoro, soprattutto se hai lasciato nel dimenticatoio qualcosa per concentrarti su idee più eccitanti, ma meno concrete. A seconda di ciò che stai vivendo, potresti dover dedicare più tempo a mettere in ordine questi aspetti della tua vita oppure potresti dover trascorrere intere giornate per risolvere questi grattacapi. Cerca comunque di centrarti su questo aspetto e di mandarlo avanti con coerenza e dedizione. Il Cavaliere di Denari suggerisce che ti senti bloccato nella tua routine quotidiana e la vita è diventata noiosa e piuttosto apatica. Potrebbe sembrare il concetto diametralmente opposto a quanto finora esposto, ma sappi che stiamo parlando del momento in cui protrai un po' troppo a lungo la permanenza nelle tue abitudini. Sebbene tu possa aver implementato una routine ed un programma per aumentare la tua produttività e la tua efficienza, ora inizi a sentirlo soffocante. La tua creatività e le tue innovazioni non sembrano così brillanti e ti senti prigioniero di una realtà che forse, sotto sotto, non ti rappresenta nemmeno più. Potrebbe essere il momento di fare qualcosa di completamente diverso. Sii spontaneo. Non devi sempre attenerti alle regole. Il Cavaliere di Denari significa che sei diventato poco avventuroso, eccessivamente conservatore e resistente al cambiamento. Potresti preferire stare a casa mentre i tuoi amici sono fuori a divertirsi. Certo, non c'è nulla di sbagliato in una notte tranquilla; tuttavia continuare a ricercare in modo ossessivo e compulsivo la solitudine rischia di farti cadere in un isolamento che affievolisce la tua voglia di fare a livello sociale. Cerca di essere più dinamico ed aperto a nuove esperienze. L'Arcano significa che stai diventando un perfezionista nel modo in cui ti accosti al tuo lavoro. Forse ti sei accorto di essere critico nei confronti degli altri e questo ti frustra perché, sotto sotto, senti che ti stai comportando male. Sebbene il tuo duro lavoro sia apprezzato, è opportuno non perdere il supporto di chi hai intorno perché sarà questo ad ammorbidire il tuo approccio quando ne avrai bisogno. Infine, l'Arcano significa che le difficoltà che stai incontrando nel tentativo di trovare il giusto modo di fare qualcosa, possono essere un sintomo del fatto che la strada che stai percorrendo è sbagliata.

Lo Avevi Notato?

Questo cavaliere non ha in mano il suo seme d'appartenenza, ma stringe un bastone. In una lettura di Tarocchi significa che non bisogna puntare al guadagno, ma è necessario fare ciò che ci appassiona. Questa è la vera ricchezza: fare ciò che ami; il guadagno sarà una conseguenza.

Le Mie Parole Chiave

Stimoli che devono essere assecondati perché saranno la vera ricchezza. Giusta direzione. Trovare il modo di fare qualcosa. Trascendere la materia.

Le Tue Parole Chiave

Regina di Denari

La Regina di Denari è la donna che nutre il mondo della materia. È in grado di svolgere un lavoro a tempo pieno e di dare un contributo finanziario al suo gruppo di appartenenza. Spesso può diventare un capofamiglia od un capogruppo. È abile nel prendersi cura dei bisogni pratici del lavoro, della casa e della famiglia dando il suo sostegno a coloro a cui tiene. Questo non significa necessariamente che sia una donna gentile, ma è molto ponderata e tiene sotto controllo diversi aspetti della vita.

Quando la Regina di Denari compare in una lettura dei Tarocchi stai incarnando l'archetipo della persona pragmatica e dinamica. Puoi mantenere un sano equilibrio tra i vari impegni della giornata salvaguardando la tua indipendenza. A proposito di indipendenza, la carta suggerisce che è indispensabile essere completamente privi di legami così stretti che possono schiavizzare. Quando qualcuno entra nella tua vita, infatti, è un arricchimento e mai una dipendenza. È importante cercare un reddito stabile, lo spazio ed il tempo per nutrire i propri sogni. L'Arcano rappresenta la prosperità e la sicurezza. Significa che hai lavorato duramente per generare un livello di sicurezza finanziaria e, a tua volta, vuoi dare la capacità agli altri di essere altrettanto generosi. Da un punto di vista negativo - invece - questa donna fa pesare i suoi sforzi e allora rischia di diventare avida e chiusa nei suoi averi. È ora di mantenere un atteggiamento posato e composto, una mentalità pratica e con i piedi per terra. Quando hai a che fare con gli altri cerca di essere alla mano e, qualora li avessi, non nasconderti dietro i tuoi privilegi. Concentrati sulla creazione e la pratica di una vita calma ed equilibrata. Non rinunciare mai all'aspetto più intraprendente dell'esistenza, affrontando i problemi solo quando si presentano ed utilizzando soluzioni semplici in grado di risolvere gli intoppi con il minimo sforzo. A volte la Regina di Denari può essere un consulente, un mentore o qualcuno che ti è vicino e ti aiuta fattivamente a fare meglio con tecniche e strategie pratiche. Qualora questi attributi risuonassero già dentro di te, questa carta può rappresentare una parte della tua persona.

Lato Ombra

La Regina di Denari parla della difficoltà di risparmiare e di fare economia. Forse i tuoi progetti imprenditoriali stanno andando a rotoli e gli investimenti fatti si dimostrano infruttuosi. Questo momento aumenta la paura di perdere tutto. La carta significa che il tuo lavoro e la tua vita familiare sono sbilanciati e stai dedicando troppa attenzione ad un'area particolare della tua esistenza a discapito dell'altra. Da un lato potresti sentirti consumato da ciò che fai mentre, dall'altro, la vita domestica prevede delle attenzioni che non riesci a dare. Cerca di creare un equilibrio ed un assetto stabile su più fronti. Potresti anche trovare sollievo tornando in mezzo alla natura e permettendoti di assorbire questa energia fresca e distesa.

La Regina di Denari significa che vivi un conflitto interiore quando si tratta di aiutare qualcuno. Forse non ti piace condividere le tue risorse o, semplicemente, sei disposto a vivere la socialità con gli altri solo se gli strumenti impiegati sono i loro. Per esempio, partecipi alle serate tra amici se (e solo se) l'automobile usata per arrivare al locale non è la tua. Oppure ti piace organizzare momenti conviviali purché non sia tra le tue mura domestiche, ma solo a casa degli altri. Fa attenzione perché, nel tempo, risulterai una persona sgradevole. Questa carta compare quando non puoi fare tutto in una sola volta e si rende necessario operare delle scelte in base alle personali priorità. Potrebbe anche essere importante stipulare nuovi accordi con un socio o con un capo in modo da non sentirsi eccessivamente impegnati in un'area specifica della tua vita. L'Arcano suggerisce di cercare aiuto domestico, come una donna delle pulizie, una governante oppure una tata. Questo ti aiuterà a sentirti a tuo agio. Nonostante la tua indole incline ad aiutare e ad assistere gli altri, stai passando un momento in cui rivolgi queste premure esclusivamente verso te stesso. Stai creando un'indipendenza finanziaria, magari costruendo qualcosa per il tuo futuro, avviando un'attività in proprio o sostenendo il tuo stile di vita con un reddito importante, anche se non vuoi rischiare e hai paura di perdere tutto. Questa mentalità ti farà davvero perdere tutto.

La carta rimanda anche ai problemi con i conti di risparmio separati oppure con i piani di investimento a lungo termine. Cerca di capire come prenderti cura di te stesso se necessario. La Regina di Denari significa che ti stai nutrendo a livello personale. Ricorda infatti che, da un certo punto di vista, il seme di denari rappresenta anche il corpo. Così potresti prepararti pasti più sani e nutrienti, andare a camminare più spesso o prestare maggiore attenzione ai tuoi bisogni. Se tutti questi aspetti sono venuti meno nel momento presente, sappi che devi prenderti cura di te prima di aiutare qualcun altro. Fidati: siamo tutti importanti, ma nessuno è veramente indispensabile. Questo significa che la gente può vivere senza di te mentre ti concentri sulla tua strada. Se credi il contrario, probabilmente hai più bisogno tu di aiutare gli altri (per qualche tipo di mancanza), che gli altri di ricevere il tuo aiuto.

Lo Avevi Notato?

Alla fine del suo scettro sembra comparire un'ape. L'ape ha il significato di rinnovamento, ma anche di abbondanza e ricchezza.

Le Mie Parole Chiave

Avidità. Fare economia. Imprenditrice. Seguire degli investimenti.

Le Tue Parole Chiave

Re di Denari

ROY·DE DENIERS

Il Re di Denari rappresenta la ricchezza materiale, il successo mondano e l'abbondanza finanziaria. Questo re è un uomo che sa il fatto suo. Usa l'ambizione e la fiducia per creare ricchezza per se stesso e per gli altri, generando l'autostima da ciò che ha accumulato. Può fornire consigli, saggezza, supporto ed essere una guida per questioni lavorative e pratiche. Quando appare in una lettura dei Tarocchi sei sicuro di avere successo nel gestire i tuoi averi. Non solo riesci ad identificare le opportunità di crescita e di successo, ma attingi anche alla tua autodisciplina.

La sua energia ti permette di tradurre la tua visione in qualcosa di pratico e tangibile, spesso molto redditizio. Sei una sorta di imprenditore. Se già lo fai nella vita continua in questo modo. Qualora non lo facessi, allora puoi pensare a lanciarti in una strada del genere perché la tua anima è proprio quella imprenditoriale. Non ti limiti a trovare idee e progetti, ma lavori duramente per definire il piano d'attacco, raccogliere le risorse e manifestare i tuoi obiettivi. Sei come il re Mida: tutto ciò che tocchi diventa oro. Quando ti applichi alla tua visione crei un enorme impatto su ciò che ti circonda. Il denaro può scorrere facilmente in entrata ed anche in uscita. Il che significa che hai capito bene il senso della materia in quanto energia che deve fluire.

Il Re di Denari indica spesso l'adempimento finale di un compito più o meno pratico, un'impresa commerciale ed anche di un investimento. Attraverso la diligenza, la responsabilità e l'attenzione ai dettagli hai ottenuto grandi risultati e puoi finalmente dire di aver completato il tuo compito e raggiunto l'obiettivo. Ora puoi goderti tutto ciò che hai realizzato ed i successi creati. Questo re sa che un approccio metodico, pianificato e ben ponderato lo porterà alla riuscita. Continua su questa strada senza correre altri rischi.

Lato Ombra

Il Re di Denari significa che devi guardare il tuo rapporto con il denaro e la ricchezza. Da un lato potresti avere difficoltà a guadagnare e ad essere indipendente, dall'altro potresti gestire male i soldi. Magari attrai ingenti somme di denaro attraverso le tue attività commerciali o una carriera di alto livello, ma non appena i soldi arrivano sul tuo conto, questi sono di nuovo in uscita. Come stai spendendo il tuo denaro? Ti piace aggiudicarti oggetti costosi o investire in opportunità ad alto rischio? Oppure ti concedi molte "piccole comodità" quotidiane? Ad ogni modo, non stai trattando i tuoi soldi con il dovuto rispetto. Così, da questo punto di vista, la carta significa che devi sviluppare una maggiore autodisciplina e controllo. Risparmia per il tuo futuro mentre ti godi i frutti del tuo lavoro.

L'Arcano compare a tutte le persone che sono eccessivamente alla mano divenendo - però - inaffidabili. Nel tentativo di voler piacere a tutti rischi di apparire superficiale e senza spina dorsale. Oppure, il Re di Denari significa che idealizziamo molto i nostri progetti fino a perdere completamente il contatto con la realtà. Un altro problema è che sei incline a mettere i soldi prima di ogni altra cosa. Questo ti porta ad avere un impatto negativo sulle tue relazioni e sul tuo benessere. Potresti essere un maniaco del lavoro, investire troppo nella creazione della tua ricchezza, trascurando però i tuoi cari. Certo, è sempre possibile fare qualsiasi cosa per avere 1€ in più, ma non vendere la tua anima e la tua integrità. Potresti essere così ossessionato dallo status e dalla posizione sociale di qualcuno che ti inchini davanti a chiunque sia "sopra di te" mentre tratti male chiunque è "sotto di te". Metterti sotto i riflettori del vanto ti farà risultare antipatico. Se questo ti risuona, è arrivato il momento di fare un passo indietro e guardare da dove proviene questa voglia di apparire. Ti sta realmente servendo o devi cambiare qualcosa?

A volte, la carta indica qualcuno che è molto testardo e rigido nel suo approccio. Quando questo re compare in una lettura, guarda esclusivamente se stesso! La carta si riferisce anche ad una persona così tremendamente ancorata a terra che non si concede mai il permesso di pensare fuori dagli schemi. Se un carico di responsabilità va bene, essere seri tutto il tempo porta alla nostra esistenza una rigidità tale da far sparire completamente il bello dell'essere vivi.

Lo Avevi Notato?

Il Re di Denari è l'unico personaggio della serie che non guarda il suo seme. Ecco perché può essere considerato una persona alla mano, che non da eccessivo valore a ciò che ha.

Le Mie Parole Chiave

Colui che ha una stabilità materiale, ma è accessibile ed alla mano. Non dare importanza a quello che si possiede. Nuovi progetti ed ideali.

Le Tue Parole Chiave

Asso di Bastoni

In qualità di Asso, questa carta è puro potenziale nel regno energetico e creativo. Le idee fluiscono verso e attraverso di te, motivandoti ed ispirandoti. Sei aperto a ricevere nuove opportunità che si allineano con il tuo Sé Superiore. Ecco perché un intero mondo di possibilità è a tua disposizione.

L'Asso di Bastoni ti incoraggia a seguire le tue passioni. Se senti una forte spinta verso un progetto creativo, ma ti stai chiedendo se funzionerà o meno, allora questa carta ti da una leggera spinta per perseguire la tua passione. Puoi sempre iniziare in piccolo trattando la tua idea come un esperimento. Quindi, durante il processo, se ti senti bene, continua a farlo. In caso contrario apporta tutte le modifiche e riprova. Lascia che la tua energia, la tua dedizione e la tua motivazione siano le tue guide. Se stavi cercando un segno sul fatto che questo sia un progetto giusto, allora l'Asso di Bastoni è chiaro: "Sì, lo è!". Il bastone che germoglia in mezzo alle fiamme è un'indicazione positiva che il fuoco interiore può ora propagare. Non distrugge, ma ti fa crescere. Usa la tua energia per muovere i primi passi. Anche se fossi un pianificatore di natura, la carta ti invita ad ascoltare il tuo istinto. Se ti sembra una buona idea probabilmente lo sarà. Quindi inizia con alcuni fondamentali per far girare le cose e continua a crescere e a sviluppare il tutto nel tempo.

Tieni presente che gli assi rappresentano buoni risultati, ma potenziali. Quindi non sono garantiti. Inoltre i bastoni sono un seme che deve crescere in qualcosa di sostenibile e solido. L'opportunità offerta può essere una promessa, ma spetta a te massimizzarla a lungo termine. Considera questa carta come la scintilla necessaria per alimentare un enorme incendio, ma ricorda che una piccola fiamma non sarà sufficiente a mantenere acceso il tutto. L'Asso di Bastoni compare anche quando hai l'opportunità di crescere a livello personale. Potresti essere interessato a seguire un corso creativo, di arte oppure spirituale. Potresti - per esempio - iscriverti ad un corso di fotografia, di Tarocchi o ad un programma di miglioramento personale. Confida che questa esperienza ti aprirà a molte altre possibilità.

Lato Ombra

L'Asso di Bastoni, nel suo aspetto ombra, suggerisce che puoi percepire un'idea, ma non sei sicuro di quale forma assumerà. Potresti avere l'energia e la passione per mandarla avanti, ma non hai ancora uno sbocco chiaro per esprimerla. Il significato di questo Arcano può anche significare che la persona sta aspettando che accada qualcosa prima di mandare avanti il suo progetto. Oppure che preferisce mantenere la sua idea privata fino a quando la sua "fiducia nel mondo" non aumenterà.

L'Asso di Bastoni indica che tutte queste idee meravigliose stanno ribollendo, ma bisogna trovare un modo per sfruttare questa energia creativa e prepararla per farla vivere e sopravvivere a lungo termine. L'Arcano suggerisce che stai trovando difficile definire uno scopo oppure quello che vuoi creare. Potresti essere perso in mille passioni senza avere un quadro di dove vuoi canalizzarle. Questa mancanza di direzione indebolirà i tuoi livelli di energia e ti lascerà immotivato o, peggio, privo di ispirazione. Questa carta esce a chi si chiede spesso se ciò che desidera per se stesso va bene oppure c'è bisogno di altre ispirazioni. Però, queste esplosioni di creatività non trovano sempre il modo di esprimersi e, quindi, la persona fa fatica a sapere cosa vuole realmente. Per rimediare a questa stagnazione bisogna concentrarsi su dove si trovano le vere passioni. D'altronde non ha senso lavorare per un obiettivo che non motiva fino in fondo. Quindi, è necessario prendersi del tempo per contemplare ciò a cui si aspira e ciò che si desidera.

L'Asso di Bastoni potrebbe essere un segno di ritardi frustranti che stanno ostacolando il progresso dei tuoi progetti e delle tue idee. È probabile che ti senta impaziente, soprattutto se fossi una persona orientata all'azione o avessi appena iniziato a prendere slancio nella tua attività. Sappiamo tutti che il tempismo è essenziale per il successo, quindi bisogna essere pazienti ed attendere le opportunità migliori per andare avanti.

Lo Avevi Notato?

Il bastone è un chiaro simbolo fallico. Tuttavia, la sua estremità superiore ricorda una vagina. Tutto l'universo sessuale è compresso all'interno di questa carta.

Le Mie Parole Chiave

Creatività. Sessualità. Passione. Coraggio.

Le Tue Parole Chiave

Due di Bastoni

Il Due di Bastoni prende la scintilla dell'ispirazione dall'Asso di Bastoni e la trasforma in un chiaro piano d'azione. Hai attraversato la fase di scoperta e sai ciò che vuoi manifestare. Ora devi solo capire come farlo. Stai esplorando diverse opzioni e pianificando attentamente il percorso, tenendo conto di tutte le possibilità e le potenziali sfide. Sei aperto alla crescita e all'esplorazione di nuovi territori, purché mantenga un livello di certezza che i tuoi sforzi - alla fin fine - funzioneranno.

Il Due di Bastoni annuncia anche una sorta di fase di neutralità dove non riusciamo a scegliere tra due opzioni, anche se è necessario prepararci a prendere una ferma posizione. Questo atteggiamento potrebbe tornarti utile nel giro di poco tempo. Quando l'Arcano appare in una lettura dei Tarocchi significa che non sei pronto a fare la tua mossa. Ecco perché questa carta riguarda anche la scoperta e la curiosità che sopraggiungono, in particolar modo quando esci dalla tua zona comfort ed esplori nuovi scenari e nuovi mondi. Potrebbe volerci una dose di coraggio per iniziare, ma questa carta ti da la fiducia di cui hai bisogno. Lascia che la tua passione ti guidi mentre confermi i tuoi prossimi passi.

Il Due di Bastoni indica che stai considerando le tue aspirazioni a lungo termine e sei pronto a pianificare ciò che devi fare per trasformarle in realtà. I due, nei Tarocchi, rappresentano spesso delle decisioni di qualche tipo, anche se non sei pronto ancora a scegliere. Per ora subodori che c'è qualcosa di più grande e di più significativo, ma ti rendi conto di non padroneggiare ancora bene il discorso. Anche se hai investito molto nelle circostanze attuali è imperativo che tu esca dalla neutralità ed inizi ad esplorare le opzioni a disposizione.

Lato Ombra

Il Due di Bastoni parla di quella fase di neutralità che si può perpetrare nel tempo e che vanifica qualsiasi possibilità di riuscita. Se, a volte, essere consapevoli dell'importanza della non scelta è un'ottima via di risoluzione, altre volte è importante prendere una posizione netta e ben definita. Il significato di questo Arcano nel suo lato ombra ti incoraggia a concentrare la tua attenzione all'interno di te e a dare valore ai tuoi obiettivi personali. Forse devi domandarti se la scintilla interiore è ancora viva ed è pronta per farti sostenere un viaggio sul lungo termine. Considera anche cosa è veramente importante per te e cosa ti motiva. Potresti essere lanciato in una direzione e, dopo aver intrapreso il cammino, accorgerti che la strada non è in pieno allineamento con i tuoi scopi più profondi.

Il significato del Due di Bastoni ti invita a tornare al tavolo da disegno e a connetterti con le tue ambizioni ed i tuoi sogni, apportando tutte le modifiche necessarie per raggiungere la meta. A volte, la carta rimanda a qualche concetto già intravisto nel Due di Spade e può indicare che hai un'idea geniale, ma senza una strategia chiara ed univoca per portarla avanti. Conseguenzialmente, il lavorare a casaccio ed in modo inefficiente ti fa permanere in uno stato di profondo anonimato, senza vedere risultati o progressi. Quando il Due di Bastoni compare durante una lettura di Tarocchi, può indicare che ti trovi ad un bivio e che tutte le strade si somigliano molto. Prima di scegliere quella più facile, cerca di capire se è in grado di portarti dove vuoi veramente andare oppure se rappresenta soltanto una piccola illusione momentanea. Allo stesso modo, il Due di Bastoni può evidenziare che sei riluttante ad entrare in territori sconosciuti nonostante il tuo enorme potenziale, preferendo invece rimanere proprio lì dove sei. Potrebbe essere uno spreco perché se fossi il famoso "grande pesce in un piccolo stagno", allora a cosa staresti rinunciando? Questa carta ti chiede così di riconnetterti con la tua visione e rispolverare alcune motivazioni per le quali hai iniziato qualcosa, il tutto nell'ottica di farla diventare una dinamica più grande e più importante.

Lo Avevi Notato?

A ben guardare la carta, tutto perde di simmetria: lo stelo alto è dritto, mentre quello basso è quasi curvo, le estremità nere dei bastoni non sono uguali, le foglie ai lati hanno una conformazione diversa. Questi aspetti suggeriscono che non esiste realmente una fase di neutralità davanti ad una scelta perché, studiandola meglio, sarà possibile cogliere elementi costitutivi diversi.

Le Mie Parole Chiave

Fase di neutralità. Non si sceglie anche se bisognerebbe prepararsi a prendere una posizione ben definita.

Le Tue Parole Chiave

Tre di Bastoni

Mentre il Due di Bastoni parla della pianificazione per il futuro da un luogo di sicurezza e comfort, il Tre di Bastoni mostra che i tuoi piani sono ora ben avviati e stai considerando ancora più opportunità per espandere la tua strategia attuale e massimizzare il tuo potenziale. Tutto procede in modo costante. Questo è frutto di una preparazione e di un entusiasmo degno di nota. Potresti essere uscito da un periodo di esitazione e, allora, l'esplosione creativa ti ha portato a metterti in moto.

Il Tre di Bastoni segnala le molte possibilità a tua disposizione per ampliare gli orizzonti attraverso percorsi poco logici, ma mossi dalla creatività e dal fuoco interiore. Sono favorite tutte quelle dinamiche scoppiettanti ed entusiastiche. Per sfruttare pienamente questo potenziale devi rimanere impegnato nel tuo percorso ed essere pronto ad andare oltre la tua zona comfort, sapendo che le tue migliori speranze si trovano al di fuori dell'ambiente attuale. È tempo di pensare in grande. Considera cosa puoi fare per aprire le porte ad uno sviluppo maggiore e all'auto esplorazione. Questa carta ti incoraggia a sognare oltre i tuoi limiti. Il Tre di Bastoni porta la tua attenzione sui cambiamenti e le sfide che ti attendono. Dato che questa carta rimanda a tutto ciò che è energico, è probabile che il tuo entusiasmo e la tua creatività siano tutto ciò di cui hai bisogno per superare eventuali blocchi.

Lato Ombra

Il Tre di Bastoni significa che la crescita e l'espansione sono dietro l'angolo, ma stai scegliendo di giocare sul sicuro e rimanere nella tua zona comfort. Di conseguenza ti stai isolando da nuove opportunità e limitando il tuo potenziale. Cos'è che ti sta trattenendo? Forse è tempo di spiegare le ali e volare. Prova anche a leggere qualcosa per motivarti. Forse troverai ispirazione e nuove idee.

Il Tre di Bastoni rimanda alla consapevolezza che hai tentato di intraprendere il tuo viaggio di progresso personale, ma non hai raggiunto i tuoi obiettivi. Ritardi, imprevisti e blocchi potrebbero essere la causa di questi rallentamenti. Esiste un substrato di delusione, frustrazione ed anche una sensazione di disagio generalizzata che è una conseguenza del tempo che hai sprecato e che non sai più come riconquistare. In questo caso è necessario realizzare che queste battute d'arresto sono una parte essenziale di ogni viaggio e contribuiscono all'evoluzione personale.

Quando in una lettura dei Tarocchi vedi comparire il Tre di Bastoni, devi fare attenzione ai tuoi piani, soprattutto a quelli che stanno andando per il verso giusto. Potrebbe essere necessario ritoccare qualcosa dopo un brusco rallentamento. In alcuni casi è importante creare una relazione con qualcuno che ti permetta di andare avanti. Potresti anche avere delle difficoltà a mettere in atto le tue idee ed ora ti senti preoccupato per l'impegno eccessivo e per non riuscire a far fronte a ciò che dovresti fare. È possibile che tu non sia preparato adeguatamente per le sfide sul tuo percorso o che non sia realistico riguardo ai rischi associati ai tuoi piani. Il consiglio di questa carta è quello di suddividere le tue idee in attività più piccole per renderle gestibili e realistiche. Sei sicuro di aver condotto una valutazione del rischio in anticipo prima di ritrovarti con brutte sorprese dopo? Il Tre di Bastoni può anche indicare che l'entusiasmo viene meno, non hai voglia di iniziare qualcosa o non trovi la motivazione per mandare avanti un progetto.

Lo Avevi Notato?

Il Tre di Bastoni è l'unica carta del seme dove i singoli elementi sono equiparabili. Possiamo così pensare al fatto che tre istanze diverse esercitano la medesima forza sulla nostra esistenza.

Le Mie Parole Chiave

Espressione creativa. Trovare un modo dopo un periodo di esitazione. Iniziare qualcosa senza avere le idee chiare.

Le Tue Parole Chiave

Quattro di Bastoni

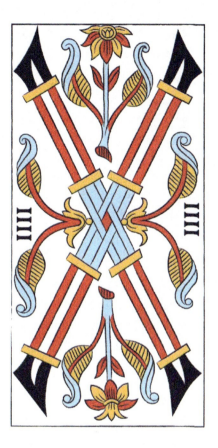

Il Quattro di Bastoni è una carta di gioiosa celebrazione, beata felicità e apprezzamento per tutte quelle cose belle della vita. Quando questa carta compare in una lettura dei Tarocchi è il momento perfetto per festeggiare con tutte le persone che affollano il tuo quotidiano. Puoi commemorare un evento o partecipare ad una celebrazione o, ancora, invitare alcuni dei tuoi amici preferiti per una cena intima senza un motivo particolare.

Il Quattro di Bastoni può mostrare che stai tornando a casa o dalle persone e dai luoghi che ti sono familiari. Forse è proprio per questo che ti senti supportato e sicuro. Poiché l'Arcano si associa strettamente all'ambito domestico, potresti lavorare per migliorare o rinnovare la tua casa o cercarne addirittura una nuova. Forse hai acquistato di recente un immobile e ti stai preparando a stabilirti nel tuo nuovo habitat. Questa carta rimanda ad un senso di immobilità che necessita di un rinnovamento immediato. Se questo fosse il tuo caso potresti sentire un po' di frustrazione data dall'assenza di novità. Il consiglio diviene anche quello di muoverti al più presto cercando una novità in ambito creativo. Lanciati in ciò che ti appassiona.

In numerologia tarologica, il quattro simboleggia la stabilità e le basi solide e, con i bastoni, stai godendo di un periodo di sicurezza e felicità. La carta indica un senso di equilibrio dato dal completamento di un percorso e dalla piena contentezza che ne deriva. Cerca tuttavia di non addormentarti sugli allori. Se stai già lavorando ad un progetto, allora stabilizzalo il prima possibile senza continuare a modificarlo. Se invece il progetto si è appena concluso, il Quattro di Bastoni rappresenta una gratificazione personale, ma anche una visione che inizia a farsi strada e che rappresenta una novità. Quindi cerca di capire come aggiornare il tutto.

Lato Ombra

Il Quattro di Bastoni significa che stai celebrando il raggiungimento di un obiettivo personale, ad esempio smettere di fumare o fare yoga per 30 giorni consecutivi. Non sei obbligato a condividere questo traguardo con gli altri; scegli invece di creare la tua ricompensa speciale per il duro lavoro che hai fatto. Potresti anche essere nel bel mezzo del tuo viaggio e, se pure il traguardo è lontano, stai tagliando tanti mini traguardi personali. Questo ti permetterà di festeggiare con amici e familiari in modo ancora più grande quando tutto sarà finito.

Il Quattro di Bastoni ha a che fare con il raggiungimento di un livello di armonia e di stabilità piuttosto importante. Però, potrebbe essere così importante che - sotto sotto – necessita di un rinnovamento, altrimenti la passività la farà da padrona. Questa carta dice che hai dubitato di te stesso in passato o hai lottato per la tua accettazione, allora è arrivato il momento di innovare la visione che hai di te e di ciò che ti circonda. Devi solo sentirti a casa indipendentemente dal luogo in cui ti trovi. Tutto il resto si risolverà conseguenzialmente. Il Quattro di Bastoni parla dell'esistenza di una mancanza di armonia di fondo o di un'interruzione della comunicazione tra familiari o amici. La tensione potrebbe rimbombare tra i membri del tuo gruppo e ti senti coinvolto nelle preoccupazioni e nei problemi degli altri. Questa sensazione ti lascia incerto sulle tue relazioni e su chi puoi fare davvero affidamento. Devi lanciarti in un periodo di transizione che fai fatica ad accettare, se non altro perché sei comodo proprio dove sei. Preso atto che l'Arcano riflette un certo grado di stabilità, nel suo lato ombra può suggerire che stai attraversando uno sconvolgimento durante il quale hai poca sicurezza. Cambiare lavoro, casa o lasciare una relazione sono tutti ottimi esempi. Anche se sai che questa è una fase passeggera, l'ansia e la preoccupazione potrebbero disarcionarti dal cavallo della tranquillità, facendoti sentire incerto sul futuro. È comunque tempo di vivere la trasformazione senza indugiare più di tanto.

Lo Avevi Notato?

Il motivo floreale in basso presenta un fiore nel suo massimo splendore, mentre quello in alto sembra leggermente appassito oppure in fase di schiusa. Questa è la preoccupazione per il futuro e l'insana voglia di permanere nella zona comfort.

Le Mie Parole Chiave

Immobilità con immediata necessità di rinnovamento. Frustrazione. Obiettivo raggiunto che ci deve spingere ad andare oltre.

Le Tue Parole Chiave

Cinque di Bastoni

Nei Tarocchi, i cinque rappresentano tipicamente delle novità che possono generare anche resistenza, cambiamento o piccoli conflitti. Il Cinque di Bastoni non fa assolutamente eccezione. Questa carta indica che sei nel bel mezzo di una battaglia e le tensioni e la competizione con gli altri sta influenzando la tua capacità di andare avanti per la tua strada e raggiungere i tuoi obiettivi. Piuttosto che essere in grado di lavorare per un obiettivo comune incontri un'opposizione costante. Queste difficoltà non sono così insormontabili e, soprattutto, mancano di falsità e cattiveria. Ecco perché anche tu devi affrontarle con lealtà e trasparenza.

Con il Cinque di Bastoni tutti lottano per essere ascoltati. Ma indovina un po'? Nessuno ascolta. Quando tutti hanno un'opinione diversa, ma nessuno si ferma per analizzare il punto di vista degli altri, i conflitti e le incomprensioni dilagano. Se ti trovi in questa situazione, consideralo come un'opportunità per elevarti al di sopra del disordine e del caos. Prenditi un momento per ascoltare ciò che gli altri hanno da dire anche se non sei d'accordo. La chiave è sintonizzarsi l'uno con l'altro e consentire ad ogni persona di mandare avanti la propria idea. E forse, nel processo, le opinioni possono diventare morbide e silenziose fino a trovare un punto d'incontro. Gli altri potrebbero addirittura arrivare a darti il rispetto che stai cercando al fine di ascoltare il tuo punto di vista. A volte, questo tipo di conflitto e di discussione può essere molto produttivo, ad esempio con il brainstorming di gruppo e la risoluzione dei problemi.

Hai bisogno di un ambiente costruttivo in cui testare le tue idee e sfidarle fino a migliorarle. Potresti trarre vantaggio dalla creazione di un gruppo di lavoro, di un comitato organizzato o da un insieme di persone che portano prospettive ed esperienze diverse. Dimostrati aperto a questo dibattito come contributo positivo per migliorare la qualità delle tue idee e delle tue azioni.

La carta incoraggia anche la diversità e le differenze di opinione. Potresti avere a che fare con persone di culture lontane dalle tue e lottare per accettare il loro modo di vivere. Sappi che non esiste giusto e sbagliato. Ogni persona ha qualcosa di unico da darti e ne trarrai beneficio solo se imparerai di più arricchendoti nel tuo intimo. Il Cinque di Bastoni incoraggia un approccio entusiasta al cambiamento. La trasformazione sta arrivando, che ti piaccia o meno. La tua sfida sarà quella di garantire che tutti siano sulla stessa lunghezza d'onda ed affrontare questo cambiamento in modo positivo e costruttivo. Attualmente l'energia del gruppo è dispersa da un entusiasmo divergente, ma l'indirizzo dato è il medesimo. Ognuno ha le proprie idee, ma nessuno è lì per immetterle e svilupparle in un percorso logico. Il tuo ruolo quindi potrebbe essere quello di identificare una strategia ed uno scopo comune che possano essere poi implementati da tutti i soggetti coinvolti.

Lato Ombra

Quando il Cinque di Bastoni compare nel suo aspetto ombra significa che stai affrontando un conflitto interiore e non hai ben chiaro dove ti trovi o dove vorresti andare. Questa carta indica che stai cercando di farti un'idea su argomenti controversi come la globalizzazione, l'ambiente, la crisi economica oppure su questioni personali come lasciare una persona o accettare una proposta lavorativa. Ad ogni modo, l'ambiente attorno a te ha opinioni nettamente discordanti dalle tue e questo crea grande tensione e disaccordo. Proprio quando pensi di avere una prospettiva chiara ed univoca, qualcuno ti sfida o scopri nuove informazioni che mandano in crisi la tua presa di posizione. Puoi vivere questo processo come qualcosa di demoralizzante oppure come qualcosa di vantaggioso che ti aiuterà a raggiungere una comprensione ponderata e studiata. Sappi che non esiste una risposta giusta e che qualcuno non sarà d'accordo con il percorso che hai scelto, quindi trova un'opzione che si adatti, in primis, a stesso.

Il Cinque di Bastoni rimanda, oltre che alle difficoltà ed alle opposizioni, anche ad una possibile slealtà nel confronto che nasconde cattiveria e falsità. In questa situazione ti conviene cercare di fare una chiarezza emotiva e psicologica prima di mettere in gioco la tua forza. La carta significa che hai la tendenza ad evitare il conflitto. Potresti scoprire che qualsiasi tensione ti fa sentire a disagio e vorresti che sparisca da sola. Ecco perché impieghi molta energia ad ignorare il problema. Però, così facendo, metti semplicemente da parte alcune delle tue preoccupazioni senza affrontarle davvero o senza esternare il tuo punto di vista. Questi problemi potrebbero così ripresentarsi nel giro di poco tempo. Alcuni conflitti possono essere utili, soprattutto se sono costruttivi ed in grado di tirare fuori problematiche sottostanti in modo da trovare soluzioni ancora migliori. Considera quindi se scappare costantemente dal disagio di confrontarti con altri su un blocco oppure se è giusto affrontarlo del tutto e prenderlo di petto.

Il Cinque di Bastoni è come un sospiro di sollievo dopo una lotta. Non devi più affrontare la concorrenza e puoi semplicemente essere te stesso, facendo ciò che ami e ciò che ti rende felice. Tutte le persone che sono lanciate su un percorso di miglioramento personale, possono vedere questa carta come la possibilità di lavorare sulla rabbia verso gli altri, l'ostilità ed il freno sociale al fine di essere più sicure nelle proprie relazioni. Infine, sappi che non è necessario mettersi costantemente alla prova se questo non implica un vantaggio su un piano pratico. Per esempio, se senti la necessità di trasformare la tua passione in un lavoro, fallo, anche se hai attorno a te persone che cercano di scavarti la fossa.

Lo Avevi Notato?

Le congiunzioni gialle oblique poste al centro della carta sembrano passare davanti al bastone centrale sulla parte bassa e dietro sulla parte alta. Questo aspetto acuisce il senso di intrico presente nell'Arcano. Bisogna così affrontare con linearità le opposizioni e le resistenze che viviamo.

Le Mie Parole Chiave

Difficoltà ed opposizioni non così insormontabili. Nessuna cattiveria o falsità. Lealtà nel confronto.

Le Tue Parole Chiave

Sei di Bastoni

Il Sei di Bastoni appare quando hai raggiunto un traguardo importante o un obiettivo significativo e sei fiducioso, sicuro di te e del tuo successo. Hai sfruttato i tuoi punti di forza e i tuoi talenti per ottenere un esito felice. Sei riuscito a superare delle contraddizioni e a ridurre al minimo le distrazioni. Qualora le sfide incontrate lungo il tuo percorso sono state importanti, le hai superate con successo e non devi colpevolizzarti di nulla. Hai fatto il meglio che potevi fare con ciò che avevi e ciò che sapevi.

Il Sei di Bastoni suggerisce che stai ricevendo (o dovresti ricevere) un riconoscimento pubblico, un premio, un plauso, una medaglia. Potrebbe anche trattarsi di una pacca sulla spalla, ma questa attenzione è una grande spinta alla fiducia personale e ti da la forza per continuare con i tuoi sforzi.

L'Arcano ti incoraggia a metterti in gioco e ad essere orgoglioso di ciò che hai ottenuto. Grida al mondo i tuoi successi ed organizzati al fine di farti vedere dagli altri. Credi che si tratti di egocentrismo? No! È un sano riconoscimento degli sforzi che hai fatto. Sii aperto a ricevere amore e sostegno. Adesso è il tuo momento di brillare. Potresti entrare in armonia con gli altri ed anche nella loro intimità. Questa è infatti una carta di creatività e sessualità. A volte rappresenta l'incontro tra due parti con obiettivi diversi, ma che possono comunque creare delle situazioni piacevoli. Il Sei di Bastoni è un incoraggiamento positivo a credere in chi sei e nei tuoi risultati. Abbi fede in ciò che hai fatto e permetti alla ricompensa di entrare nella tua vita. Non lasciare che la paura o il senso di colpa ostacolino il tuo successo. Dovresti essere orgoglioso. Tieni la testa alta e sappi che sei degno di ammirazione. Tieni presente che se non sei ancora arrivato al traguardo, allora devi godere dei piccoli risultati raggiunti. Questo perché c'è ancora un po' di strada da fare e le sfide potrebbero essere prossime, ma fatti coraggio sapendo che hai il supporto di coloro che ti circondano.

Lato Ombra

Il Sei di Bastoni suggerisce che hai raggiunto un traguardo personale significativo, ma preferisci tenere per te questo successo. Potresti sentirti a disagio nel ricevere elogi pubblici per il tuo lavoro o potrebbe essere un risultato così personale che non senti la necessità di condividerlo con gli altri. In questo caso devi fare molta attenzione al perché fai tutto questo: vuoi tenere tutto per te perché ti manca la fiducia e ti senti nervoso? Oppure sei un tipo defilato e riservato? Ricorda che la linea di confine tra solitudine ed isolamento è spesso molto sottile. Il Sei di Bastoni significa che potresti incontrare una controparte con idee ed obiettivi diversi dai tuoi. Questo causa una situazione spiacevole, nell'impossibilità di trovare un punto di incontro. Se questo dovesse accadere nel tuo rapporto di coppia, allora cerca dei modi per salvarlo. Quando vedi comparire questa carta sei incoraggiato a creare la tua personale definizione di successo. Se ti sei trovato a cercare approvazione e convalide oppure a confrontarti con gli altri, potresti sentirti defraudato del tuo potere personale ed un po' fuori dal gruppo. Così, piuttosto che fare affidamento sulle opinioni di qualcun altro, porta la tua energia al centro e chiediti chi sei e cosa è veramente giusto per te. Questo ti aiuterà a far crollare molte credenze limitanti. Quando hai chiaro chi sei e che cosa vuoi, allora prenderai decisioni migliori perché sono in linea con la tua persona. Aumenterà la fiducia, l'indipendenza e la tua voglia di vivere. In questo periodo potresti vivere delle disavventure sessuali importanti come la mancanza di desiderio o qualche problema al riguardo. Il Sei di Bastoni, nel suo lato ombra, significa che sei caduto in disgrazia e non hai ricevuto il riconoscimento pubblico che stavi cercando e che, sotto sotto, meritavi. Non ti hanno dato quel feedback per i tuoi sforzi oppure, peggio ancora, sei stato al centro di critiche ed attacchi ingiusti. Forse potresti esserti aspettato che le cose funzionassero alla grande, ma la realtà è che va tutto a rotoli, procede lentamente e non hai certezze per il futuro. Così, se la tua sicurezza ha subito un duro colpo, potrebbe essere meglio trovare un nuovo ambiente dove ricostruire il tuo "prestigio personale". Probabilmente le aree di vita da rivedere sono quelle che riguardano il lavoro, il sesso, la creatività, la passione o il contatto con gli altri. L'Arcano indica che nella tua vita esiste una buona dose di presunzione, arroganza ed egocentrismo che può disturbarti. Armati della migliore autostima e continua ad andare avanti per la tua strada. Se, invece, sei tu ad assumere un atteggiamento "egoico", il Sei di Bastoni significa che è probabile che qualcuno voglia buttarti giù dal trono, danneggiarti in modo intenzionale e coprirti di fango. In questo caso valuta se è opportuno continuare con un atteggiamento altezzoso ed esuberante oppure se è necessario scendere a patti. Trovare un accordo, a volte, dona la consapevolezza che l'equilibrio ed il tono armonioso della situazione è da preferire al resto.

Lo Avevi Notato?

Analizzando i due fiori posti in alto ed in basso si nota che i sepali azzurri sono diversi. Quello in basso è morbido e fiorito, mentre quello in alto sembra più rigido e spinoso. Il sepalo protegge il calice del fiore. Ecco perché questa carta invita a non proteggersi e non chiudersi in se stessi quando si tratta di evolvere e progredire.

Le Mie Parole Chiave

Sesso. Incontro tra due parti con obiettivi diversi, ma che possono comunque creare situazioni piacevoli.

Le Tue Parole Chiave

Sette di Bastoni

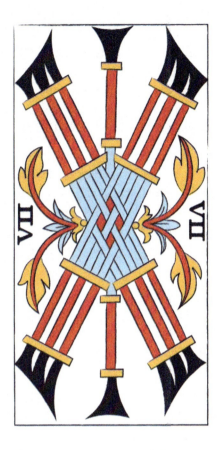

Dopo il successo e l'armonia raggiunta con il Sei di Bastoni, ora sei in una posizione invidiabile e forse qualcuno attorno a te potrebbe bramare il tuo posto. Hai lavorato duramente per arrivare dove sei, ma come accade nella vita, troverai sempre qualcuno che proverà a demolirti. Sebbene da un punto di vista spirituale tutto ciò sia lusinghiero, a livello pratico una conseguenza logica di questo atteggiamento è che l'ambiente diviene teso e competitivo. Da un lato vuoi proteggere ciò che hai costruito, dall'altro devi continuamente dimostrare agli altri ed a te stesso di esserne all'altezza. È un triste fatto della vita, ma più visibilità hai come leader nel tuo campo (e più ampio è il tuo pubblico), più è probabile che dovrai affrontare questo tipo di pressioni. C'è chi, vedendo il tuo successo, metterà in discussione in modo insensato ed acritico il tuo punto di vista solo per demolirti. Forse non sai

319

che esiste un nome specifico per questo atteggiamento ed è: sindrome del papavero alto. La "sindrome del papavero alto" descrive l'odio generato dalle persone che riescono ad emergere in un determinato ambito. Quest'odio non è propriamente una forma di invidia, bensì è legato al fatto che il successo altrui mette in evidenza i propri limiti. Così, quando il Sette di Bastoni appare in una lettura dei Tarocchi, aspettati di vedere i troll e gli haters che affollano il tuo quotidiano. Dovrai proteggere il tuo territorio e combattere per ciò che hai. Nel peggiore dei casi potresti dover assumere un avvocato o un team di supporto che possa - in qualche modo - difenderti da ogni minaccia.

La carta può apparire quando hai un punto di vista controverso o desideri esprimere la tua opinione in un forum pubblico. Ci saranno degli scontri, ma devi rimanere saldo sui tuoi principi. Sii pronto a sostenere la tua argomentazione pur rimanendo fermo su ciò in cui credi. A volte l'opposizione può coglierti di sorpresa e non ti senti adeguatamente preparato per uno scontro verbale. In questo caso cerca di arrampicarti sugli specchi pur di mandare avanti la tua idea. Dovrai prepararti meglio la prossima volta.

Il Sette di Bastoni ti invita a mappare qualsiasi potenziale minaccia o rischio prima di andare avanti con i tuoi piani. Ricorda che il numero sette è attivo e, quindi, potresti iniziare a muoverti senza aver ragionato effettivamente sui problemi che incontrerai. Cerca sempre di perseguire un progetto creativo e di capire come aggirare gli ostacoli in modo altrettanto creativo. Devi avere fiducia in te stesso, nelle tue azioni e in un team di appartenenza. Stabilisci confini chiari e proteggili. Mantieni la tua posizione e difendila a tutti i costi. Ciò richiede coraggio e tenacia, ma con questa carta puoi riuscirci.

Lato Ombra

Il Sette di Bastoni significa che la pressione esterna ti appesantisce notevolmente lasciandoti dubbi su te stesso e sul fatto che ne valga davvero la pena. Ti senti sotto una costante opposizione da parte del mondo esterno. Se all'inizio potevi anche pensare di resistere, ora sei esausto e pronto a rinunciare completamente. Non lasciare che tutto ciò ti faccia naufragare. Anche se sei stanco, il Sette di Bastoni ti esorta a continuare a lottare per ciò in cui credi. Sii forte, riconosci la tua posizione e non cambiare chi sei solo per rendere felice gli altri. Il Sette di Bastoni significa che esiste qualcuno che ti sta criticando continuamente, la tua famiglia oppure i tuoi amici stanno mettendo in forte discussione le scelte che hai fatto come, per esempio, rimanere in una relazione impegnativa o in un lavoro poco soddisfacente. Dentro vorresti che tenessero la bocca chiusa e sei pronto a combattere per i tuoi ideali, ma lo fai in modo troppo aggressivo, risultando dalla parte del torto. Questo Arcano serve come promemoria del fatto che non conquisterai sempre tutti anche perché questo non è realmente il tuo compito. Ci saranno sfide ed opposizioni al tuo punto di vista. È il momento di tracciare una linea di confine che delimita ciò che sei e ciò che non sei. Quando vedi comparire questa carta non è il momento di alcun compromesso o di alcuna negoziazione. Tieni duro con determinazione e coraggio.

Il Sette di Bastoni dice che sei sopraffatto dalle sfide e dalle responsabilità della tua vita. Ti senti incapace di guardare la situazione da un punto di vista più ampio. Potresti aver preso troppi impegni ed ora vuoi concentrare la tua attenzione solo su una o due cose. C'è una sorta di preoccupazione nel dover competere con gli altri che ti fa sentire inadeguato e vulnerabile. Lavora per ricostruire la tua fiducia e la tua autostima avendo fede di raggiungere ciò che ti sei prefissato di fare. Qualora fossi lanciato in una sfida che ti sembra troppo grande, sappi che le difficoltà possono essere superate, ma il prezzo da pagare è così alto che la vittoria potrebbe non risultare tale. Evita le concessioni che puoi fare agli altri e, soprattutto, mantieni inalterati i tuoi ideali.

La carta evidenzia che stai cercando di evitare i conflitti, ma questo comporta un ritiro dal mondo che ti fa stare ancora peggio. Devi capire se essere accettati ed apprezzati dagli altri è per te più importante che lottare per ciò in cui credi. Infine, il Sette di Bastoni significa che potresti aver provato di tutto ed aver fatto del tuo meglio solo per accorgerti che non ne è valsa la pena. Anche se hai già investito del tempo in quella particolare dinamica, puoi sempre lasciar perdere ed andare avanti con qualcos'altro. Per qualcuno questo potrebbe sembrare un modo di arrendersi, ma a lungo termine sarà una grande forma di vittoria.

Lo Avevi Notato?

Tutto l'intreccio di bastoni sembra gravare sull'unico elemento verticale. Questo rappresenta l'ostacolo psicologico nel quale inciampiamo quando tutti intorno a noi si mettono a remare contro.

Le Mie Parole Chiave

Le difficoltà possono essere vinte, ma bisogna pagare un prezzo. Fare una piccola concessione. Cedere ad alcune pressioni pur rimanendo saldi sulle proprie prospettive.

Le Tue Parole Chiave

Otto di Bastoni

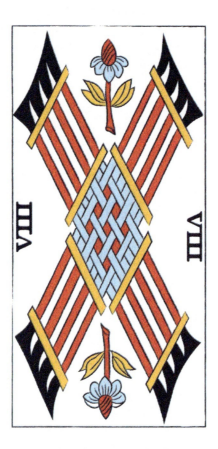

L'Otto di Bastoni dice che le controversie sono finite e hai la libertà e lo spazio per andare avanti con i tuoi piani. Questo otto è una carta che ha un alto livello di energia e che ti spinge a trovare un equilibrio percorrendo strade diverse. Magari gli impegni ai quali far fronte saranno molti, ma questo è uno di quei periodi buoni durante i quali sei entusiasta dei progressi che stai facendo. L'Otto di Bastoni ti incoraggia ad andare con il flusso creativo. Semplicemente non resistergli. Tutto si sta muovendo velocemente in questo momento e dovrai sfruttare al massimo lo slancio in avanti per manifestare i tuoi obiettivi ed i tuoi sogni. Consenti all'energia dell'Universo di fluire attraverso di te e portarti più vicino al tuo obiettivo. Cos'è questa energia? Un'intuizione, un'ispirazione o qualcosa che senti dentro e che ti da pace. Se, di contro, ritieni che stai correndo troppo, allora sentiti libero di rallentare le cose, ma non fermarti. La paura dell'ignoto o della velocità potrebbe farti sprecare molte opportunità. Alimenta un cambiamento positivo per produrre risultati altrettanto positivi e significativi. L'Otto di Bastoni ti invita anche a concentrarti sulle tue intenzioni e le tue azioni. Determina cosa vuoi manifestare e poi allinea tutte le tue risorse e le tue energie per concentrarti sull'obiettivo. Elimina le distrazioni, vai al sodo e dedicati al compito con determinazione e forza di volontà. Questa esperienza potrà rivelarsi altamente produttiva permettendoti di realizzare il tutto in breve tempo. Con questo Arcano puoi aspettarti il rapido completamento di un progetto in corso, ma puoi anche ritrovarti ad essere occupato da qualcosa di nuovo ed ancora più eccitante. Non c'è modo di fermarti perché stai solo scoppiando di energia e di idee e non vedi l'ora di raggiungere un compito per iniziarne un altro. Per massimizzare questa energia assicurati che le tue attività siano in linea con i tuoi obiettivi più ampi. Investi nelle cose giuste al momento giusto, senza perderti o disperdere risorse. Inoltre questa carta è un segno per colpire mentre il ferro è ancora caldo. Infatti ha un'energia orientata all'azione che ti incoraggia a muoverti. Determina dove vuoi andare e va. Ad un livello molto più pratico, l'Otto di Bastoni suggerisce un viaggio in aereo, una vacanza oppure il divertimento come, per esempio, il far parte di un tour di gruppo che visita diversi paesi in pochi giorni.

Lato Ombra

L'Otto di Bastoni significa che stai andando avanti con un'idea oppure con un piano, ma devi rallentare e considerare i prossimi passi prima di continuare. Potresti perdere qualcosa nella fretta di avanzare ed essere incline a commettere errori o prendere decisioni sbagliate. Se da un aspetto più in luce questa carta esorta a mettersi in moto per trovare un equilibrio percorrendo addirittura più strade, nel suo lato ombra invita a fermarsi un attimo e non farsi carico di troppe opzioni rispetto a quelle che potresti davvero fronteggiare. L'Otto di Bastoni dice che tendi a precipitarti nelle cose senza avere un piano chiaro di dove stai andando. Fa attenzione alla "Sindrome dell'Oggetto Brillante" per la quale, appena inizi a stare dietro ad un'idea, te ne viene in mente un'altra, un'altra ed un'altra ancora. Il problema di questo strano approccio è che non realizzi mai nulla perché salterai da un progetto ad un altro senza portare a termine un bel niente. La carta significa che stai resistendo al cambiamento, cercando di fermare il flusso di energia e di movimento. Questo renderà le cose più difficili, quindi lasciati andare e segui la scia che l'Universo ti sta dando. Se ti senti bloccato, devi fare le cose diversamente. Intendo avere nuove routine, nuovi luoghi e nuove attività. Farò un esempio stupido, ma molto eloquente: se ti senti bloccato a leggere le carte e non capisci le risposte che ti stanno dando gli Arcani, perché non li usi per formulare la domanda? Come vedi, questo approccio trasversale è in grado di portarti un po' più in là rispetto a ciò che hai sempre fatto.

L'Otto di Bastoni può segnalare ritardi significativi, in particolare per quanto riguarda gli spostamenti, i progetti in rapido movimento oppure i viaggi. Nonostante tu abbia molta energia ed entusiasmo per far progredire le cose, il fatto di affrontare molteplici ostacoli contemporaneamente ti fa perdere la gioia ed allunga all'inverosimile i tempi di realizzazione del tuo progetto. Questo è incredibilmente frustrante e potresti diventare sempre più impaziente, di giorno in giorno. Continua a cercare modi alternativi per aggirare le sfide presentate in modo da poter portare a termine i tuoi piani. Non dimenticare - infatti - che il seme di bastoni rimanda proprio alla creatività ed all'intraprendenza. Fa attenzione se questa carta compare nei tuoi tiraggi durante un periodo già di suo difficile. In questo caso aspettati che i tuoi piani vengano doppiamente ritardati. Allo stesso modo, l'Otto di Bastoni significa che puoi sospendere le tue attività per un breve periodo, fino a quando la situazione non diventerà più stabile e meno stressante. È anche importante mettere in ordine la tua vita come: il benessere emotivo, i livelli di energia, le dinamiche spirituali e la salute fisica. Questo ti permetterà di trovarti in una posizione eccellente e di andare avanti con i tuoi piani in modo altrettanto eccellente.

Lo Avevi Notato?

Il fiore in basso ha una parte di corolla bianca. È la purezza che si prova nel radicare le proprie ispirazioni rendendole materiali.

Le Mie Parole Chiave

Rimettersi in moto. Trovare un equilibrio percorrendo più strade.

Le Tue Parole Chiave

Nove di Bastoni

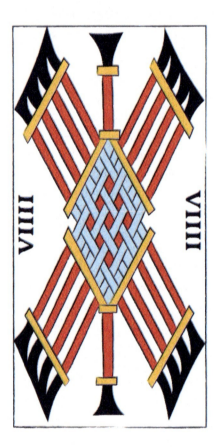

Il Nove di Bastoni è una sorta di segno che anche di fronte alle avversità sei forte ed impassibile. È vero, potresti essere sull'orlo dell'esaurimento, ma sei resiliente, persistente e pronto a fare tutto ciò che serve per arrivare al traguardo. Questa carta può anche venire fuori durante una lettura dei Tarocchi quando ti senti malconcio e contuso, dopo aver sopportato sfide e lotte significative lungo il tuo percorso. Proprio quando pensi di fare dei progressi, ecco che subisci un'altra battuta d'arresto.

Il Nove di Bastoni ti chiede di credere che questa sia solo una prova della tua persistenza e sappi che, ogni volta che superi un ostacolo, diventi più forte. Hai le risorse interiori necessarie per superare qualsiasi difficoltà che incontri, anche se al momento ti sembra assurdo o impossibile. Considera questo nove come una garanzia che, alla fine, prospererai solo se manterrai la tua posizione. E se non ci riesci, riprova. È solo una lunga gara di resistenza. L'Arcano ti incoraggia a continuare a spingere perché sei davvero vicino al traguardo, anche se non hai questa consapevolezza. Se vuoi arrenderti perché ti senti stremato, sappi che potrebbe essere l'ultima sfida prima di raggiungere l'obiettivo, quindi non lasciare andare le tue speranze ed i tuoi sogni. C'è qualcuno che potrebbe tentare di opporsi ai tuoi piani, renderti le cose difficili o persino attaccarti in modo indegno per quello che stai facendo o mettendo al mondo. Spesso lo fanno perché sono gelosi del tuo successo e proiettano su di te le loro insicurezze e le loro paure. Non lasciare che queste cose ti tocchino. Puoi creare il tuo cambiamento come meglio credi. Non spegnere la tua luce.

Infine, il Nove di Bastoni è un invito a trovare le persone in grado di supportarti e lasciare andare coloro che invece non lo fanno. Probabilmente se non hai fatto valere le tue idee, potresti subire un'invasione degli altri nel tuo territorio. Sii molto chiaro su ciò che vuoi e su ciò di cui hai bisogno.

Lato Ombra

Il Nove di Bastoni significa che stai lottando per continuare a lavorare al fine di raggiungere i tuoi obiettivi. Le sfide sul tuo cammino sono implacabili e ti colpiscono pesantemente, una dopo l'altra. Non sai se puoi farcela e potresti essere pronto ad arrenderti. Sappi solo che sei così vicino al completamento di questa sfida che sarebbe un peccato lasciare andare in malora tutto ciò che hai costruito fino ad ora. Attingi alle tue risorse interiori, alla tua resilienza, al coraggio, al dialogo interiore e ad una mentalità positiva.

La carta significa che hai tutto per trasformare questa difficile situazione in un successo fantastico e puoi addirittura aiutare gli altri ad affrontare i loro ostacoli. Continua a combattere. Sei davvero vicino alla meta. Quando questo Arcano compare nelle tue letture, puoi pensare che la stanchezza oppure un fermo forzato ti impediscano di rispolverare quel dinamismo che avevi all'epoca. Allora devi iniziare a pensare che, passo passo, è sempre possibile andare avanti sul proprio percorso. Quando siamo lasciati a noi stessi, allora il Nove di Bastoni significa che possiamo battere delle strade poco convenzionali, ma che ci porteranno comunque al successo. La carta indica che ti senti sopraffatto da alcune responsabilità oppure non hai il sostegno delle persone che ti circondano. Ti sembra che la tua esistenza sia fatta di solo lavoro e di nessuno svago. L'Arcano potrebbe addirittura comparire quando subiamo una battuta d'arresto temporanea e abbiamo bisogno di più energia per superarla. Assicurati così di non farti carico di troppi impegni finché non avrai un maggiore controllo sulle circostanze. Se non riesci a vedere la fine delle tribolazioni, sentiti libero di chiedere aiuto: assumi un assistente o una donna delle pulizie, arruola i tuoi cari a supporto o lavora con un mentore per aiutarti a gestire la mole di lavoro.

Il Nove di Bastoni mette in luce che sei vittima della paranoia, ti poni in un atteggiamento difensivo e le preoccupazioni ti stanno prendendo al cappio. Potresti pensare di essere sempre attaccato da un gruppo di persone o di essere preso di mira ingiustamente. Spesso questo è solo un segno di una paura atavica dentro di te piuttosto che una vera minaccia esterna. Concentrati sul tuo gioco e non preoccuparti delle mosse che fanno gli altri.

Lo Avevi Notato?

Il Nove di Bastoni è l'unico Arcano ad avere l'elemento verticale con l'estremità bassa dritta. Tutte le altre carte del seme la presentano curva. Questo elemento è un invito a radicarsi bene a terra evitando che pensieri poco stabili strutturino le tue idee per il futuro. Un'altra caratteristica è che il Nove di Bastoni non ha vegetazione, a differenza di tutte le altre carte. Possiamo così pensare che non c'è alcuna possibilità di fiorire e, quindi, si permane in uno stato di stanchezza e di solitudine.

Le Mie Parole Chiave

Stanchezza. Sentirsi minacciati. Fermo forzato. Porte chiuse. Impossibilità di tornare indietro.

Le Tue Parole Chiave

Dieci di Bastoni

Il Dieci di Bastoni ti fa notare che forse ti stai assumendo una sorta di fardello extra, un carico di lavoro più pesante o una responsabilità maggiore. Anche se ti appesantisce e ti rende le cose più difficili, sappi che quando sei disposto ad impegnarti per raggiungere il tuo obiettivo, i frutti saranno maggiori. Ad esempio, potresti lavorare delle ore extra per guadagnare di più e fare una vacanza in famiglia, oppure puoi aiutare un amico con un trasloco per il piacere di farlo, ma anche perché ricambierà il favore quando l'anno venturo sarai tu a trasferirti o, ancora, puoi prenderti cura di un familiare malato, cosa che aumenta il tuo stress e le tue responsabilità, ma sai che quella persona apprezzerà profondamente il tuo operato. Insomma, è una sorta di dare e avere. Certo, non significa che devi metterti a disposizione di qualcuno solo perché hai la consapevolezza che potrai richiedere indietro qualcosa, ma prendendo come assioma il fatto che il miglior modo di ricevere è dare, questa carta è un inno al concetto appena esposto. L'Arcano appare quando ti assumi inconsciamente delle responsabilità extra sentendoti appesantito, esausto e stressato. In questo caso devi vedere quale risvolto positivo avrà per te tutto questo. Puoi provare a fare tutto in una volta sola anche se sai che stai aggiungendo ulteriore pressione alla tua vita quotidiana. In questo caso il Dieci di Bastoni ti chiede di fermarti e di esaminare il tuo attuale stile di vita o di lavoro. Valuta quali attività o compiti sono urgenti o importanti e quali puoi posticipare. Potrebbe essere necessario utilizzare vari metodi di gestione del tempo o di assegnazione delle priorità per determinare dove è meglio dedicare il proprio impegno e quali attività è possibile abbandonare. Il tuo obiettivo deve essere una maggiore efficienza e, allo stesso tempo, il liberarti per riposarti e rilassarti quando ne hai bisogno.

La buona notizia è che i dieci nei Tarocchi rappresentano il completamento di un ciclo. Così, con questa carta, la fine è in vista. Ti sei spinto oltre i tuoi limiti e hai lavorato molto duramente per raggiungere l'obiettivo. Ora stai compiendo quei passi finali del percorso al fine di mettere un punto. Certo, potresti essere sopraffatto dalla stanchezza una volta arrivato, ma sai anche che ne è valsa la pena. L'Arcano può anche mostrare che alcune responsabilità ed alcuni impegni significativi sono una diretta conseguenza di ciò che hai raggiunto. D'altronde, quando arrivi ad un completamento di un'opera o di un progetto, sei consapevole che devi portare avanti i compiti prefissati al fine di assicurarsi una continuità del successo. Il problema è che queste responsabilità potrebbero diventare troppo da sopportare e tu stai lottando per rimanere a galla. È un po' come l'imprenditore che riesce a creare un'attività fiorente, ma non è preparato a delegare alcune delle sue responsabilità al personale e finisce per lavorare 90 o 100 ore settimanali bruciandosi completamente. L'ispirazione e la creatività derivate dall'obiettivo o dalla visione iniziale scompaiono e tutto diventa troppo duro per essere gestito da solo. Nel caso specifico l'invito è quello di permettere alle altre persone di arrivare in tuo soccorso.

Lato Ombra

Il Dieci di Bastoni significa che stai cercando di fare troppe cose senza essere aiutato da nessuno. Il problema è che non cerchi nemmeno l'appoggio di un'altra persona che sia in grado di sostenerti lungo il percorso. Nel tuo sforzo di essere tutto per tutti, ti sei trovato a lottare sotto il peso di un'incredibile mole di lavoro. Delega e condividi i tuoi compiti perché ti stai bruciando. L'Arcano mette in luce la necessità di essere fermo nel dire di no alle cose che sai di non poter affrontare. È imperativo mettere al primo posto la cura di sé ed il benessere personale. Se non dovessi seguire queste direttive non sarai d'aiuto a nessuno, nemmeno a te stesso. Questo è proprio il momento di pensare alla frase: "Indossa la tua maschera di ossigeno prima di aiutare gli altri!".

Il Dieci di Bastoni significa che stai portando un fardello sulle tue spalle, ma lo stai mantenendo privato e non sei disposto a condividerlo con chi ti è attorno. Potresti essere alle prese con un trauma creativo, passionale o sessuale e cerchi di affrontare tutto da solo. È importante chiedere aiuto o, almeno, evitare di allontanare le persone che possono sostenerti. Scoprirai che condividere parte di questo fardello, potrebbe essere un sollievo e, con la ritrovata leggerezza, avresti anche la giusta energia per risolvere il problema. Il Dieci di Bastoni significa che ti stai facendo carico di troppe mansioni e troppi impegni pur sapendo che non riuscirai mai a stare dietro a tutto. Se ti senti appesantito dalle circostanze attuali cerca dei modi in cui potresti alleggerire il carico. Questa carta esce anche a chi si preoccupa di cose che non sono importanti, non possono essere cambiate o non sono reali. Smettila di voler apparire un martire agli occhi della gente. Non serve a nulla continuare ad offrire l'altra guancia. Se durante una lettura questa carta dovesse uscire in un contesto più che positivo, allora ti assicura che il tempo della fatica, della sfiducia e delle difficoltà può passare presto e sarai in grado di ritrovare una nuova serenità.

L'Arcano ha a che fare con l'identificazione, ovvero devi identificare attivamente quelle attività che non ti portano alcun valore nella vita. Liberati da tutte le responsabilità che non ti competono. Prendi in considerazione l'idea di passare attraverso un processo di pulizia, eliminazione e riordino. Questo ti semplificherà l'esistenza. Perché? Perché potrai beneficiare di una migliore organizzazione ed una migliore definizione delle priorità, godendo di armonia e leggerezza derivate proprio da questo rilascio.

Lo Avevi Notato?

Il Dieci di Bastoni è l'unica carta pari del seme ad avere gli elementi verticali al centro che sostituiscono il corredo floreale. Questi due elementi, ovvero i due bastoni, corrono paralleli l'un l'altro ed indicano la necessità di affiancarsi a qualcuno per andare avanti durante un momento di tribolazione.

In aggiunta, proprio questi due bastoni verticali, nella loro unione, formano una lama bianca, ovvero la stessa che compare con gli elementi in obliquo. Mi piace così pensare al fatto che, per la prima volta, nasce qualcosa sorretto dall'incontro di due persone.

Le Mie Parole Chiave

Qualcuno in cui credere e con cui attraversare periodi difficili. Chiedere aiuto. Dare e avere.

Le Tue Parole Chiave

Paggio di Bastoni

Con il Paggio di Bastoni sei incline a dare tutto a tutti. Cogli l'opportunità di iniziare un nuovo viaggio o un nuovo progetto e vedi dove ti porta. Non hai necessariamente un piano solido al quale attenerti, né sai realmente dove stai andando. Tuttavia sei entusiasta delle possibilità. Hai questo dono speciale di sognare nuove idee creative, libere dai fardelli della vita quotidiana. È per questo che niente ostacolerà i tuoi sogni. Mentre il Paggio di Bastoni può indicare che stai vivendo un'irrequietezza creativa, nota che i paggi nei Tarocchi difficilmente indicano il movimento. Hanno più a che fare con la potenzialità, i dubbi o la creazione mentale di qualcosa. Ecco perché hai ancora bisogno di prendere la tua scintilla passionale e radicarla nel tuo mondo in modo che sia pronta per essere implementata nel regno fisico. A tal proposito potresti dover mappare una strategia o dover testare le tue idee.

Oppure potresti aver bisogno di creare alcuni esperimenti prima di impegnarti. Ricorda anche che potrebbe essere utile esaminare i tuoi pensieri attraverso un filtro in modo da agire solo su quelli più in linea con i tuoi obiettivi.

Il Paggio di Bastoni può apparire quando un percorso o un viaggio spirituale potrebbe chiamarti. Hai come la sensazione che qualcosa ti spinga lungo quella strada, senza chiarire bene cosa sia. In quel caso controlla se questa sensazione sia in linea con il tuo Sé Superiore. Hai una mente curiosa e vuoi vedere dove la tua chiamata potrebbe portarti. Sebbene sei un principiante, rimani aperto all'esperienza e desideroso di scoprire nuovi livelli di coscienza. Potresti anche trarre vantaggio dal lavorare con un saggio mentore o qualcuno che ha già percorso quella strada. Fatti guidare e goditi i benefici.

Lato Ombra

Il Paggio di Bastoni significa che puoi sentire i moti di qualcosa di nuovo emergere dentro di te, ma non sai come trasformare in azione tutto questo. Potresti avere un'idea in germe oppure la sensazione superficiale che qualcosa di nuovo sta arrivando, ma devi ancora capire cos'è o come esprimere il tutto. L'Arcano significa che non hai bisogno di agire ora, in effetti farlo nell'immediato può essere dannoso. La situazione è ancora alle prime fasi e basta "giocarci" un po' per vedere crescere il tutto spontaneamente, svilupparsi e poi sbocciare. Con questa carta devi evitare di forzare qualsiasi dinamica, idea o progetto.

Il Paggio di Bastoni significa che hai provato a lanciare nuove iniziative ma, purtroppo, non sono andate come avevi sperato. Quando questa carta esce in una lettura di Tarocchi significa che tutti i tuoi hobby e le cose che ti appassionano non riescono ad avere un posto importante nella tua vita. Forse non hai tempo, non hai voglia oppure credi che siano solo dei giochi al quale destinare dei momenti sporadici. Questa carta ti invita a riconnetterti con gli aspetti più ludici e gioiosi della tua esistenza perché sono un tassello importante del tuo equilibrio.

Sei guidato da pulsioni e desideri distruttivi. Le tue voglie sessuali rimangono insoddisfatte. Gli aiuti esterni tardano a venire oppure non arriveranno per niente. Forse non hai nemmeno le forze per affrontare la tua prossima sfida. In questa asserzione diviene una carta molto pesante e richiede, da parte tua, un momento di riposo per riprendere le forze e cercare di capire come ripartire. Preparati a ridefinire il tuo percorso al fine di rimanere in linea con i tuoi obiettivi di crescita personale. Il Paggio di Bastoni significa che il tuo desiderio di iniziare qualcosa di nuovo è stato ostacolato da complessità, opposizioni e criticità che ti hanno portato ad una totale mancanza di motivazione ed una buona dose di indecisione sul tuo percorso. Questa carta compare alle persone che stanno progettando male il loro futuro e devono necessariamente rimettere insieme dei pezzi o ricalcolare alcuni passaggi. Potresti anche essere preoccupato se la tua idea possa davvero essere brillante oppure se sarà l'ennesimo onere che appesantirà la tua esistenza. Nel caso in cui la carta compaia nel suo lato ombra, allora dovresti rivedere il tutto perché stai per farti carico di un peso maggiore rispetto a quello che potresti davvero sostenere. Infine, il Paggio di Bastoni significa che stai cercando un nuovo percorso che ti appassioni e ti ecciti, ma fai fatica ad entusiasmarti e non riesci ad appagare le tue pulsioni più focose. L'ispirazione viene meno e, invece di cercarla dentro di te, provi a copiare qualcuno o a cercare le risposte negli altri.

Lo Avevi Notato?

L'interazione innaturale con il suo seme può farci riflettere sul fatto che lui non stia alzando il bastone, ma lo stia piantando, proprio come anticamente si piantavano pali di legno per prendere le misure prima di costruire qualcosa. Questa carta diviene allora una tappa di misurazione, ponderazione e studio che precede la messa in atto di qualcosa.

Le Mie Parole Chiave

Essere guidati dalle pulsioni e dai desideri. Voglia sessuale. Non avere le forze per affrontare una sfida. Studiare per capire come fare qualcosa.

Le Tue Parole Chiave

Cavaliere di Bastoni

CAVALIER·DEBATON·

Se il Paggio di Bastoni segnava la scintilla iniziale di un'idea creativa, il Cavaliere di Bastoni mostra l'effettiva ricerca di quell'idea. Quando questa carta appare in una lettura dei Tarocchi sei carico di energia, di passione, di motivazione e di entusiasmo. Riesci a canalizzare tutto il tuo fuoco interiore attraverso un'azione ispirata. Hai una visione chiara di ciò che vuoi creare e sei alimentato dalla tua passione. Ora stai andando avanti a passi da gigante per trasformare il tuo mondo interiore in realtà e questa carta è il segno perfetto che puoi farlo. Dimostrati audace e coraggioso, disposto ad avventurarti in territori sconosciuti per promuovere la tua missione ed i tuoi sogni. Non è importante se il pericolo sia in arrivo o meno. In effetti, dato il tuo entusiasmo, qualsiasi intoppo può diventare motivo di eccitazione. Avventure come questa ti illuminano perché sai che puoi crescere ed espanderti. Sii un pioniere e assumiti tutti i rischi calcolati al fine di raggiungere nuove vette. Se ne hai bisogno sentiti libero di cambiare direzione, se invece ti senti sfidato allora entra in competizione. In questa luce il Cavaliere di Bastoni ti da la sensazione di poter affrontare il mondo intero. Sei così impegnato nella tua vita a perseguire il tuo scopo che non ti fermerai davanti a nulla per portarlo a termine. Man mano che persegui i tuoi obiettivi, la fiducia sale alle stelle e ti rendi conto che il tuo potenziale è illimitato. Puoi fare praticamente qualsiasi cosa.

Gli altri ti possono vedere come altamente carismatico e vogliono essere in tua presenza solo per beneficiare di questa energia. Anche se non hai ancora imparato l'arte di portare gli altri con te nel tuo viaggio, come ha fatto il Re di Bastoni, ti piace l'attenzione extra che il tuo carisma e le tue avventure ti portano. Ovviamente devi tenere presente che questo Arcano può esprimersi come un tipo di persona dalla mentalità che prima agisce e poi pensa. Ora, nella costante ricerca dell'azione, potresti essere impulsivo e impaziente aspettandoti di raccogliere i frutti senza seminare. Mentre esplodi di energia, hai la tendenza a precipitarti nelle cose con poca considerazione per le conseguenze. Così potresti compromettere le tue possibilità di successo a lungo termine. Se questo ti risuona trova un modo per concentrare il tuo entusiasmo sulle attività che ti avvicinano all'obiettivo in modo saggio. Potresti anche renderti conto che il momento per muoverti è sì adesso, ma accelera con energia e vivacità solo più avanti. D'altronde ricorda che, nonostante tutto, sei un essere umano.

Lato Ombra

Il Cavaliere di Bastoni significa che stai perseguendo attivamente un progetto, un hobby o una passione, anche se trovi difficoltà a mandarla avanti. Un fuoco si è acceso dentro di te e ora stai facendo di tutto per portare avanti questo progetto con amore, dedizione e passione. Non hai intenzione di trasformarlo in un successo a tutti i costi, ma è semplicemente qualcosa con la quale puoi divertirti ed incanalare la tua energia. Ad esempio, potresti imparare a leggere i Tarocchi semplicemente perché sei interessato a questo bellissimo strumento, piuttosto che a voler diventare un lettore di fama mondiale. Stai perseguendo questo progetto con dedizione e passione perché ti illumina fin nelle viscere. E questo è un bene.

Il Cavaliere di Bastoni evidenzia che stai sperimentando un notevole accumulo di energia, ma non sei sicuro di come incanalarla nel mondo in modo efficace. Potresti avere una sorta di irrequietezza creativa, sapendo di essere destinato a qualcosa di più grande rispetto a quello che stai facendo e vivendo. Tuttavia, non riesci a passare alla pratica. Forse ci sono dei ritardi, degli ostacoli frustranti e quasi insormontabili, comprese persone vicine a te. È un periodo in cui la tensione nella tua vita è palpabile e hai un disperato bisogno di rilasciare questa energia. Allora è opportuno cercare modi alternativi per seguire la tua passione o manifestare la tua visione. L'Arcano pone in essere la necessità di modificare il tuo percorso rimanendo comunque fedele alla tua idea originale. A volte il "come" arrivare a qualcosa risulta meno importante della "cosa" alla quale si vuole arrivare. Ricorda che potrebbero esserci problematiche importanti nel cambio di direzione e questo ti condurrebbe ad un'immobilità di fondo castrante ed altamente limitante. Il Cavaliere di Bastoni suggerisce che potresti agire troppo impulsivamente, cercando di realizzare tutto in una sola volta. Stai saltando da un compito all'altro, senza concentrarti sui dettagli o assicurarti un successo sostenibile sul lungo periodo. Quando questa carta compare in una lettura significa che la tua voglia di apparire in pompa magna, divertente e sciolto risulta essere imbarazzante. Per favore, non divenire uno strazio per gli altri. Questo modo di fare altamente estroverso potrebbe sembrarti ottimo sul breve periodo, ma alla lunga ti esaurisce perché è impossibile mantenere un così alto livello di energia per troppo tempo. Rallenta e sappi che puoi essere te stesso.

La carta compare anche in tutte le letture dove si hanno problemi con gare, tornei e dinamiche in cui deve necessariamente esserci un vincitore. Il Cavaliere di Bastoni significa che sei a rischio di agire troppo impulsivamente e di fare cose di cui poi potresti pentirti. Vuoi che tutto si aggiusti subito, ma non ti concedi il tempo per pensare a ciò che è realmente meglio per te. Ricorda anche che esiste una netta distinzione tra l'azione e la reazione. Devi dare alle circostanze un po' di spazio ed un po' di tempo prima di fare la tua contromossa. Potresti anche sentirti frustrato dal fatto che fattori al di fuori del tuo controllo stiano influenzando la situazione. Ancora una volta, il Cavaliere di Bastoni significa che ci saranno cose che puoi sempre controllare e cambiare a tuo piacere. Devi solo trovarle.

Lo Avevi Notato?

A differenza degli altri tre cavalieri, quello di bastoni è l'unico ad avere il cavallo rosa che rappresenta - così - un'incarnazione delle nostre pulsioni.

338

Inoltre, oltre ad essere l'unico a presentare questa cromia, è anche l'unico ad essere girato dalla parte inversa rispetto alla direzione del moto. Questo significa che le nostre pulsioni possono spingerci a cambiare strada.

Le Mie Parole Chiave

Cambiare direzione. Fuoco interiore che ci spinge a fare qualcosa. Prova da superare per raggiungere un obiettivo. Gara. Festa. Pomposità.

Le Tue Parole Chiave

Regina di Bastoni

REYNE DE BASTON·

La Regina di Bastoni ti ricorda che devi essere ottimista, coraggioso e determinato. Rappresenta l'indipendenza e l'anticonformismo. È l'amica e l'amante. Colei che vuole soddisfare le sue voglie sessuali. Sa essere una donna selvaggia e fuori dagli schemi, sicuramente molto passionale. L'Arcano ti chiede di essere audace nelle tue imprese e nelle tue azioni. Non aver paura di possedere il tuo vero potere e di diffonderlo nel mondo. Hai veramente tanto da offrire, anche quando ti fanno sentire un pesce fuor d'acqua. Credi in te stesso ed in ciò che rappresenti e non aver paura di parlare e di essere ascoltato. Nessuno ti zittirà. Se hai capito ciò che vuoi e come ottenerlo, allora divieni abile nell'interagire con gli altri per raggiungere i tuoi obiettivi. La Regina di Bastoni suggerisce che conduci una vita frenetica, creando connessioni con gli altri e mettendoti in gioco mentre insegui la tua visione creativa. Scoppi di salute, di energia e di vitalità e questo ti riempie di ispirazione. Riesci ad unire il tuo carisma alla socialità, l'intelligenza alla naturale propensione alla creatività. Puoi essere un motore che ispira gli altri o un agitatore sociale. Sei in grado di influenzare le persone attorno con la tua visione e la tua determinazione. Hai questa strana dote di infondere così tanta fiducia e sicurezza che le persone si sentono calamitate da te.

La Regina di Bastoni mostra anche che ti stai esprimendo pienamente nel tuo mondo esteriore e ti piace essere al centro dell'attenzione. A volte anche in modo civettuolo e superficiale. Crei una prima impressione potente e puoi conquistare rapidamente gli altri con la tua natura dolce, affascinante, suadente e calda. Incontra nuove persone, crea nuove comunità, imbattiti in sentieri poco esplorati. La tua energia e la tua passione sono tutto ciò che serve per attrarre persone e situazioni. La carta ti invita anche a conoscere il tuo lato meno esplorato, quello che spesso trascuri per l'aspetto esteriore. Non deve necessariamente rappresentare qualcosa di negativo, ma potrebbe essere un lato di te che le persone non sanno oppure che vuoi intenzionalmente ignorare. Qual è il tuo lato oscuro? Qual è quel segreto del tuo passato che non racconti? Anche se potresti voler proteggere questa parte di te, occultarla o nasconderla, la Regina di Bastoni ti incoraggia ad esprimere questo lato in modo aperto. Non aver paura di mostrare la tua zona d'ombra. Questo ti permetterà di connetterti con gli altri ad un livello più profondo ed autentico.

Lato Ombra

La Regina di Bastoni significa che hai raggiunto un punto di consapevolezza tale da rispettare te stesso e la tua visione del mondo. Ti conosci ad un livello molto profondo e sei chiaro sulla tua verità personale. Tuttavia, questo sistema di credenze che ti accompagna, potrebbe inibirti quando si tratta di lanciarti con fiducia ed entusiasmo su nuovi progetti o su idee che ti appassionano. Forse sei particolarmente destabilizzato dalle opinioni altrui e, nonostante tu abbia già definito cosa significa per te "avere successo", il fatto che questa definizione differisce dal pensiero degli altri ti blocca e ti spegne.

La Regina di Bastoni significa che la voglia di indipendenza e anticonformismo è così forte da non permetterti di trovare una sinergia armoniosa con le persone che ti gravitano attorno. Questa carta esce anche nel caso in cui un'amica ti sta tradendo o c'è la presenza di una donna che vuole soddisfare le sue voglie sessuali, anche se questo significherebbe rivestire il classico ruolo dell'amante. La Regina di Bastoni significa che potresti vivere un periodo più introverso del solito. Invece di essere proiettato all'esterno, il centro della tua attenzione è completamente all'interno, separandoti in modo importante dal mondo circostante. Ora, se da un lato è perfettamente normale ritagliarsi del tempo per se stessi, onorando i nostri bisogni ed i nostri sentimenti, dall'altro è doveroso ammettere che un periodo protratto di solitudine può portare ad un isolamento coatto che spegnerà la nostra fiamma interiore. Cerca comunque di alzare la qualità del tempo che passi da solo.

Se stai vivendo un periodo di sconforto e di mancanza di fiducia, l'Arcano significa che devi concentrarti sulla ricostruzione del senso di te stesso e della tua resilienza. Forse, ultimamente, hai ceduto il tuo potere ad altri oppure hai prestato troppa attenzione ai loro bisogni o alle loro opinioni. Così, ti viene richiesto di fare un lavoro inverso, ascoltando te stesso e capendo quali sono i tuoi punti di forza (oltre che i tuoi talenti personali). Solo nella totale accettazione del proprio Sé Superiore possiamo ritrovare il coraggio nell'esprimere chi siamo e ciò che facciamo, anche se risulta diverso da quello che gli altri si aspettano da noi.

Lo Avevi Notato?

Nella mano opposta a quella con la quale la donna tiene il bastone, compare una sorta di pettine o di oggetto atto alla masturbazione: questa donna ha le sue voglie e le vuole soddisfare.

Le Mie Parole Chiave

Donna indipendente, selvaggia ed anticonformista. Amante. Amica. Colei che vuole soddisfare le sue voglie sessuali.

Le Tue Parole Chiave

Re di Bastoni

Il Re di Bastoni rappresenta la pura energia del fuoco nella sua forma maschile. È interessato alla creazione, alla creatività, all'ideazione o all'implementazione di nuove idee che lo ispirino. In tutto questo può arruolare persone che lo aiutino a realizzare ciò che sente. Quando il Re di Bastoni appare in una lettura di Tarocchi è un segno che stai entrando nel ruolo di un leader visionario, pronto a dirigere il suo popolo verso un obiettivo comune. Hai una visione chiara di dove vuoi andare e ora stai manifestando quella visione con il supporto di tutti coloro che ti circondano. Altri gravitano naturalmente verso di te perché sei carismatico e determinato. Credono in te. Credono in ciò che rappresenti. Vogliono far parte di quello che manifesti e sono qui per supportarti totalmente. Di contro, potrebbe esserci un manipolo di gente che, facendo leva proprio sul carattere stravagante delle tue idee, tenterà di farti passare per matto, ingenuo o ridicolo. Non pensare a loro. Un leone non perde il sonno per il giudizio delle pecore. Il Re di Bastoni diviene così un uomo intraprendente e creativo, colui che sa iniziare con caparbietà ogni percorso e metterà tutta la costanza e tutta la decisione per mandare avanti la sua idea e la sua ispirazione, anche quando i tempi sono confusi ed incerti.

A differenza del Cavaliere di Bastoni che può essere impulsivo, nel re ritroviamo la maturità per vedere la propria visione fino alla fine. Riesci ad essere chiaro sulla tua direzione futura perché sai come arrivarci e, qualora non lo sapessi ancora, allora raduna qualcuno in grado di dirtelo. Non sprecare il tuo tempo in attività o in relazioni che ritieni non ti porteranno da nessuna parte. Non segui il flusso, ma lo crei e lasci che gli altri seguano te. Il Re di Bastoni suggerisce anche che un'opportunità può presentarsi e, qualora non la dovessi riconoscere, la colpa è della tua poca propensione all'azione. Puoi essere il fattore determinante di una situazione. Se vuoi che qualcosa abbia successo allora lo farà. Allo stesso modo, se non ti impegni completamente, questo seme sfiorirà. Sii consapevole delle tue intenzioni perché hai il potere di trasformarle in realtà.

Lato Ombra

Il Re di Bastoni significa che sei in una posizione di leadership anche se, mentalmente, potresti non sentirti pronto a rivestire questo ruolo. Devi decidere: puoi o non puoi? Forse hai bisogno di un apporto creativo e visionario nella tua vita, ma non hai ancora sviluppato questa dote per guidare te stesso e gli altri nella direzione della tua visione. Potrebbe rendersi necessario lavorare sulla tua capacità di comando per ottenere il supporto di qualcuno. In alternativa, entra nell'ottica che puoi gestire gli altri senza rivestire un ruolo di guida. Magari si tratta di assegnare compiti e monitorare le prestazioni senza essere visto come un leader comunicativo e coinvolgente. Ricorda che se non hai consapevolezza del tuo ruolo, allora gli errori potrebbero essere dietro l'angolo. Il Re di Bastoni significa che stai mancando di intraprendenza e creatività e questo ti porta ad un blocco molto importante. Magari hai iniziato un lavoro con grande entusiasmo e caparbietà eppure, sotto sotto, stai sentendo che questo fuoco è destinato a spegnersi. Ricorda che anche se per il prossimo futuro la costanza, la risolutezza e la decisione potrebbero lasciare il posto alla confusione e all'incertezza, ti viene richiesto di mantenere indefessa la tua energia vitale. Solo così potrai raggiungere i tuoi obiettivi e tagliare il traguardo prefissato. L'Arcano, nel suo lato ombra, evidenzia che un uomo accanto a te diviene aggressivo nei tuoi confronti oltre ad essere contrariato dal tuo atteggiamento. Tieni presente che mentre ti sforzi per realizzare il tuo sogno, non stai pensando che le altre persone potrebbero metterti i bastoni tra le ruote. Invece di cercare la guerra, trova il modo per collaborare con chi ti è accanto. A volte impieghiamo più energie cercando di depotenziare o mettere fuori gioco i nostri avversari che per raggiungere il nostro scopo. Hai bisogno dell'aiuto e del supporto altrui per raggiungere il tuo fine. Inoltre, non lasciare che il successo ti dia alla testa pensando di essere al di sopra di tutti solo perché sei il leader. Prendi in considerazione l'idea di abbracciare il concetto di "followership". Questo termine non ha un corrispettivo italiano ed indica la capacità di prendere la direzione, facendo parte di una squadra e realizzando ciò che ci si aspetta da te. Il Re di Bastoni significa che non devi creare aspettative poco realistiche per te stesso e per gli altri. Sebbene tu sia una persona estremamente ambiziosa, potresti prepararti al fallimento se stabilisci obiettivi che sono significativamente fuori dalla tua portata. Questo perché ti dovrai sforzare molto per raggiungere traguardi utopici anche se, l'energia impiegata, è reale. Quindi rischi di trovarti scarico ed insoddisfatto. Potresti anche essere incline a farti travolgere dal clamore degli obiettivi altrui. Non devi accettare i sogni e le visioni di altre persone. Rimani fedele a ciò che è importante per te e mantieni la tua concentrazione sulla direzione personale.

Lo Avevi Notato?

Tra tutti i re nei Tarocchi di Marsiglia, questo è l'unico ad avere i piedi in due direzioni diverse. È un chiaro rimando al fatto che un eccesso di creatività non canalizzata può confonderci sulla strada da intraprendere.

Le Mie Parole Chiave

Uomo intraprendente e creativo. Colui che inizia con caparbietà. Costanza e decisione anche in un periodo di incertezza e confusione.

Le Tue Parole Chiave

Le Coppie

Coppie, carte del giorno, abbinamenti, due carte. Tanti nomi per indicare sempre la stessa cosa: l'essenza della comprensione dei Tarocchi. Ogni meditazione, lettura o decodifica delle carte parte immancabilmente dall'analisi di una coppia di Arcani. Il problema che si pone in essere quando parliamo degli abbinamenti riguarda l'impossibilità di studiare, fino in fondo, ogni coppia possibile. Ecco perché l'analisi delle due carte funge da spartiacque tra un lavoro di qualità ed un lavoro scadente con il Tarot. Se, infatti, dovessimo far interagire una carta con le restanti 77 del mazzo, avremmo circa 6.000 combinazioni. Considerando che i Tarocchi, a differenza della matematica, non godono della proprietà commutativa, le combinazioni sarebbero quasi 12.000. A tutto questo aggiungiamo il fatto che, pur riuscendo a memorizzare i 12.000 significati, avremmo comunque

attribuito ad ogni coppia, un solo significato. Come sanno tutti i lettori più esperti, sia le singole carte che gli abbinamenti devono rispondere su più livelli. Ecco che dovremmo studiare 24.000 o 36.000 significati a memoria per avere una vaga comprensione delle due carte. Credo che converrai con me nel sostenere quanto, questa via di studio, sia profondamente fuori asse rispetto ad un percorso di apprendimento in grado di toccare corde decisamente più stimolanti. Quindi, come possiamo studiare i significati di tutte le coppie possibili senza sbattere la testa contro il muro della mnemonica? Proprio come un bambino studierebbe le addizioni! Nessuno spingerebbe mai un alunno o un figlio a studiare a memoria tutte le somme che le addizioni possono restituire. Giusto? Di contro, sarebbe più logico spiegare al ragazzino di turno, con praticità e semplicità, l'unica tecnica che gli servirà per arrivare realmente ad effettuare tutte le addizioni che vuole. Una volta che avrà capito come fare le somme, non dovrà più preoccuparsi di ricordare il risultato per ogni singola casistica. Noi applichiamo lo stesso procedimento ai Tarocchi, con l'unica differenza che con questa materia non possiamo studiare esclusivamente una sola tecnica. Gli Arcani, infatti, non poggiano la loro comprensione su una struttura puramente numerica, ma anche simbolica, concettuale e nominale. Ora, uno dei modi più semplici per mettere in relazione le due carte è quello di procedere in base ai significati oppure ai concetti che, quella specifica carta suggerisce, ignorando completamente gli sguardi dei personaggi, i simboli che si ripetono o le strutture che sono condivise. Parimenti, escluderemo anche particolari come numeri e colori. Lo ripeto ancora una volta: si tratta semplicemente di attribuire una parola chiave ad un primo Arcano ed una parola chiave ad un secondo Arcano per estrapolare un significato. Facciamo un esempio con la coppia:

La Papessa ha il significato di "studio", mentre L'Innamorato ha il significato di "ciò che piace". Viene da sé che, volendo estrapolare un concetto capibile ed accessibile, otterremo la decodifica: studiare ti porta a fare ciò che ti piace.

Come vedi, in questo caso, l'analisi delle due carte non è stata particolarmente elaborata. Si tratta di leggere i Tarocchi da sinistra verso destra tenendo a mente i significati. La motivazione di questo senso di lettura deriva dal fatto che, analizzando l'etichetta nominale degli Arcani, riscontriamo che è scritta in francese. Prendiamo quindi come assioma il fatto che il creatore (o i creatori) del Tarocco era una persona che si muoveva con una logica di lettura e scrittura proprio da sinistra verso destra. Noi replichiamo suddetta logica lasciando invariato il senso dell'analisi delle carte estratte. Avendo a modello gli Arcani:

potresti estrapolare delle definizioni basiche come "viaggio per il mondo" oppure "realizzazione completa". Tuttavia, andrebbero bene anche decodifiche come "figlio che fa l'erasmus". Come mai? Questo perché l'Arcano VII ha, tra le parole chiave, "figlio maschio" e L'Arcano XXI può rappresentare proprio "il mondo", quindi potremmo dire: figlio maschio per il mondo. Ora, la cosa interessante quando procediamo in base a questo schema è che potremmo ragionare sugli Arcani che non sono stati estratti. Infatti, se prendessimo per buona la definizione "figlio che sta facendo l'erasmus", dovremmo comunque chiederci la motivazione per la quale non sono uscite carte di studio come, per esempio, La Papessa. Ovviamente la coppia non può rispondere ad una domanda e - quindi - lascerò cadere qui il discorso che riprenderò quando studieremo le tre carte. È infatti dalle tre carte in poi che possiamo strutturare un vero e proprio tiraggio di Tarocchi con tanto di domanda e risposta.

Un altro modo di procedere quando analizziamo le due carte è quello di vedere come i personaggi si relazionano per mezzo degli sguardi. Quando ti trovi davanti una carta che mostra un essere umano che sta guardando fuori il limite imposto dal cartiglio, puoi benissimo pensare che non stia guardando qualcosa di generico, ma proprio la carta posta da quel lato. Ovviamente, se fossero estratte due carte senza personaggi che guardano nel vuoto (es. La Luna ed Il Sole oppure La Ruota di Fortuna e La Giustizia), puoi agevolmente applicare la tecnica precedente: procedere da sinistra verso destra. Anche in questo caso, facciamo un esempio:

Davanti ad un duo del genere, le persone tendono ad intellettualizzare L'Eremita parlando di un uomo che sta cercando di fare luce dentro se stesso, verso il suo passato o - addirittura - su strade già percorse. Seppur di primo acchito corretto, questo modello di decodifica risulterà essere estremamente nebuloso, scialbo e privo dei dovuti appigli per risultare accessibile da chi lo medita. Così, riducendo ai minimi termini la coppia, possiamo benissimo stabilire che L'Eremita sta facendo luce proprio su La Luna e, quindi, su tutto ciò che questa carta può significare: "fare luce sulle proprie emozioni" oppure "fare luce su un litigio". Più ti scioglierai in questo modo di analizzare e meditare le carte e più riuscirai a condensare, all'interno di un'unica dinamica, quelli che sono i concetti esposti. Per esempio, questa coppia può indicare anche un lavoro come, per esempio, un consulente matrimoniale oppure una persona che porta la luce in una casa: un impiegato della rete elettrica o un architetto assunto per studiare l'illuminazione della propria abitazione. È questa la bellezza dei Tarocchi: più ci colleghiamo alla loro simbologia e più riusciamo a processare delle informazioni apparentemente distanti in dinamiche di vita quotidiana. Ora, cosa accadrebbe se ci trovassimo di fronte alle medesime due carte uscite però nell'ordine inverso, ovvero prima L'Eremita e dopo La Luna? In questo caso, pur essendoci un personaggio che guarda qualcosa, ci troviamo nella scomoda situazione per la quale lui non è intento a contemplare alcunché, perché l'Arcano XVIII è uscito alle sue spalle. Anche se molti lettori sono vinti dalla tentazione di estrarre un Arcano per vedere che cosa guarda L'Eremita, personalmente divido in modo netto il lavoro fatto con le due carte dal lavoro con le tre carte. Le due carte ci permettono di essere consapevoli di determinate frequenze e, quindi, rimangono tali anche quando un personaggio guarda nel vuoto. A mio avviso, la cosa migliore da fare in questo caso è quella di leggere i Tarocchi da sinistra verso destra, proprio come spiegato nella tecnica precedente. Abbiamo così un discorso per il quale l'aver fatto luce su qualcosa (9) ci porta a litigare con qualcuno (18) oppure ad una situazione confusa (18). Lanciamoci nell'ennesimo esempio di questa stessa tecnica. Questo ti permetterà di capire come ciò che ti sto spiegando è applicabile sempre, indipendentemente dal duo estratto. Ecco la coppia da analizzare:

La Papessa studia ciò che guarda, quindi sta studiando l'Arcano XV. In base a ciò che stiamo vivendo, possiamo pensare ad una situazione un po' cupa come: "studiare un imbroglio" nel senso di valutare se quello che ci è stato detto sia vero o falso oppure "studiare qualcosa di creativo" o, ancora, "studiare il Tantra". Se le due carte fossero uscite nella sequenza opposta, prima La Papessa e dopo Il Diavolo, allora la lettura da sinistra verso destra ci permette di dire che un determinato studio (2) porta ad un vincolo importante (15) che ci desatura a livello di energia o di tempo.

Una terza tecnica che amo particolarmente e che puoi applicare in ogni caso, sovrapponendola alle precedenti due e permettendoti di arricchire le tue decodifiche, è quella che ti consiglia di vedere quali simboli o quali concetti si ripetono nelle due carte estratte e parlare della loro progressione o regressione simbolica, da sinistra verso destra. Prima di lanciarci negli esempi, mi preme sottolineare che questa tecnica è estremamente potente, ma anche piuttosto complessa perché, per essere usata in modo agevole, prevede una conoscenza importante della simbologia dei Tarocchi di Marsiglia. In questo caso dividerò gli esempi in: facile, medio e difficile. Come ho già scritto anche in altri miei libri, con i Tarocchi non c'è un sistema di difficoltà univoco, perciò questa catalogazione diviene piuttosto soggettiva. Per qualcuno una coppia difficile da decodificare sarà estremamente semplice e viceversa. La catalogazione nasce dal fatto che, determinati concetti, non sono immediati e necessitano di un'osservazione o di uno studio maggiore dei Tarocchi. Ad ogni modo, ecco un esempio facile. Come vedi, l'aquila si ripete passando da un animale non formato a mezz'aria presente ne L'Imperatrice ad un animale completamente formato e che tocca terra ne L'Imperatore. Rappresentando

l'aquila il regno delle idee, allora possiamo concludere che la coppia significa: concretizzare un'idea. Semplice, vero? Ripeto, si tratta di analizzare la progressione o regressione di un simbolo o di un concetto ripetuto da sinistra verso destra. Capito questo passaggio, passiamo ora ad un esempio di media difficoltà. Ricordo che per qualcuno potrebbe essere più semplice mentre, per qualcun altro, leggermente più complesso. Di primo acchito sembra non esserci nulla in comune in questa coppia. Tuttavia, a ben guardare, notiamo una struttura interessante: un essere umano è inserito tra due tronchi. Nell'Arcano XVII questi tronchi sono ben formati e restituiscono una vegetazione piuttosto folta; nell'Arcano XII - invece - sono secchi e recisi. I tronchi, assimilati all'idea di verticalità, sono inquadrabili alla stregua delle colonne e rappresentano un innalzamento di coscienza.

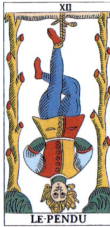

Però possono anche rappresentare la creatività e la passionalità proprio perché nei Tarocchi, il seme di bastoni, si lega a doppio nodo a questa energia. Così concludiamo che il passaggio da La Stella a L'Appeso è caratterizzato da una perdita di passionalità rispetto ad una persona oppure ad una situazione. Voglio renderti le cose più difficili e sovrapporre una delle due tecniche che abbiamo poc'anzi affrontato a questa appena fatta. Come vedi, seppur la ragazza dell'Arcano XVII è colta nel momento in cui guarda all'esterno, non sappiamo cosa stia guardando. Così, parallelamente a questa terza tecnica, applichiamo anche la lettura da sinistra verso destra, ovvero quella che dobbiamo usare quando ci troviamo davanti a due carte che non guardano nulla. La decodifica di questa coppia diverrebbe: "un investimento (17) ti porta a bloccarti (12)" oppure "… ad una perdita monetaria (12)". Mettere insieme le decodifiche nate dall'applicazione delle diverse tecniche, ci fa pensare che una persona ha investito su qualcosa, ma questo investimento non è andato come sarebbe dovuto andare, con conseguente perdita di risorse e di entusiasmo rispetto alla situazione generale.

Per un senso di completezza, lanciamoci anche nell'esempio più complesso. Prendiamo a modello la coppia: Il Papa e L'Innominato. Risulta leggermente più difficile notare la presenza di una ripetizione simbolica. La piccola falce stilizzata che spunta nella mano dell'accolito sulla destra nell'Arcano V, si ripete nella grande falce dell'Arcano XIII. Questo rimanda ad un senso di pericolo incombente che può diventare sempre più grande, fino a minacciare l'incolumità della persona che sta meditando le due carte.

Applicando invece la tecnica che relaziona gli Arcani per mezzo degli sguardi, otterremo una decodifica del tipo: benedire un cambiamento. Questo perché

Il Papa è colto nel momento di benedire qualcosa alla sua destra. Mettendo ora insieme entrambi i piani di lettura, potremmo dire che è necessario apportare un cambiamento anche se bisogna stare attenti ai pericoli che comporta. Come vedi, giocare quotidianamente con le due carte, risulterà essere un modo importante per arrivare a ricordare i significati degli Arcani e capire come si esprimono quando si relazionano tra loro. Parlo di "gioco" trascurando il fatto che questo è un gioco sacro perché ti permette, nel frattempo, di sviluppare il tuo intuito… e non solo! Condividerò, a riprova di questo, una tecnica per formulare correttamente un'intenzione con le due carte al fine di raggiungere i tuoi obiettivi. Questo è qualcosa di riservato ad un pubblico più coscienzioso rispetto determinati argomenti.

Inizia con il capire che, finché continui a vivere una vita che ti è stata imposta da altri, dormirai sprecando la tua esistenza. Solo quando inizierai a lavorare su di te ed a scoprire il tuo valore, giocherai consapevolmente la tua partita. Inizierai a notare che le cose hanno un senso e valuterai sobriamente cosa ti accade su scala quotidiana. Non ci sarà nemmeno più bisogno di grandi materie come i Tarocchi, la cabala o l'astrologia per capire la tua esistenza. Tu sei tutto ciò di cui hai bisogno. A tal proposito molte persone si domandano qual è il valore della cultura, dello sviluppo della coscienza e del lavoro su se stessi. Dicono che più sanno e più soffrono e, forse, per determinati aspetti, conviene rimanere nell'ignoranza. Credo che la situazione sia ben diversa. Permanere in uno stato letargico fa sì che la vita "succeda a te" e la Forza Esterna agisca indipendentemente dalla tua volontà. Quando inizi a sviluppare quelle parti della tua essenza di gran lunga superiori al semplice vivacchiare, controlli coscientemente la tua vita e dai un nuovo senso anche alle difficoltà ed al dolore. Questo richiede un più alto grado di consapevolezza. Attenzione, non significa che puoi cambiare il mondo a tuo piacimento, ma che puoi creare la tua realtà come meglio credi. La Forza Esterna non si metterà ad obbedire alla tua volontà (che idiozia!), ma semplicemente non ti andrà contro perché sarai spinto da un flusso energetico naturale. È qualcosa di molto simile all'immaginazione. Nelle tue fantasie riesci a sconfiggere un nemico con un leggero soffio di volontà. Ti basta immaginare che si stia ritirando o che tu l'abbia battuto per avere l'immagine della situazione bella e fatta. In questo caso, non cerchi di battere nessuno, semplicemente immagini di farlo che, in altre parole, significa permettere a questa possibilità di esistere. Questo è un lavoro che io faccio con i Tarocchi e che propongo anche nel mio libro "Tarot - Il Calendario". Formulo una domanda con tutta l'onestà intellettuale e tiro fuori tre carte. Oppure estraggo un duo senza quesito. Dopodiché, inizio a meditare sulle immagini mentali che gli Arcani mi ispirano. Nel momento esatto in cui ti cali in questo esercizio visivo, non stai solo meditando in modo potenziante, ma stai dando a quell'immagine il permesso di esistere. È proprio da quel permesso che puoi iniziare a costruire la tua realtà perché accendi il cerino dell'intenzione. L'intenzione è lo strumento principale per la realizzazione dei tuoi obiettivi. Parliamoci chiaramente: tutto ciò che puoi desiderare non ha un grande ancoraggio nella realtà. Questo perché il desiderio, così come la felicità nel pensare di raggiungerlo, è un'essenza volubile, priva di qualsiasi consistenza. È solo ciò che fai in relazione al tuo obiettivo che determina il raggiungimento del risultato. Quindi, come allenare la nostra concentrazione e determinazione usando le due carte? Il modo più semplice in assoluto è quello di estrarle su base quotidiana pensando al nostro traguardo. Per trovare il tuo obiettivo con i Tarocchi e lavorare con la forza dell'intenzione ti consiglio di:

- Fare un tiraggio completo per determinare il tuo obiettivo.
- Estrarre quotidianamente il duo per rimanere in frequenza con l'intenzione.

Capito questo, devi anche sapere come formulare esattamente una frase che non funga esclusivamente da decodifica del duo, ma diventi un vero e proprio supporto alla tua volontà. Dall'esperienza dei partecipanti ai miei eventi e dai lettori dei miei libri che mi mandano quotidianamente email, so per certo che poche persone riescono a formulare correttamente la loro intenzione con le due carte. Non è così complesso una volta capito come si fa. Ecco perché voglio offrirti alcuni spunti per decodificare un duo alla stregua di una frequenza potenziante.

#1. Parla di te stesso al presente ed in forma affermativa.

Quando vedi le due carte dovresti trovare un modo di decodificarle che suoni come un fatto compiuto. Dimentica le parole "se", "mi piacerebbe" o "sarebbe bello". Evita anche di entrare nell'idea per la quale "Voglio essere famoso" o "Sarò famoso" sono intenzioni passabili. Devi sempre tradurre il tutto al presente: "Sono una persona famosa!". Anche se ancora non è così, solo un pensiero espresso al tempo presente dà forza ed energia sufficienti.

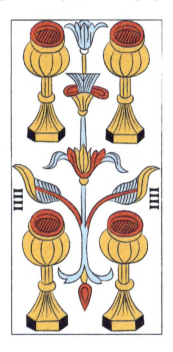 

LE·BATELEUR

Errore tipico

"Voglio gestire meglio il mio lavoro perché mi annoio."

Intenzione corretta

"Gestisco il mio lavoro. Lo faccio con entusiasmo."

#2. Sei tu ad essere importante.

Per decodificare una coppia di carte, portala sempre e soltanto su di te. Solo tu sei il protagonista della tua intenzione ed il creatore della tua realtà. Chi ti gravita attorno può di certo essere menzionato nella tua decodifica, ma questo non dovrebbe mai intaccare il tuo ruolo di attore principale.

Errore tipico

"Mio marito inizia a fare esercizio fisico."

Come vedi, questa non è più un'intenzione, ma un'influenza sulla volontà di un'altra persona. Inoltre, in questo modo, ti rendi dipendente dalle circostanze esterne, dimenticando il tuo obiettivo. Se vuoi davvero aggiungere una persona alla tua intenzione, puoi farlo in modo più corretto capendo come la sua esistenza si colleghi alla tua. Leggi l'esempio qui sotto.

Intenzione corretta

"È buono fare esercizio fisico e potrei affiancare mio marito per fare sport insieme."

#3. Descrivi nell'intenzione l'immagine del risultato come se il tuo obiettivo fosse già stato realizzato.

Sì, a volte è difficile immaginare che la tua intenzione si sia avverata, soprattutto se sei all'inizio del tuo percorso o provieni da un momento difficile. Ad ogni modo, per formulare correttamente l'intenzione è necessario viaggiare nel futuro e descrivere l'immagine del risultato finale.

Guarda le due carte:

Errore tipico

"*Sono una persona dinamica sul lavoro e per questo attraggo molti investitori. Ho aperto diversi store in giro per il mondo, ordino merci dai fornitori ad un prezzo stracciato e lancio campagne pubblicitarie online per attrarre sempre nuovi clienti.*"

Come vedi, l'errore di questa decodifica è che non descrive l'immagine del risultato, ma il processo stesso. Certo, Il Mondo può a tutti gli effetti rimandare a questo successo pratico, ma quando decodifichi il duo per formulare l'intenzione, conviene rimanere su uno stato meditativo più ampio dove ti focalizzi esclusivamente sull'immagine del risultato.

Intenzione corretta

"*Sono il proprietario di più store in giro per il mondo. Mi muovo con successo. Ho un reddito mensile di ___€. Amo il mio lavoro ed ogni giorno ricevo risposte riconoscenti da centinaia di clienti.*"

#4. Meno è meglio. Cerca di essere il più breve possibile.

Spesso c'è il desiderio di decodificare un abbinamento nel modo più dettagliato possibile per scandagliare, in una sola volta, tutte le aree della vita. Tuttavia, parlare di lavoro, relazioni, soldi e passioni tutto insieme, ti porta ad interagire esclusivamente con un'intenzione molto ampia, lunga e dettagliata. È più efficace concentrarsi su un solo obiettivo alla volta per formulare decodifiche sintetiche.

#5. Per quanto possibile, evita il "non".

Gli psicologi dicono che, a livello inconscio, il nostro cervello non percepisce la negazione. Allo stesso modo, quando formuli l'intenzione con le due carte, conviene escludere la forma pensiero "al contrario". Quando dici: "Non ho bisogno di soldi" oppure "Non ho paura di parlare in pubblico", il significato è esattamente l'opposto: "Ho bisogno di soldi" e "Ho paura di parlare in pubblico".

CAVALIER·DEBATON·

Errore tipico

"Sono una persona di successo. Non mi stanco mai di fare ciò che amo. I soldi non mi mancano."

Fa' attenzione che non ci siano aspetti negativi nella tua intenzione. In questo caso, seppur apperentemente il tutto sembri perfetto, si sono insinuate ben due negazioni in grado di mandarti fuori asse.

Intenzione corretta

"*Sono una persona di successo. Faccio ciò che amo ogni singolo giorno. Ho a disposizione soldi per le mie necessità.*"

#6. Evita la ripetizione e l'esagerazione nell'uso delle parole.

La tua intenzione dovrebbe essere forte, brillante, energica, ma non lasciarti trasportare dalle esagerazioni o dall'uso di molti aggettivi. Abbrevia parole come "molto", "fantastico", "bello" o "positivo". Eccessive amplificazioni creano solo potenziali in eccesso e sopravvalutano drammaticamente l'importanza del duo. Inoltre ti immettono in letture prive della giusta specificità.

Errore tipico

"*Sono la madre più felice del mondo. Provvedo in modo ottimale ai miei figli. Riesco a dargli tutto ciò di cui hanno bisogno ed ogni giornata è un successo come figura genitoriale.*"

Intenzione corretta

"*Sono una madre felice. Provvedo ai miei figli. Gli do ciò di cui hanno bisogno.*"

#7. Non specificare troppo.

Questo è un aspetto che le persone fanno fatica a capire. Per raggiungere una risposta quanto più precisa possibile, c'è sempre bisogno di una domanda e di un tiraggio specifico che parta dalle tre carte. Il duo non è in grado di rispondere ad un quesito, ma ti permette di vivere in frequenza con la tua intenzione. Ecco perché un'intenzione ben formulata altro non è che una descrizione del risultato finale ideale, senza specificare un modo per raggiungerlo. Non cercare di capire per filo e per segno come raggiungerai ciò che vuoi raggiungere. Sarà la via migliore a trovare te.

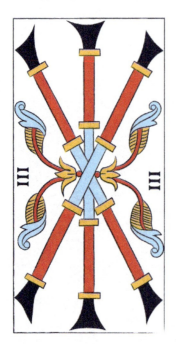 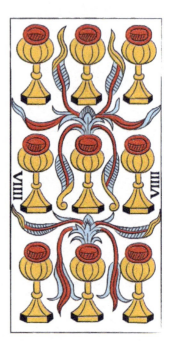

Errore tipico

"Eredito molti soldi dalla mia famiglia e con questa liquidità voglio aprire un laboratorio creativo. I miei amici artisti vengono a lavorare con me e portano un flusso di clienti abituali."

Intenzione corretta

"Sono il proprietario di un laboratorio creativo. Lavoro con artisti di talento. Il flusso di clienti aumenta ogni giorno."

Creare delle intenzioni con le due carte è un altro modo efficace per studiare i significati dei Tarocchi senza lavorare con la memoria, sciogliersi sulla decodifica degli abbinamenti, sviluppare la forza dell'intenzione, ancorare il duo alla tua quotidianità e lavorare con l'intuito. Questi sono aspetti preponderanti che ti accompagneranno per mano verso la lettura del Tarot. Ecco perché credo fermamente nell'efficacia di questo esercizio. Infine, voglio chiudere questo capitolo pieno di nozioni con una considerazione.

A volte noto che alcune persone fraintendono il significato stesso di una lettura di Tarocchi. A loro sembra che un messaggio mandato dal Tarot debba essere tenuto in mente come un mantra o, peggio ancora, come una sorta di regola da seguire ciecamente. Se non lo fai, non raggiungerai mai il tuo obiettivo. Questa è una visione piuttosto elementare della situazione. È un po' come provare a gestire i pensieri e le emozioni negative. Siamo tutti esseri viventi ed è assolutamente naturale, per noi, provare emozioni diverse. È normale infossare la testa tra le spalle ed elaborare qualche pensiero scadente, basso e deprimente. Ma ricorda: né i Tarocchi né qualsiasi altra materia al mondo ti incoraggiano a trasformarti in un robot privo di emozioni. Qual è, allora, lo scopo di una consapevolezza ricevuta per mezzo di una lettura di carte? Se dovessi riassumere direi che non si tratta di farti sempre vedere il lato positivo, ma di non farti addormentare in quello negativo. La differenza è piccola, ma c'è! Ripeto: il punto non è sopprimere o scacciare i pensieri negativi, ma imparare a gestirli correttamente. Ti farò un semplice esempio. Immagina di avere avuto dei problemi sul lavoro. Magari hai svolto male un compito e qualcuno te l'ha fatto notare in modo poco cordiale. Concediti del tempo per superare questa situazione. Se tutto questo ti ha davvero ferito, non cercare immediatamente di passare a pensieri positivi. Osserva quelle sensazioni negative. Disidentificati con ciò che è successo e guardati dall'esterno. Magari c'è qualcosa che devi imparare? Se senti che le emozioni ti stanno sopraffacendo, allora falle uscire. Questo può essere fatto in moltissimi modi: qualcuno piange, qualcuno si arrabbia, qualcuno prende a pugni il muro. Io ti consiglio di lavorare proprio su queste emozioni attraverso il corpo: fa' una passeggiata, va' a correre o lanciati in altre attività fisiche. Solo dopo, quando avrai vissuto e lasciato andare la situazione, potrai trasferire la tua attenzione su ciò che ti piace e ciò che ti ispira. Cosa succede se, invece, non fai uscire queste emozioni? Molto probabilmente inizierai a combatterle ed a reprimerle. Questo è uno scenario che non porterà mai a nulla di buono. E ancora, se le lascerai dentro di te diventeranno solide, come catarro indurito. Scoppieranno sotto forma di rabbia, litigi o malattia. In egual modo, non puoi elaborare una situazione che ti risulta spiacevole per troppo tempo e tuffarti dentro di essa in profondità. Se sei coinvolto nei problemi e nella negatività, la tua attenzione si blocca ed è difficile tirarla fuori ed indirizzarla verso qualcosa di creativo per muoverti verso il tuo obiettivo. Qualsiasi tecnica di creazione del tuo strato di mondo, come per esempio i Tarocchi, ti deve insegnare a reindirizzare la tua intenzione da ciò che drena la tua energia a ciò che ti riempie di energia. Dammi retta, mettitelo in testa da subito: la soppressione dei pensieri e delle emozioni negative non riguarda la creazione cosciente del tuo strato di mondo. Non è nemmeno un lavoro che ti viene richiesto di fare. I pensieri negativi sono come uno sciame di zanzare. Non ha senso combatterle perché ce ne sono fin troppe. Allo stesso modo, non ha senso scappare da loro perché girano intorno e ronzano fastidiosamente sopra il tuo orecchio. Tuttavia, puoi tranquillamente renderti conto che sono lì e puoi decidere cosa fare. Forse potrai indossare abiti attillati in modo da non sentire le punture. Oppure è possibile applicare sulla pelle un prodotto ecologico, come l'olio essenziale di chiodi di garofano. Le zanzare rimarranno, certo, ma smetteranno di infastidirti. Ecco, allo stesso modo devi affrontare i pensieri negativi: osservali, concediti il tempo di analizzarli e poi trasferisci la tua attenzione su qualcos'altro, soprattutto su ciò che vuoi. Per raggiungere questo scopo puoi usare gli Arcani e l'esercizio che ti ho mostrato in questo capitolo. Certo, questo non è esattamente ciò per cui i Tarocchi sono nati, ma è senz'altro ciò su cui ti possono aiutare.

Simbolario Tarologico

Un aspetto particolarmente importante che ho riscontrato durante i miei corsi sui Tarocchi è che, se da un lato tutti intuiscono l'importanza del simbolo, dall'altro risulta essere complesso e a volte periglioso capire come introdurre questa consapevolezza all'interno della materia tarologica. Anche il fatto di avere appena stabilito l'importanza della ripetizione simbolica tra due Arcani è un ottimo esempio di quanto sto spiegando. Infatti, preso atto che si è ripetuta una bacchetta oppure un cappello, com'è possibile inserire tutto questo all'interno di un corpo nozionistico mirato alla comprensione dei Tarocchi ed all'applicazione di queste nozioni per la lettura?

Credo che sia importante discorrere di questo tema perché i simboli sono il cuore pulsante di una vita intuitiva molto più sfaccettata e profonda. La presenza di una realtà così impregnata di echi del sociale deve essere conosciuta da tutti gli uomini. Solo la conoscenza del simbolo permette di entrare nell'ottica che non basta rendersi conto di vivere in un mondo pieno di simboli, ma è un mondo pieno di simboli che vive dentro di noi.

Sarà mia premura evitare di incapsulare in anguste e stringate definizioni tutte le sfaccettature del simbolo. Questa decisione ti faciliterà il compito di comprensione, oltre a seguire una logica accademica. Infatti, ad oggi, lo studio dei simboli non è così approfondito per permetterci di parlare in modo univoco e senza riserve del loro significato. Certo, negli ultimi anni sono stati prodotti lavori eccellenti ed è facile rendersi conto di molte costanti che scivolano lungo il crinale dei secoli. Ma, tutto questo, non è ancora in grado di sopperire alle migliaia di domande che gli studiosi si pongono. In basso troverai listati i maggiori simboli presenti nei Tarocchi di Marsiglia. Non sono disposti in ordine di comparsa nella sequenza del Tarot, ma alfabetico, in modo da facilitare la consultazione. Infine, sappi che a discapito del titolo del capitolo, non credo che la parola "Simbolario" esista davvero.

Accolito

Socialmente parlando, un accolito è colui che ha ricevuto l'accolitato e può assistere un sacerdote sull'altare. Ad ogni modo, nelle interpretazioni dei Tarocchi, questo senso può rimandare anche ad un significato di assoggettamento e schiavitù ad un dato corpo normativo. Gli accoliti si vedono nell'Arcano V e, in relazione a questa carta, possono rappresentare le due vie iniziatiche: attiva e passiva.

Acqua

Nei Tarocchi l'acqua rappresenta tutto ciò che è legato al mondo emotivo. Se dovessimo amplificare la sua tematica, potremmo vederla sopperire a tre scopi fondamentali: la rigenerazione, la purificazione ed il sorgere della vita.

Le variazioni che le diverse carte apportano a questa simbologia ci aiuteranno a cogliere le sfumature di significato. Nell'Arcano XVII (La Stella) l'acqua può avere a che fare con il sorgere della vita. Nell'Arcano XVIII, il bacino idrico con l'acqua mossa rimanda alle emozioni agitate.

Acquasantiera

Guarda "acqua" e "coppa.

Ala

La simbologia delle ali è piuttosto variegata. Nella sua forma più esoterica sono un invito a cogliere il mondo metafisico, oltre che la presenza angelica. In modo più pratico, possiamo parlare della voglia o la necessità di tagliare traguardi impegnativi.

Andando più in profondità, le ali acquistano significati diversi in base alla loro posizione. Quelle poste in verticale, come nell'Arcano III, spingono l'uomo a nobilitare le proprie aspirazioni. Quelle in orizzontale, come nell'Arcano XXI, parlano dell'armonia e della pace raggiunta. Esiste poi un tipo d'ala, come ne Il Diavolo, che risulta essere membranosa e rimanda quindi a tutti quegli esseri che vivono nell'ombra come, per esempio, i pipistrelli. Il pipistrello, in base al retaggio socio-culturale, può rappresentare il drago, l'ermafrodita, ma anche una donna feconda perché è l'unico volatile che allatta i suoi piccoli.

Alloro

Secondo una tradizione ben strutturata, la saggezza, la conoscenza, l'intelligenza e la sapienza sono tutte caratteristiche legate al simbolo dell'alloro. È interessante come le persone che si laureano vengano omaggiate con questa erba aromatica. Anche "laureato" significa "chi viene insignito della corona di lauro", cioè di alloro. Nel Tarot il riferimento è pressoché invariato: vittoria, riuscita, successo.

Angelo

Senza addentrarci eccessivamente nelle interpretazioni teologiche cristiano cattoliche, possiamo dire che gli angeli hanno diverse funzioni: protettori dei buoni, messaggeri e custodi dei luoghi, sono solo alcune di queste. Nei Tarocchi, la presenza angelica sopperisce a queste diverse sfaccettature. Per esempio, il putto de L'Innamorato aiuta l'essere umano con intuizioni sulla strada da seguire. Temperanza è una carta di guarigione e protezione. Il Giudizio risveglia la tua anima e ti invita ad assecondare lo scopo del tuo Sé Superiore. Il Mondo corona la presenza extra-ordinaria.

Aquila

L'aquila richiama alcuni aspetti della simbologia angelica perché evidenzia i mondi spirituali. Ha una valenza solare e celeste. Essendo un rapace può avere, come aspetti negativi, la crudeltà e la mancanza di empatia. Molto spesso è associata al potere imperiale con tutto ciò che questo ne comporta. Nei Tarocchi è il simbolo delle idee, dell'aria e dell'intelletto.

Arco

A volte l'arco viene identificato con il fulmine mentre, altre volte, è un richiamo all'arte cavalleresca. In alcune culture indica l'espulsione delle energie maligne. Parimenti, può significare che esiste una tensione da cui scaturiscono i nostri desideri, ovvero quelli legati all'inconscio. Infine, l'arco che sta per scagliare la freccia, può indicare i messaggi celesti che l'essere umano dovrebbe accogliere sotto forma di sincronicità o, più in generale, intuizioni. Questo gli permetterebbe di avere un supporto extraordinario.

Armatura

Oltre a confinare l'essere umano all'interno di un rango, l'armatura è simbolo di protezione, ovvero di chi sta cercando di tagliare fuori il mondo esterno con tutti i suoi possibili attacchi.

Bacchetta

La bacchetta si può assimilare in modo generico al bastone. Rappresenta la canalizzazione del potere divino reso manifesto sulla terra. È anche il simbolo di chi usa trucchi per simulare forze celesti. Nei Tarocchi viene spesso vista come una richiesta d'aiuto o come la possibilità di affabulare, sviare o divertire per mezzo di giochetti.

Bambino

Essendo capace di contemplare il mondo circostante senza cadere vittima di preconcetti, la simbologia del bambino rimanda all'innocenza, alla spontaneità ed al mostrarsi senza censure. Altri significati in relazione a questo simbolo sono la purezza ed il candore.

Bandiera

Nei Tarocchi, la bandiera è il simbolo di un'unità tra più persone che condividono la medesima idea. Può anche rimandare al concetto di nazionalità e, quindi, indicare tutto ciò che è direttamente collegato all'estero.

Barba

Come facilmente intuibile, la barba ha il significato di coraggio, forza e virilità. Non è un caso che in molte tradizioni ed in altrettante culture questa viene fatta crescere, così come, coprire la barba, aveva un significato di afflizione o malattia.

Bastone

Gli scopi fondamentali del bastone sono quelli dell'appoggio (come per i pastori o per i pellegrini), di arma o di strumento magico (confronta con la bacchetta). A livello astronomico rimanda anche all'asse del mondo. Nei Tarocchi, i bastoni si associano al fuoco, alla passionalità ed alla creatività, oltre ad avere un chiaro rimando alla sessualità.

Bilancia

Il simbolo della bilancia ha da sempre avuto un forte connubio con il concetto di giusta misura, equilibrio e giustizia nel senso più generale del termine. Si associa spesso alla spada per rappresentare la verità.

Bisaccia

La bisaccia era la borsa in pelle di cervo nella quale i pellegrini mettevano i loro averi. Nel Tarocco di Marsiglia questa simbologia si accavalla a quella della borsa vera e propria. A livello pratico mantiene inalterato il suo significato, ovvero un contenitore per i propri strumenti. A livello esoterico, altro non è che la rappresentazione dell'anima.

Borsa

Guarda "bisaccia".

Cane

Sono innumerevoli e piuttosto articolati i significati del cane. Di primo acchito rimanda alla terra, all'acqua ed alla luna perché è collegato al mondo invisibile, governato da divinità seleniche e ctonie. È uno psicopompo, ovvero un traghettatore di anime. Il suo compito va tuttavia oltre quello di guidare i morti: diviene infatti un intermediario tra il mondo fisico ed il mondo metafisico. È universalmente riconosciuto come simbolo di fedeltà. Addirittura, nel mondo islamico, dove il cane rappresenta l'aberrazione massima, una delle sue qualità indiscusse è proprio la fedeltà.

Cappello

Dal significato analogo a quello della corona, il cappello indica uno stato sociale. Scavando nella sua simbologia possiamo anche accennare al fatto che questo ornamento aiuta o limita la funzione dei capelli in quanto recettori del

divino. Quindi, portare il cappello significa staccarsi dalle energie celesti e non permettere a queste di influenzare la nostra mente. A volte, il cappello si identifica completamente con il mondo delle idee ed in base alla sua forma restituisce un modo di pensare o l'attitudine mentale di chi lo indossa.

Cavallo

Carico di molteplici significati, il cavallo è tra i simboli più sfaccettati presenti nei Tarocchi. Si può associare alla distruzione o al trionfo, alla vita o alla morte, alla terra o all'acqua. Nelle letture tarologiche assume spesso il significato attribuitogli da molti psicanalisti, ovvero quello dell'energia inconscia che ci spinge a prendere una strada piuttosto che un'altra. Diviene così preponderante lavorare con le nostre pulsioni per non rimanere vittime inconsapevoli di questi moti.

Cintura

La cintura serve per sorreggere i pantaloni alla vita, portare con sé un'arma o sostenere un oggetto. Proprio da questa constatazione il suo valore simbolico richiama l'idea di appartenenza, utilità ed unione. Allargando il significato diviene la devozione e l'attaccamento.

Collana

La collana è il simbolo di una relazione tra chi la dona e chi la indossa. Può avere diversi significati in base a come viene analizzata. Costruire una collana rimanda alla messa in ordine di una realtà caotica. Disfare una collana significa cambiare l'ordine prestabilito.

Colonna

Essendo per lo più un elemento strutturale importante, la colonna rappresenta la solidità e tutto ciò che sorregge le costruzioni più grandi. Nei Tarocchi può rimandare al tempio e, quindi, ad un luogo religioso oppure di sapere. Essendo verticale, simboleggia l'ascesa di una persona o della sua anima. Alcune volte richiama il fallo con tutto ciò che è collegato a questo simbolo. Quando le colonne non sono funzionali all'architettura del tempio, ma delimitano due spazi (interno ed esterno), allora hanno funzione di separazione tra ciò che è profano e ciò che è sacro, tra ciò che è conosciuto e ciò che è ignoto.

Coltello

Anche se il coltello è assimilabile alla spada, questo viene molto spesso equiparato al concetto di vendetta o sacrificio, estromettendo il significato di intelletto e razionalità.

Compasso

Il compasso è un simbolo presente da tempo immemore. Cercando di riassumere in modo pratico il suo significato simbolico, possiamo concludere che rimanda alla prudenza, alla ponderatezza ed alla moderazione, ovvero tutte quelle caratteristiche di chi agisce in modo compassato. Può avere a che fare anche con l'architettura, la geometria, la matematica o l'agraria.

Coniglio

Studiando le caratteristiche di questo mammifero, si scopre immediatamente che la fertilità e la procreazione sono attributi che lo richiamano immediatamente. Insieme alla lepre è tra gli animali più rappresentati e rappresentativi della storia dell'arte.

Coppa

La coppa può rappresentare il contenitore del liquido per eccellenza, ovvero l'acqua, cioè le emozioni. Ecco perché ha un forte rimando al cuore. Il geroglifico egiziano del cuore è un vaso. Questo può confermare l'associazione. C'è chi accosta la coppa al seno materno che può produrre il latte e diviene così un simbolismo di maternità e nutrimento.

Corda

La corda può rimandare al concetto di legame o legamento. In senso più generico, alla stregua di altri simboli come la scala o l'albero, ha a che fare con l'ascensione o l'innalzamento. Quando nei Tarocchi una corda appare in relazione ad un essere umano significa che esiste un vincolo che lega quella persona.

Corno

Nel suo significato più puro, il corno rimanda all'elevazione, alla potenza e all'eminenza. Apparentemente potrebbe essere associato ad una simbologia virile anche se Jung parla di un'ambivalenza nel simbolismo: il principio maschile si esteriorizza per la forma e la forza penetrativa, ma il principio femminile si rivede per l'apertura delle corna a forma di ricettacolo. Nei tempi moderni, le corna significano che sono in atto forze regressive e divergenti.

Cornucopia

La cornucopia rappresenta la fortuna, la felicità per un riconoscimento pubblico, l'abbondanza, il raccolto e l'ospitalità.

Corona

Sono tre i fattori principali che denotano il simbolismo della corona: essendo posta sulla testa ha un chiaro rimando alle idee da coronare. La sua forma è circolare e - quindi - la perfezione è uno dei significati che gli vengono attribuiti. Infine, è sempre il materiale con la quale è costruita a denotare il rango o il ruolo sociale che riveste colui che la indossa.

Cranio

Il cranio è il simbolo della conoscenza e della saggezza per eccellenza. Non è un caso che ogni volta che viene rappresentato in un'opera scultorea o pittorica, la persona prossima a questo elemento è sempre un iniziato, ovvero colui che conosce. Il simbolo rimanda anche alla mortalità umana e, in modo più articolato, alla vittoria ed al trofeo. Non è un caso che, possedere il cranio del nemico, significa conquistare ciò che in lui è più alto.

Croce

Provenendo dal fondo dei secoli, la croce è tra i simboli più complessi e variegati da studiare. Rappresenta i punti cardinali, la possibilità di creare una sintesi, il cordone ombelicale mai reciso, l'ascensione, la salvezza e la passione di Cristo, la morte vinta per mezzo del sacrificio, la gerarchia ecclesiastica e così via. Nei Tarocchi richiama l'unione dei contrari. Ne Il Papa, possiamo osservare il simbolo delle tre croci all'estremità del pastorale che sorregge quest'uomo. Proprio come suggeriva la tiara, anche in questo caso il richiamo al potere che il pontefice esercita sui tre mondi è palese.

Erba

In linea generale, l'erba rappresenta tutto ciò che può crescere. Estendendo il suo significato, allora le attribuiamo un aspetto curativo e vivificante.

Falce

Esistono due tipi di falci: la falce messoria e la falce fienaia. La falce messoria è comunemente conosciuta e chiamata "falcetto". Rappresenta la punizione. La falce fienaia, che è quella più grande, richiama in modo preponderante il concetto di morte e malattia.

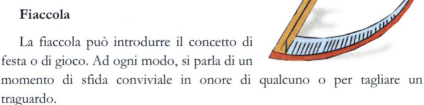

Fiaccola

La fiaccola può introdurre il concetto di festa o di gioco. Ad ogni modo, si parla di un momento di sfida conviviale in onore di qualcuno o per tagliare un traguardo.

Finestra

A volte le finestre sono messe in diretta relazione agli occhi e, per estensione, alla capacità di osservare e discernere la realtà circostante; altre volte vengono associate ad aperture che permettono la contemplazione del mondo esterno.

Fiore

La simbologia del fiore dovrebbe essere adattata al tipo specifico dello stesso. Nella sua forma più generale è assimilabile alla coppa. Infatti, il suo

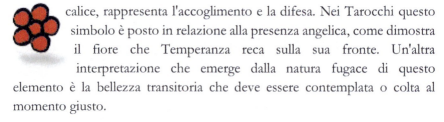 calice, rappresenta l'accoglimento e la difesa. Nei Tarocchi questo simbolo è posto in relazione alla presenza angelica, come dimostra il fiore che Temperanza reca sulla sua fronte. Un'altra interpretazione che emerge dalla natura fugace di questo elemento è la bellezza transitoria che deve essere contemplata o colta al momento giusto.

Freccia

Simbolo di penetrazione, la freccia può anche rimandare allo scambio tra cielo e terra. Quando è diretta verso il basso (come nei Tarocchi), allora diviene l'attributo della potenza divina assimilabile ad una folgore o ad un fulmine. Qualora fosse diretta verso l'alto, esprime la necessità di vivere una vita più retta per spiritualizzarsi ed elevarsi.

Fulmine

La simbologia del fulmine è stata spesso sovrapposta a quella del dardo, della lancia o del tridente. In tutti questi casi è una rappresentazione della volontà e dell'onnipotenza di un'intelligenza superiore che potremmo identificare come Dio. Anche la saetta è sovrapponibile al fulmine.

Giglio

Nei Tarocchi di Marsiglia il giglio è presente in modo stilizzato (guarda il Due di Coppe o la parte superiore della mandorla de Il Mondo). Questo rappresenta la fugacità della materia e l'oggettività di una data situazione.

Globo

Spesso rappresentato come un cerchio sormontato da una croce, il globo rappresenta il potere degli imperatori, dei re ed anche dei pontefici. Quando un essere umano lo tiene in mano, allora il suo dominio è assoluto. Tuttavia, sempre in relazione ad un dato personaggio, il significato rimanda sì ad un grande potere, ma circoscritto e limitato.

Gocce

Nella sua forma più generica, la goccia puoi indicare un tipo di nutrimento che va oltre la semplice funzione fisiologica, ma abbraccia anche un discorso di intimità, femminilità e crescita. Nei Tarocchi è assimilabile anche alla lacrima in quanto pianto che potrà essere declinato come tristezza o gioia.

Guanto

Il guanto permette di evitare il contatto diretto fra la mano ed un dato oggetto. Ecco perché richiama un'interazione pura e rispettosa. A volte i guanti sono ornati da decorazioni, come le croci di Malta nell'Arcano V.

Labirinto

Nonostante i significati del labirinto siano molteplici in relazione alle culture con le quali questo si esprime, possiamo trovare un significato comune: le difficoltà che l'uomo può incontrare prima di trovare l'uscita da sentieri tortuosi che poco si confanno al suo Sé Superiore.

Lanterna

Da un punto di vista pratico, la lanterna è il simbolo di chi sta cercando di fare chiarezza oppure dell'illuminazione. Da un punto di vista più esoterico, rimanda all'anima ed alla sua essenza immortale che sconfigge la caducità del corpo per abbracciare regni più alti.

Leone

Il leone rappresenta l'ambizione, l'orgoglio e la voglia di migliorarsi giorno dopo giorno. Oltre al classico significato di potenza e sovranità, si accosta anche all'oro, al verbo ed al Sole.

Lepre

La lepre è un animale lunare perché si muove di notte. Sa procedere in silenzio e scomparire nell'ombra. I suoi significati sono spesso contraddittori: bene e male, fasto e nefasto, buono e cattivo. Ovviamente rimane invariato il solito aspetto della fecondità e dell'essere prolifico.

Libro

È ovvio che il libro richiama la saggezza e la conoscenza. Scavando però nei suoi significati, scopriamo che è il simbolo dell'Universo. Diviene così rivelazione e manifestazione. Quando lo troviamo chiuso, allora possiamo pensare che il sapere è sigillato e segreto. Di contro, un libro rappresentato aperto, sta a significare che la conoscenza può essere scoperta e studiata da colui che ha la briga di cercarla.

Lingua

La lingua significa: parola o parlare. Per alcune culture fa parte di un organo dal quale dipende il buon andamento del corpo sociale. Quando si valuta all'interno degli Arcani bisogna sempre vedere la cornice che la contiene. Può infatti rappresentare la verità o la bugia, il confronto positivo o la calunnia.

Luna

Simbolo della periodicità, dei cicli e del principio femminile, la Luna è l'astro associato ai ritmi della vita. Può rappresentare il tempo che passa, ma anche il fatto che questo si trascina sempre dietro qualcosa, provocando tristezza e nostalgia. In alcune culture è un evidente richiamo al sogno, all'intuito, alla magia e all'inconscio. La sua simbolicità è così complessa che possiamo ritrovarla sigillata in significati eterogenei all'interno di culture diversissime. Molto spesso si associa a Il Sole perché, non brillando di luce propria, diviene un riflesso di questa stella.

Mano

La mano indica la gestione di qualcosa, il dominio, la maestria e la capacità di esplicitare un'idea.

Mantello

In alcune culture, il mantello è simbolo di invisibilità o possibilità di camuffarsi. Ad ogni modo, nella sua asserzione più pratica, può avere un forte richiamo ad un isolamento della persona da quelli che sono gli influssi della società o del pensiero esterno dominante.

Maschera

Chi porta una maschera cambia solo l'esteriore, ma la sua essenza non risulta modificata. Ecco perché questa simbologia può significare che esiste una parte integra di noi priva di influenze esterne in grado di modificarla o cambiarla. Da un altro punto di vista, la maschera ha il significato di "nascondere le proprie intenzioni o la propria identità". Alcuni popoli le fanno assumere una valenza magica, mentre per altri è la possessione. Ad ogni modo, essa rappresenta un punto di contatto tra l'uomo e Dio.

Moneta

Nella sua forma basica, che poi è anche quella più interessante durante le letture di Tarocchi, la moneta rappresenta i soldi nella loro asserzione quantitativa. A livello strettamente simbolico, invece, indica la capacità dell'uomo di capire ciò che riguarda lo Spirito e ciò che riguarda la materia. Sviluppando ancora di più il significato, dobbiamo necessariamente annoverare l'idea della moneta falsa e, quindi, la contraffazione e la perdita di valore. Nel mondo esoterico viene anche associata al Sole.

Muro

Indipendentemente dalla matrice culturale, il muro così come il recinto o qualsiasi altra forma di struttura in grado di delimitare una porzione di terreno, assicura la difesa ed impedisce la penetrazione del nemico. Nei Tarocchi, questo simbolo rimanda anche ai progetti ed alla loro costruzione.

Nube

Dalle nubi possono verificarsi fenomeni di precipitazioni acquose o nevose che, in sostanza, rappresentano l'attività celeste che si manifesta sulla terra. Quando questa manifestazione non è violenta, rimanda alla fecondità e a ciò che può essere alimentato. La nube simboleggia così un punto di contatto tra il cielo e la terra.

Pene

Il pene rimanda all'abbondanza, alla fertilità e, più in generale, al propiziare l'influsso delle forze benigne.

Piede

Il piede rimanda alla direzione da prendere. Infatti, dove è puntato, è lì che sta andando il nostro inconscio. Non è un caso che, per esempio, il ragazzo centrale de L'Innamorato, mostrando i piedi aperti, è indeciso sulla strada da prendere ed è chiamato a fare una scelta. Il piede può rappresentare anche le nostre radici ed il nostro attaccamento con la terra. Nell'antichità, quando i piedi costituivano il più valido mezzo di trasporto dell'uomo, ad essi venivano tributati attenzioni ed onori.

Piuma

Oltre ad introdurre il mondo degli angeli, la piuma è spesso associata alla divinazione ed alla veggenza. Qualche studioso, sovrapponendola alla penna, ne ravvede un simbolo di sacrificio, perché gli animali che le possiedono sono spesso sacrificati agli dei e, le penne che rimangono a terra, attestano la fine del rito.

Putto

Il putto è un angelo dalle fattezze estremamente giovani. Ha infatti la medesima valenza dell'angelo. È necessario però sottolineare che, nei Tarocchi, il putto può indicare anche il mondo dei bambini.

Ruota

Simbolo per eccellenza dei cicli e delle ripetizioni, la ruota è spesso associata al Sole. A differenza del cerchio, non restituisce però il significato di perfezione perché, richiamando il concetto di ciclo, si riallaccia anche a ciò che è permanente.

Scala

La contemplazione della scala introduce l'idea di verticalità già intravista in altri simboli come, per esempio, la colonna. Tuttavia, a questo senso di ascensione graduale, si aggiunge anche la possibilità di andare dall'alto al basso. Ad ogni modo, nella sua forma più generica, rimanda al rapporto tra il cielo e la terra. In ambito psicoanalitico, la scala può avere una valenza di angoscia e paura perché può portare molto in alto, causando vertigini ed ansia.

Scheletro

Essendo la parte più durevole del corpo, lo scheletro ha a che fare con un'energia stabile e quasi imperitura. Il midollo osseo è contenuto nelle ossa, ecco perché queste possono simboleggiare una linfa in grado di permettere nuova vita e nuovo vigore.

Scettro

Potere, potenza e autorità sono tutti significati corretti per questo simbolo. In alcune culture, come quella greca, lo scettro rimanda alla giustizia ed alla possibilità di esercitarla.

Scudo

Oltre a rimandare al concetto di difesa, lo scudo può essere considerato come un'arma passiva. In alcuni culti gli viene dato un valore apotropaico.

Serpente

Considerato l'esatto contrario dell'uomo che risulta essere il traguardo di un percorso genetico, il serpente incarna la psiche inferiore. Bisognerebbe ora declinare questa simbologia in base a tutte le culture che ne hanno dato un senso o un significato diverso. Ad ogni modo, nei Tarocchi, rappresenta la tentazione, ma anche una forma particolare di conoscenza.

Sfinge

La sfinge ci accompagna dal fondo dei secoli e ha cambiato spesso il suo significato. Può rappresentare la guardiana delle necropoli o delle città, così come l'enigma o la coercizione. Molte volte rimanda anche ai problemi e alle difficoltà che dobbiamo affrontare.

Sole

Il simbolismo del Sole è polivalente. Può rimandare al concetto di razionalità e di influenze celesti, così come alla fecondazione ed all'aridità. In alcune culture ha un rimando all'immortalità perché si leva e discende ogni giorno. Calore, irraggiamento e fertilità sono altri concetti  legati alla simbologia di questa stella. Viene spesso associato all'autorità, al principio attivo maschile ed alla possibilità di fare luce sulla realtà circostante.

Spada

Nel mondo dei Tarocchi la spada è un chiaro riferimento all'aria ed al mondo intellettuale. Qualora volessimo approfondire il suo significato, allora dovremmo parlare della condizione militare, della parola, della potenza e, in quanto richiamo alla guerra santa, rimanda a tutte le battaglie esteriori ed interiori che possono aiutarci a prendere coscienza di qualcosa.

Spiga

La spiga può rimandare al nutrimento necessario per la vita, il che la avvicina al potere stesso della terra. Durante il Rinascimento è stata accomunata all'estate ed alla stagione delle messi. Più in generale è il simbolo della fertilità e della crescita, come lo è anche il seme. Può indicare il raggiungimento di una certa maturità nello sviluppo psichico ed emotivo.

Stella

Più che la forma in sé, è il concetto di "emanare luce" ad essere importante quando si cerca un significato per questo simbolo. Esiste un chiaro rapporto tra il cielo e la stella, cosa che rende quest'ultima un chiaro riferimento allo spirito, alle forze universali, alla luce che sconquassa le tenebre e ad una guida da seguire per raggiungere il proprio  posto. Esistono molti altri significati in base alla rappresentazione fatta della stella ed alla sua locazione come, per esempio, su un tempio, a terra o su un vestito.

Tavolo

Questo simbolo rappresenta il luogo ideale dove poggiare gli strumenti. Diviene così un forte richiamo ad un certo tipo di stabilità che può variare in base alla stabilità stessa del tavolo. In modo più figurato richiama anche il concetto di convivialità e mensa condivisa.

Tetramorfo

Quando ritroviamo l'immagine di un angelo, un'aquila, un toro ed un leone (guarda Il Mondo), allora parliamo del Tetramorfo. Questi simboli sono i quattro elementi ed i quattro evangelisti. Richiamano la presenza divina intesa nella sua essenza totalizzante. Ecco perché il concetto che trasmettono è l'universalità e la totalità.

Tiara

La tiara è il simbolo della sovranità. In base al numero di livelli dai quali è composta, può indicare la cultura del sovrano oppure la sua sovranità sui diversi piani dell'esistenza come quello celeste, terrestre ed infernale.

Torre

In quanto costruzione, rimanda ai progetti che devono essere mandati avanti, ma che possono anche subire dei cambiamenti. Nei Tarocchi, la torre dell'Arcano XVI è colorata di rosa, elemento che l'accomuna al fallo.

Tromba

La tromba è sempre stata in diretta relazione ad una manifestazione celeste preannunciata proprio dal suono di questo strumento. Può rimandare anche alla concatenazione di eventi e di elementi. Nel mondo tarologico rappresenta un forte richiamo alla musica o ad una comunicazione su larga scala.

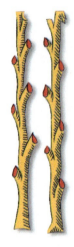

Tronco

Alla stregua della scala, della colonna e di qualsiasi simbolo in grado di rappresentare l'ascesa, anche i tronchi simboleggiano l'immagine archetipica dell'elevazione, oltre che del bene e del male, dell'arte e della scienza, della vita e della morte.

Trono

Come il piedistallo, anche il trono simboleggia un sostegno della gloria e del potere. Diviene così rappresentativo della manifestazione divina e della potente celebrazione nel mondo terrestre.

Uovo

L'uovo è simbolo di gestazione e di ciò che verrà al mondo. In molte culture è considerato il principale rimando alla genesi del mondo. Appare anche come uno dei simboli del rinnovamento periodico della natura. È rappresentativo di celebrazioni, riti e sacrifici. Se comparato ad altri simboli come la conchiglia, il seno materno ed il nido, anche l'uovo rappresenta la casa in quanto: luogo di riposo.

Vagina

La natura cava, umida, ctonio-tellurica, strettamente connessa all'elemento Terra ed alle potenze della fecondità, ha contribuito inevitabilmente ad affermare la corrispondenza tra la caverna e la cavità vaginale, epicentro materiale della fecondità e della capacità generativa, perciò idealtipo di ogni luogo in cui l'uomo è chiamato a rinascere.

Velo

Secondo molte tradizioni, il velo rappresenta tutto ciò che ci impedisce di cogliere l'essenza della realtà. L'essere umano, per mezzo del miglioramento personale, dello studio e della conoscenza, deve togliere il velo per comprendere il nucleo di ciò che lo circonda. In molte culture simboleggia la conoscenza, riservata o comunicata, in base al concetto di "coprire con un velo" o "svelare".

Anatomia Del Trittico

Il tiraggio a tre carte è quello più bello, sublime ed intenso, ma è anche quello più frainteso, mal usato e disdegnato. Da come analizzi le tre carte riesco a capire che tipo di lettore sei. I neofiti associano ad ogni carta un significato fisso ed inamovibile. Vediamo qualche esempio:

1. Mente // Corpo // Spirito
2. La tua mente cosciente // La tua mente subconscia // La tua mente superconscia
3. Stato materiale // Stato emotivo // Stato spirituale
4. Tu // Il tuo attuale percorso // Il tuo potenziale
5. No // Sì // Forse
6. Ciò che l'universo vuole che tu sia // Le qualità personali richieste // Azione specifica richiesta

Dal canto loro, i tarologi non racchiudono le proprie interpretazioni in schemi fissi, ma questo li porta a fare dei voli pindarici mostruosi in cui tutto può essere tutto. I cartomanti, invece, vedono le tre carte come eventi futuri ineluttabili. Insomma, in tutto questo coacervo di idee, di metodi e di opinioni, dov'è la verità? Nel mezzo. Quindi, perché invece di provare a capire quale dovrebbe essere la migliore metodologia di studio, non prendessimo per buono il fatto che è tutto giusto?! Proprio così. Tutte le strade sono la strada. È arrivata l'ora di organizzare questi concetti e creare un unico modello interpretativo. Nei prossimi paragrafi ti insegnerò come lavorare per bene con un tiraggio a tre carte. Ricorda di seguire passaggio per passaggio, anche se la pedanteria accademica ti sembra aliena alla magia della materia. Proprio come accade nell'arte, anche con il Tarot bisogna prima studiare la tecnica. Solo dopo è possibile lanciarsi in dinamiche meravigliose come la creatività o l'intuito. Qualora riuscissi ad anatomizzare in modo sistematico il trittico, con presenza e costanza, il tuo intuito esploderà ed i gelidi step da studio tecnico lasceranno il posto ad un'altra forma interpretativa.

Tuttavia, prima di andare avanti, devo spiegarti qualcosa di sconvolgente, ma così sconvolgente che potresti chiudere questo libro oggi stesso: una lettura di Tarocchi non ha potere. Non ha senso farsi leggere le carte sperando chissà cosa. Desidèri, richieste o domande sono solo l'ennesimo polo energetico che ti ingabbia all'interno di un sistema livellante. L'energia chiusa nelle domande:

- *"Cosa mi accadrà?"*
- *"Mi succederà questo?"*
- *"Riuscirò a fare quest'altro?"*

crea automaticamente una prigione per la tua anima. Nessuno ha veramente bisogno di sapere queste cose. Cerca invece di distillare la consapevolezza rispetto a ciò che vuoi. Quando agisci in tal senso, realizzi l'energia dell'intenzione e, quando implementi l'intenzione e ti fidi del destino, i problemi si risolveranno da soli e le soluzioni ti troveranno dietro l'angolo. Se invece ti fermi a pensare alla complessità del tuo problema, allora crei eccessivo potenziale che ti cannibalizza, così come, se pensi troppo e ti preoccupi, crei tensione e questo drena la tua energia. Ma quando in modo cosciente miri la tua intenzione alla comprensione ed all'azione, la nube si dissipa e puoi vedere scenari di vita più consoni alla tua idea. Sarà meraviglioso perché non ti dovrai veramente sforzare per trovare la soluzione al tuo problema. Sarà lei a trovare te. Vedrai monti e prati dove gli altri scorgono solo muri. Ecco perché ti conviene iniziare a formulare i tuoi quesiti al Tarot in modo attivo:

- *"Cosa posso fare per…?"*
- *"Perché sono bloccato su questo o su quest'altro?"*

Questi quesiti creano consapevolezza. Una volta fatta la domanda, devi mischiare le carte. Non importa come lo farai. Ritengo che i discorsi come "accavallare le gambe" o chiedersi quale mano bisogna usare per alzare il mazzo, siano un patrimonio folcloristico completamente privo di senso. Tuttavia, per rimanere quanto più fedele possibile alle premesse di questo libro e non appesantire eccessivamente il discorso, il consiglio che mi sento di darti è quello di non forzare nulla. Il lavoro con i Tarocchi deve essere naturale al fine di creare delle energie molto fluide, sia a livello mentale che a livello emotivo. Qualora sentissi un certo grado di costrizione nell'attenerti a riti o direttive, quello è già di per sé un segnale che tutto ciò non va bene per la tua essenza. Di base non ci sono regole da seguire se non quelle dettate dal buon senso, oltre che quelle in grado di portarti a godere pienamente di ciò che stai facendo. Quindi, una volta mischiate le carte, potrai fare un ventaglio, sparpagliarle sul tavolo o iniziare a prenderle dalla cima del mazzo. Non importa come lo farai, ciò che importa è che ne devi estrarre tre. Poggiale coperte davanti a te o davanti alla persona che è venuta a farsi fare il consulto. Fa' dei bei respiri e poi girale. Una volta che avrai il trittico di fronte, non lanciarti nell'interpretazione così come viene. Segui questo schema:

1. Controlla i significati delle carte

Come primo passaggio, il consiglio è quello di attenerti ai significati delle carte, senza provare a fare chissà quale ragionamento. Quando parlo di significati delle carte intendo i loro concetti o le loro parole chiave senza forzare troppo l'interpretazione. Devi procedere dalla prima carta alla terza, evitando di reinterpretare in modo troppo libero l'esercizio. Per esempio, ammettiamo che un consultante ci chieda se è arrivato il momento di far partire un progetto editoriale dopo tanto studio e tanti sacrifici. Le carte estratte sono:

Ti consiglio di estrarle fisicamente dal tuo mazzo. Come vedi, L'Eremita può indicare la fase di studio e sacrificio. Il Cavaliere di Bastoni è la forza, l'entusiasmo e l'energia che il consultante deve mettere per avviare il progetto. Forse, ad oggi, è un po' stanco e demotivato. Il Matto è colui che si incammina su nuovi percorsi e quindi va, si muove, si libera dai pesi extra.

Questo è lo scheletro della risposta. Ci fornisce una struttura, ma non necessariamente una presa di coscienza sconvolgente. Non è un caso che questo modo di procedere è molto usato dai neofiti. Approfondiamo allora, grazie al punto 2, l'estrazione.

2. Controlla le coppie di Arcani che si formano

Per motivi che spiego da una vita, i Tarocchi si studiano e si leggono a coppie. Sempre! Quindi, quello che consiglio di fare è accoppiare gli Arcani in base a questa logica:

(Eremita+Cavaliere Bastoni) - (Cavaliere Bastoni+Matto)

La prima carta si relaziona alla seconda e la seconda alla terza. Detto in parole povere, andiamo a creare due coppie per mezzo delle carte contigue. Sotto sotto, ogni tiraggio a tre carte è - in realtà - formato da un paio di coppie. Quindi:

- **Eremita+Cavaliere di Bastoni:** senti di essere arrivato alla fine di un ciclo. Fino ad oggi sei stato prudente, ma devi iniziare a dimostrarti audace e coraggioso, disposto ad avventurarti in territori sconosciuti per promuovere la tua missione ed i tuoi sogni.

- **Cavaliere di Bastoni+Matto:** Mentre esplodi di energia, hai la tendenza a precipitarti nelle cose con poca considerazione per le conseguenze. Va bene essere libero, ma è anche necessario canalizzare le proprie idee e le proprie azioni.

Tiraggi del genere possono essere considerati "tronchi". Quello che intendo è che sia L'Eremita che Il Matto stanno interagendo con qualcosa che non possiamo vedere. Nei Tarocchi di Marsiglia questo non dovrebbe mai succedere. Ogni simbolo deve trovare una sorta di conclusione. Se avessi l'accortezza di meditare i singoli Arcani, infatti, vedresti che molti elementi all'interno di una carta non solo si perdono oltre i confini della stessa, ma si ritrovano in un secondo o in un terzo Arcano. Proprio così, magari un animale tronco trova l'altra metà in un'altra carta. Ecco perché consiglio di intervenire con Arcani supplementari al fine di rendere ancora più completo, comprensibile ed accessibile il nostro consulto. Questo ci porta al punto 3.

3. Completa con altri Arcani

Quando iniziamo a ragionare in questo modo, scopriamo che i Tarocchi riflettono una logica incredibile. È una sorta di grammatica con la quale possiamo capire il messaggio mandato dalle carte. Per esempio, abbiamo inquadrato L'Eremita come una persona eccessivamente prudente, stanca per il percorso di studi che ha fatto. Magari, estraendo una carta alla sua sinistra, possiamo capire su cosa sta cercando di fare luce. In altre parole, significa capire cosa gli provoca dubbi o cosa lo manda così in crisi da farlo essere estremamente prudente. Abbiamo anche parlato de Il Matto in termini di: dirigere consapevolmente la propria energia. Se volessimo essere ancora più precisi, potremmo estrarre una carta alla sua destra per condividere delle considerazioni su come il consultante debba canalizzare, in modo oggettivo, suddetta energia. Ora, se è tutto chiaro, ecco le ulteriori carte estratte:

    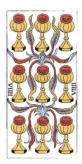

Mi raccomando, essendo queste ulteriori carte una sorta di supporto alla comprensione, non devi assolutamente stravolgere lo scheletro interpretativo fornito inizialmente dal trittico. Quindi, al ragionamento che stavi facendo riguardo la prima coppia (L'Eremita ed il Cavaliere di Bastoni), dovrai solo aggiungere l'informazione che L'Eremita è estremamente prudente perché, un uomo rigido e forse privo di sentimenti (Re di Spade), ha interagito con lui compromettendo la fiducia che lo stesso consultante nutriva per sé o per il suo progetto. Quindi potremmo chiedere se questo suo percorso di studi si sia prolungato all'inverosimile dato che era soggetto alla valutazione di una persona autoritaria oppure se il progetto editoriale fa riferimento ad un uomo estremamente rigido ed intransigente che non perdona eventuali sbagli.

Andando sulla carta sguardo de Il Matto, ovvero il Nove di Coppe, possiamo pensare che è opportuno circondarsi di persone che stimiamo, che ci fanno stare bene e che ci invoglino a fare del nostro meglio. È interessante vedere comparire il Nove di Coppe in quella posizione perché, l'armonia suggerita dalla carta, subentra dopo una profonda crisi. Forse, sotto sotto, è anche un chiaro invito a concedersi i piaceri della vita. Magari il consultante ha bisogno di un periodo più gradevole dopo aver passato restrizioni, divieti e pressioni. A questo livello del tiraggio puoi iniziare anche a fare delle prime considerazioni più libere. Per esempio, essendo L'Eremita completamente preso dal Re di Spade, volta le spalle al Cavaliere di Bastoni e - quindi - non riesce a vedere quella "gioia di fare", proprio perché un uomo (Re di Spade) sta dissipando le sue energie. Così come, il Cavaliere di Bastoni sembra cambiare rotta perché è vero che si dirige verso L'Eremita, però si gira come a voler andare da Il Matto. Quindi il consiglio è proprio quello di cambiare strada rispetto a quello che stiamo facendo. Il Matto in terza volta le spalle al Cavaliere di Bastoni per guardare il Nove di Coppe e, allora, si allontana da determinati aspetti del Cavaliere per abbracciare l'emotività delle coppe. Questo significa che, nel tiraggio, quell'aspetto creativo ed attivo (bastoni) lascerà spazio ad uno spaccato più emotivo e ricettivo (coppe). Come vedi, il nostro tiraggio sta assumendo una struttura ben definita. Le informazioni iniziano ad essere moltissime, ma non fermarti qui. Aggiungiamo un altro livello per sigillare il nostro ragionamento. Te lo spiego nel prossimo punto.

4. Applica la consequenzialità

Non so se hai mai notato che, nei Tarocchi, tutto concorre a farci pensare che la logica di studio e lettura procede da sinistra verso destra. I caratteri francesi fanno capire che il creatore del Tarot pensava proprio con una logica di scrittura e lettura che procede in questo verso. Così come, meditando gli Arcani in ordine numerico crescente, scorgiamo immediatamente una logica consequenziale che tiene saldamente unite le carte tra loro come fossero piccoli step che si susseguono. Per esempio, La Papessa studia gli strumenti de Il Bagatto. L'Imperatrice mette in pratica le sue idee dopo aver studiato (La Papessa) gli strumenti de Il Bagatto. L'Imperatore fa quadrare le idee de L'Imperatrice dopo che ha studiato (La Papessa) gli strumenti de Il Bagatto e così via. Con questa logica potremmo mettere insieme tutti gli Arcani Maggiori fino ad arrivare all'ultima carta, ovvero Il Mondo. Essendo ogni consulto un riflesso della struttura logica degli Arcani Maggiori, credo che non sia poi così sbagliato ricalcare queste direttive ed applicare la consequenzialità alle carte estratte. Certo, le nostre letture non ci metteranno sempre davanti agli Arcani in ordine numerico crescente, come possiamo anche vedere dall'esempio che sto facendo in questo libro. Tuttavia, il macrocosmo delle 78 carte è considerabile alla stregua di un ordine perfetto che nessun essere umano, nei suoi psicodrammi quotidiani, riesce a ricalcare. Quindi, ogni lettura è una fotografia del nostro caos. Ovviamente questo non è da intendersi come qualcosa di negativo. Anzi, tutt'altro. Il caos è semplicemente la nostra unicità, ovvero quello che ci permette di essere noi stessi in un mondo in divenire. Ad ogni modo, bando alle ciance, applichiamo la consequenzialità al nostro consulto. Ancora una volta mi preme sottolineare che, ogni volta che aggiungiamo uno step per approfondire le nozioni, non dobbiamo stravolgere lo step precedente. Quindi, in questo caso, avendo capito perfettamente quello che abbiamo analizzato nei tre passaggi precedenti, possiamo immaginare un decorso della situazione per il quale: alla freddezza dogmatica dello studio (Re di Spade) ed alla stanchezza viscerale del consultante (L'Eremita), deve seguire un cambio di rotta (Cavaliere di Bastoni) per mezzo della passione, che dovrà comunque portarlo (Il Matto) ad interagire con un gruppo armonico ed a fare, in modo più strutturato e piacevole, ciò che ama fare (Nove di Coppe). Riesci a cogliere la progressione da sinistra verso destra?

Credimi, esistono infiniti modi per approfondire ogni singolo tiraggio che parte da tre carte. Potresti iniziare a vedere quali simboli si ripetono oppure quali concetti. Per esempio, passiamo da un bastone tremolante ne L'Eremita ad un bastone dritto ne Il Matto. Questo rimanda al significato di rinvigorimento della nostra passionalità rispetto a ciò che stiamo facendo. Per avere una panoramica sui simboli ti rimando al capitolo: Simbolario Tarologico.

So benissimo che questo modo di procedere non è convenzionale e so altrettanto bene che, davanti a concetti nuovi innestati in una materia così sfuggevole e "millenaria" come il Tarot, la persona di turno ha immediatamente voglia di scartarli perché "se si è sempre fatto così non voglio fare qualcosa di diverso". D'altronde è più semplice, no?! Parliamoci chiaramente: imparare i significati di 78 carte, estrarle ed iniziare a raccontare una storia nascondendoci dietro il motto "Leggo i Tarocchi a modo mio!" oppure "Sono una persona intuitiva!" è la via più immediata per arrivare alla lettura. Tuttavia, all'atto pratico, dopo migliaia di corsi dati, ho notato che tutte le persone più superficiali e senza la vera intenzione di studiare i Tarocchi alla stregua di una materia solida, erano le stesse che si appellavano a questo modo di vedere la questione. La cosa che mi ha sempre fatto sorridere è che è proprio questo modo di vedere la questione ad averli portati ad un corso. Loro sentivano e sapevano che mancavano dei pezzi nella propria conoscenza, ma non avevano l'umiltà per ammetterlo. Inoltre, ti garantisco che il modo di procedere che ti sto spiegando, ti permetterà di ampliare la tua mente intuitiva. Questo tiraggio è snello, limpido e cristallino. Nasce dall'assioma che dobbiamo cogliere più piani di lettura avendo davanti poche carte, cioè sfruttando la multidimensionalità del simbolo, invece che provare a leggere pochi concetti da tante carte estratte. Credimi, non sarà una semplice convenzione. Quando inizi ad estrarre Arcano su Arcano, senza limiti, la tua immaginazione prenderà immediatamente il sopravvento, stimolata dalla presenza di molte immagini. Ma quando canalizzi un messaggio per mezzo di relazioni simboliche e concettuali mirate, allora gli ingranaggi del tuo inconscio e del tuo intuito si metteranno finalmente in moto. È solo continuando ad esercitarti in questo modo così accademico che arriverai a slegare tutti i concetti dalla loro definizione, attraccando poi ad una lettura che possiamo definire: artistica.

Ora, per capire se il tuo intuito si sta effettivamente sviluppando per bene, puoi impiegare diverse accortezze. Per esempio, davanti alle prime tre carte non sentirai più la necessità di iniziare necessariamente dalla prima. Le persone che si obbligano ad iniziare le proprie interpretazioni dalla prima carta non potranno mai sperimentare la profondità delle relazioni simboliche. Perché? Perché il tutto diventerà un discorso incentrato sull'incastro dei significati. Questo rende estremamente semplice la lettura, ma così semplice, che non siamo tentati di approfondirla fino in fondo, come invece ogni interpretazione chiede di fare. Inoltre, come mi piace sottolineare durante i miei corsi, la lettura "carta per carta" va bene… quando va bene! Ma nel momento esatto in cui un Arcano non si armonizza con i concetti che stai esponendo, per andare avanti nell'interpretazione tenderai a generalizzare concetti e messaggi. Questo è un problema perché, senza approfondire veramente il tutto, renderai marginali le frequenze di quell'Arcano, vanificando così il vero significato e tutto ciò che potrebbe rappresentare nel tiraggio. Di contro, quando davanti ad una data domanda, il tuo intuito ti permette di cogliere quale dei tre Arcani si collega maggiormente al quesito e, quindi, conseguenzialmente alla risposta, allora quella è una prima conferma che stai lavorando bene. Ecco un esempio pratico. Un uomo chiede:

"In amore sono sempre vittima di donne che mi hanno abbandonato dopo grandi promesse. Non capisco la motivazione. Come posso spezzare i cicli negativi che mi perseguitano nelle mie relazioni?".

Prima di mostrarti le carte estratte, mi preme sottolineare che domande del genere non sono per nulla semplici. Infatti, concetti sfuggevoli come cicli negativi, situazioni karmiche o sentimenti che proviamo in relazione a qualche specifica dinamica, rischiano di restituire risposte altrettanto sfuggevoli. Ecco perché, per affrontare questi quesiti, è necessario avere una dose di preparazione notevole, sia a livello teorico che pratico. Ad ogni modo, ecco le carte estratte:

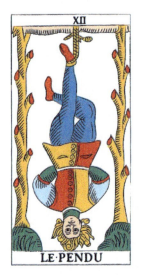  

In questo caso è facile pensare che i cicli ai quali si riferisce il consultante sono rappresentati da La Ruota Di Fortuna. Ecco perché, intuitivamente parlando, possiamo partire direttamente da quella carta. Partire dalla carta che in misura maggiore rappresenta la domanda e - quindi - conseguenzialmente la risposta, è più di una semplice convenzione. Ci permette di escludere da quella carta tutte le altre parole chiave che non serviranno durante la lettura o, meglio, non serviranno in prima battuta. Ricorda sempre di non appesantire eccessivamente le tue interpretazioni, soprattutto all'inizio. Così, una volta stabilito l'Arcano di partenza e preso atto che i Tarocchi si studiano e si leggono a coppie, dobbiamo relazionare suddetto Arcano ad una seconda carta per mezzo di varie direttive come: simboli che si collegano tra di loro, sguardi (se presenti), numeri, intuito e tutto ciò che concorre a porre in essere questa relazione.

Potremmo partire da L'Appeso che ci mostra una persona immobile, una vittima, un uomo che non agisce. Ora, questo modo di essere (L'Appeso) genera La Ruota di Fortuna (cicli negativi) proprio perché, applicando la consequenzialità, l'Arcano X segue l'Arcano XII. Detto in modo più semplice: L'Appeso genera La Ruota Di Fortuna. Una volta stabilito che la profonda passività del consultante (L'Appeso) lo porta a vivere questi cicli negativi (La Ruota Di Fortuna), possiamo scorgere ne Il Giudizio la soluzione al suo problema. Non è un caso che l'Arcano XX è posto alla destra de La Ruota Di Fortuna, ovvero dal lato della manovella, cioè quell'energia che può mettere in moto il blocco rappresentato dall'Arcano X. Il Giudizio rimanda alla necessità di frequentare gruppi che abbiano un fine comune. Forse il consultante dovrebbe entrare in armonia con persone che condividono i suoi stessi ideali, interessi e passioni. Proprio da quei gruppi riuscirà a far emergere "la persona", ovvero la donna in grado di entrare perfettamente in frequenza con il suo Sé Superiore.

Una prerogativa dei miei consulti è quella di fornire una risposta semplice ed accessibile ai consultanti. Dopo anni ed anni di studi, mi sono allontanato da quelle decodifiche particolarmente auliche e spirituali perché, alla fine dei conti, il lettore deve trasmettere in modo snello un messaggio che entri in frequenza con il consultante. Ecco perché una perplessità che viene condivisa immancabilmente con me è: quanto può diventare spirituale un consulto del genere? Mi spiego meglio: con i Tarocchi siamo abituati a muoverci dentro due ambiti di risposta diversi. Il primo ambito è molto materiale e fornisce risposte pratiche. Solitamente questo è il modo di procedere dei cartomanti e di chi vuole prevedere il futuro. Il secondo ambito è molto spirituale e cerca di fornire risposte che siano in grado di entrare in risonanza con l'anima. Questa via è percorsa dai tarologi e dalle persone che cercano di andare quotidianamente oltre la razionalità. Quando procediamo in base alle direttive che ti ho appena mostrato, sembra che la risposta fornita al consultante si esaurisca in un concetto estremamente pragmatico e semplice. In realtà, ritengo che sia sempre compito del tarologo coprire lo spettro interpretativo, passando da decodifiche basiche fino ad arrivare a quelle più auliche. Un vero professionista deve sviluppare questa dote per connettersi perfettamente al livello di coscienza e conoscenza del consultante.

Riprendendo l'esempio appena affrontato, possiamo fornire una risposta più profonda notando che L'Appeso ha a che fare con il nascituro in posizione cefalica ed anche con l'albero genealogico, perché ai lati sono presenti due tronchi. La Ruota di Fortuna rappresenta il karma ed Il Giudizio riporta al concetto di famiglia. Quindi, il significato di "clan familiare" dato dall'albero genealogico de L'Appeso e dalla famiglia de Il Giudizio si ripete per ben due volte all'interno di questo tiraggio. Il tutto si mette in relazione ad una carta che indica il karma, ovvero l'Arcano X. E se - quindi - fosse un karma familiare? Continuando ad approfondire questo interessante piano di lettura, notiamo che i due tronchi de L'Appeso diventano i due pali che reggono la struttura de La Ruota di Fortuna, con la differenza che nell'Arcano X, il palo di destra è completamente formato, mentre quello di sinistra è mancante. Ora, la parte di sinistra degli Arcani rappresenta la ricettività e la femminilità, quindi la via materna. La parte di destra è una via attiva e maschile, ovvero la parte paterna. Forse il consultante ha rotto i rapporti con sua madre o con la donna che poteva rappresentare sua madre quando lui era piccolo? Il Giudizio in terza posizione restituisce una conferma perché vediamo la presenza di una donna a sinistra e di un uomo a destra. Lei sta guardando quest'uomo che, però, non la riguarda perché sta con la testa all'insù. Questa donna non ha dato attenzioni a suo figlio (rappresentato dall'essere azzurro de Il Giudizio) per seguire un uomo che non l'ha calcolata più di tanto. Così, il fatto di trovarsi costantemente davanti a donne che ignorano il consultante per altre dinamiche, compresa sua madre, può addirittura essere un lascito familiare. In questo caso il blocco del consultante si risolverà lavorando sulla famiglia. Se questo è fisicamente possibile perché la madre è ancora in vita, allora lui dovrà connettersi nuovamente a questo archetipo. Qualora non fosse possibile, il consultante dovrà lavorare sulla sua famiglia in modo simbolico o, magari, per mezzo delle costellazioni familiari. Non è un caso che Il Giudizio rappresenti anche le costellazioni familiari. Da questo punto di vista il tiraggio andrebbe così decodificato: "Sei fermo (XII) per una situazione karmica (X) che puoi sbloccare lavorando sulla tua famiglia (XX)".

Ecco, quando spiego senza troppi fronzoli a quale profondità può arrivare un'interpretazione del genere, le persone iniziano a togliersi quello strano paraocchi; subodorano la potenza di un metodo di lettura quando viene affrontato in modo serio e vorrebbero immediatamente lanciarsi su questo genere di decodifica. Tuttavia, il passaggio dalla teoria alla pratica può essere sconcertante e sconfortante. Infatti, quello che dapprima era un dubbio atroce sulle vere potenzialità di un metodo di lettura a tre carte, diviene perplessità quando ci si accorge di quanti piani di lettura possono venire fuori. È divertente perché le persone partono chiedendomi quanto possa essere profondo un metodo interpretativo del genere e finiscono per provare a capire come fare per ridurre i piani di lettura, altrimenti sarebbero troppi e potrebbero confonderli. Ancora una volta, mi trovo a sorridere perché so benissimo che questi dubbi sarebbero spazzati via da un semplice pomeriggio di pratica. Con il Tarocco non è tutto studiabile a tavolino. Sarà sempre la domanda, le carte estratte, il dialogo con il consultante ed il tuo intuito a farti capire quale piano di lettura affrontare e quale - invece - scartare. Non voglio in alcun modo minimizzare questo passaggio.

Quando si inizia ad intuire la complessità dell'argomento è facile chiedersi se è davvero necessario rendere così complessa ed articolata una materia che, invece, viene affrontata in modo molto più leggero e magico da secoli. Come mi disse una corsista tanti anni fa: "Mia nonna, che non aveva studiato e non sapeva nemmeno parlare italiano, leggeva i Tarocchi in modo incredibile e non aveva bisogno di conoscere tutti questi passaggi!". Come prima cosa vorrei dire al mio pubblico: smettetela di parlarmi delle vostre nonne. Non sapete quante volte al giorno sento introdurre il discorso tarologico con le parole: "Mia nonna…". Dopo questo appello, riprendo le fila del discorso dicendo che il punto affrontato è davvero interessante e ricalca un po' il dubbio già sviscerato sui significati delle carte, ovvero quando abbiamo parlato della loro validità e della loro correttezza.

Ora quando si parla del metodo di studio o del metodo di lettura, non credo che sia realmente importante stabilire la validità della metodologia una volta presentata bell'e pronta. Sarebbe come fornire una risposta chiusa davanti ad un prodotto finito: funziona o non funziona?! Ciò che invece risulta essere interessante è il processo che ci porta a sviluppare un metodo di studio o un metodo di lettura. Senza processo, la mente può perdersi e le prese di coscienza possono diradarsi. Ogni processo deve entrare in risonanza con il tuo livello di coscienza. Se non risuona alla stessa frequenza, probabilmente non farà per te. Davanti ad un patrimonio nozionistico appreso in modo acritico per trasmissione orale, mi sono sempre trovato spiazzato, poco entusiasta, ancor meno appagato e, soprattutto, saturo di dubbi. La mia mente, il mio inconscio, il mio Sé Superiore, il mio cuore e tutto ciò che concorre a creare il mio essere, ha bisogno di una metodologia più articolata e, grazie al cielo, gli strumenti ed il livello socio-culturale odierno ci porta a sviluppare anche nuovi percorsi di apprendimento dai quali mi sento ispirato. Da quando ho iniziato a condividere io stesso questi percorsi, sono entrato in risonanza con migliaia di persone che pensano esattamente la stessa cosa che penso io. Ed è a loro che il mio lavoro si propone e non a chi predilige una strada mnemonica o più semplicistica. Perché alla fine, sotto sotto, non deve mai sfuggire un punto essenziale: lo studio dei Tarocchi non è un'opera di convincimento. Ogni autore presenterà i suoi modelli di pensiero, di studio e di lettura. Questi modelli sono sviluppati in base ad anni di studio e di pratica. Se entri in risonanza con un determinato modello, goditelo. Qualora questo non dovesse accadere, non devi essere convinto a fare nulla, semplicemente volta pagina. Prima di sviluppare il Metodo TdM, non sai quante pagine ho voltato io! Ho chiuso così tante "enciclopedie del sapere" che potresti vacillare davanti al loro numero. Pensa semplicemente al fatto che spiego il Metodo TdM nei miei corsi e nei libri della serie TAROT e, solo per scriverli, ho impiegato quasi dieci anni.

Inoltre, secondo punto che non dovrebbe mai sfuggire: questa difficoltà di adattamento ad un metodo è solo iniziale. Una volta che suddetti processi diventeranno automatismi, allora riuscirai a produrre meditazioni e decodifiche sublimi. Sarebbe come se un bambino ci chiedesse perché dovrebbe studiare le parole quando conosce già le lettere dell'alfabeto. Quindi, ecco, credo che la risposta sia semplicemente tutta qui, senza girarci intorno: esistono tanti livelli di coscienza, di cultura, di conoscenza e di curiosità. Non siamo tutti uguali e ognuno ha bisogno di cose diverse. Chiarisco anche che questa diversità non ci pone realmente su una scala dove esiste colui che sta in alto e colui che sta in basso. Questa diversità ci rende semplicemente... diversi. Ciò che dobbiamo fare è trovare la metodologia in grado di supportare ciò che stiamo cercando dallo studio di questo strumento. Soprattutto, dobbiamo farlo con cognizione di causa e tanta esperienza, ma mai per partito preso.

Quando ho iniziato il mio viaggio con i Tarocchi, volevo a tutti i costi essere considerato un tarologo. Amavo la tarologia in modo così viscerale che la difendevo a spada tratta contro tutto e tutti. Però, non avevo fatto i conti con la mia essenza. Infatti, non tutti i concetti riesumati dal patrimonio nozionistico tarologico entravano in risonanza con ciò che cercavo. Alcuni erano estremamente teorici, altri troppo vaghi, altri astrusi ed altri ancora incomprensibili. Non è un caso che per i primi due o tre anni non ho realmente visto dei progressi nella mia persona. Quando si parlava di Tarocchi mi sembrava sempre di dover difendere la materia, senza però che questa portasse dei benefici nella mia quotidianità. È solo quando mi sono arreso a me stesso, cioè ad un quadro più ampio della situazione, che le cose sono cambiate. Fondamentalmente è quello che sto chiedendo anche a te: non andare a caccia di risposte semplici solo perché il Tarot ti permette di farlo. Ognuno di noi è cosciente del fatto che questo strumento è aperto a tutti e tutti possono dire la loro, senza essere smentiti. Ma questo non deve farti entrare nell'ottica che puoi nasconderti dietro dinamiche semplicistiche. Cerca di metterti in discussione, anche se alcune metodologie di studio risultano più complesse di altre. Solo così puoi capire veramente chi sei, in relazione a te stesso e a questa strepitosa materia.

Tutti I Consultanti Mentono

Una volta appresi i significati dei Tarocchi ed i rudimenti di una lettura, siamo pronti per lanciarci in uno dei viaggi più affascinanti ed arricchenti del mondo tarologico: il consulto. Quello a cui non si presta mai la dovuta attenzione, però, è che ogni interpretazione non è strutturata esclusivamente in base alle carte estratte. Prima di essere qualsiasi altra cosa, è un incontro tra il consultante ed il consultato. Posso dire che il primo grande evento sincronico da onorare è proprio questo. Tuttavia, proprio come in ogni relazione, le trappole ed i loop psicologici sono in agguato.

Questi muri difensivi o bias cognitivi sono dei veri e propri bug mentali che portano ad un'interpretazione errata di alcune informazioni provenienti da ciò che ci circonda. Questo accade perché il nostro cervello non è sempre in grado di valutare in modo oggettivo e distaccato tutti gli elementi che compongono una situazione. Automaticamente, l'idea che ci formiamo e le decisioni che potremmo prendere, sono negativamente influenzate da questa fallacia razionale. Riuscire a non farsi ingannare da suddetto depistaggio è di fondamentale importanza per strutturare un consulto con i Tarocchi in grado di aiutare realmente il consultante.

In decenni e decenni di pratica, ho notato che anche il lettore di carte è vittima di questi stessi trucchi della mente. Nella lista che segue ti riporto proprio questi muri difensivi o bias cognitivi sui quali sono scivolati i miei consultanti ed anche quelli sui quali - a volte - sono inciampato anche io. Ti prego con tutto il cuore di leggere ogni singolo punto delle prossime pagine perché ti aiuterà a capire quando la tua mente, o quella del consultante, sta per far naufragare il consulto. Amo anche pensare che affronterai i punti seguenti con onestà intellettuale e cuore aperto, senza trincerarti dietro ad uno schema difensivo che ti porterebbe solo a rifiutare alcune prese di coscienza. Qualora dovessi riscontrare, in modo oggettivo ed irrefutabile, la presenza di una specifica dinamica all'interno dei tuoi consulti, annotala e lavoraci. Lo stesso vale per i punti che rifiuti categoricamente.

1. Non esiste un criterio univoco di giudizio quando si tratta di valutare le decisioni e le azioni delle altre persone. In base al rapporto che abbiamo con gli altri (oppure alla loro stessa identità) tendiamo a

giudicare l'accaduto in modo diverso.

2. Le decisioni che prendiamo non sono tutte basate sulla logica. Anzi, minore è il tempo che abbiamo per decidere e maggiore sarà l'importanza delle nostre emozioni. Detto in modo ancora più semplice: una scelta rapida fa leva sulle emozioni e non sulla logica.

3. A volte stabiliamo che il destino non sia nelle nostre mani. Questo potrebbe essere tendenzialmente vero. Tuttavia, credere immancabilmente che un'entità superiore strutturi la tua realtà potrebbe farti più male che bene.

4. Non analizziamo i fatti in base alla totalità delle informazioni e delle conoscenze che abbiamo. Di contro, tendiamo ad accettare per vere ed uniche solo le informazioni che corroborano il nostro punto di vista.

5. Di fronte ad una scelta, le opzioni proposte non hanno realmente il medesimo peso. Inconsciamente siamo spinti ad accettare per buona la strada già battuta da altri o consigliata da qualcuno.

6. Quando valutiamo un evento crediamo che il nostro giudizio sia una diretta conseguenza di ciò che vediamo, ascoltiamo o processiamo con i nostri sensi. In realtà esiste un'infinita serie di informazioni che abbiamo interiorizzato in modo subliminale e che concorre a strutturare la nostra valutazione.

7. Per cercare di capire l'atteggiamento o la logica di qualcuno, ci basiamo sulla nostra stessa logica, trascendendo il fatto che siamo tutti esseri unici e non replicabili.

8. Tutto diventa una coincidenza e cerchiamo, in modo ossessivo, di

capire le curiose connessioni tra eventi che, al contrario, potrebbero non avere realmente una logica acausale. A volte le cose sono così come sono e basta.

9. Crediamo che la scelta migliore sia quella cronologicamente più nuova e completamente diversa da ciò che abbiamo pensato o fatto fino ad oggi.

10. L'idea proposta da una persona famosa o che esercita un ascendente su di noi diventa - automaticamente - quella che percepiamo come vera ed inattaccabile.

11. Di fronte ad una scelta abbiamo bisogno di capire se esistono dei precedenti. La positività o la negatività di questi precedenti determinerà anche la nostra valutazione, non capendo che i dati non sono realmente trasferibili.

12. Il passato recente viene visto come più importante rispetto al passato remoto. Anche in prospettiva del nostro futuro, valutiamo gli accadimenti più vicini come quelli che potrebbero verificarsi con più probabilità.

13. Più persone ci dicono la stessa cosa e più quella cosa ci sembrerà vera.

14. Quando delle prove oggettive decretano la poca validità della nostra idea, invece di capire le criticità di ciò che pensiamo, strutturiamo l'opinione che qualcuno ci voglia intenzionalmente depistare per non permetterci di comprendere la verità.

15. Confondiamo le nostre convinzioni personali con quelle di qualcun altro. A volte, infatti, non capiamo che non stiamo ragionando con

il nostro cervello, ma con idee inculcate da terzi.

16. Tendiamo a giudicare la bontà e la cattiveria di una persona in base a come si è comportata con noi e non al suo modo di comportarsi con tutti gli altri. Un pluriomicida che ti paga un caffè, non è una brava persona.

17. Una cattiveria - seppur inevitabile - fatta nei nostri confronti, cancella dieci buone azioni che la stessa persona ci ha riservato.

18. Ciò che è bizzarro o fuori dalla logica può essere visto come qualcosa di geniale. Di contro, ciò che è semplice e sotto gli occhi di tutti, difficilmente sarà inquadrato come tale.

19. Se per trionfare su una situazione impieghiamo la totalità delle nostre risorse, questa vittoria sarà giudicata come una sconfitta.

20. Inconsciamente crediamo che - sotto sotto - qualcuno penserà a risolvere il nostro problema oppure che un intervento divino (angeli, fortuna…) cercherà di sistemare la situazione al posto nostro.

21. Tendiamo ad impiegare più risorse del dovuto quando queste non sono tangibili. Per esempio, pagando con una carta di credito spendiamo più soldi rispetto a quando lo facciamo con i contanti.

22. Valutiamo le persone che sono in gruppo (e le loro idee) come "più valide" rispetto a ciò che pensa una persona da sola.

23. Valutiamo l'opzione che abbiamo scelto come migliore solo a posteriori; questo perché cerchiamo di giustificare la nostra scelta attribuendole tutti i pregi ed ignorandone i difetti.

24. Se ci troviamo davanti una persona bisognosa diveniamo empatici. Se ci troviamo davanti un gruppo di persone bisognose, il nostro livello di empatia diminuisce.

25. Quando abbiamo un pregiudizio su qualcuno, il nostro cervello cerca solo indizi a favore del nostro pregiudizio e non a discapito di questo.

26. Se ci siamo formati un'idea su qualcuno o su qualcosa e i primi due o tre riscontri corroborano il nostro giudizio, non scaviamo più a fondo per la paura di scoprire quegli elementi in grado di confutare la validità della nostra opinione.

27. Se tra due o più possibili strade da percorrere ne esiste una caratterizzata dalla presenza di maggiori informazioni, tendiamo a giudicarla come migliore, non capendo che - in realtà - dobbiamo prima studiare o trovare informazioni anche sull'altra strada.

28. Quando pensiamo al nostro passato lo deformiamo per armonizzarlo con ciò che pensiamo e facciamo oggi.

29. Facciamo minore fatica ad accettare un'informazione come vera che ad indagare se lo è davvero. Ecco perché siamo vittime di notizie false e di una spiritualità prêt-à-porter.

30. Quando ci troviamo davanti ad una scelta tra due o più opzioni, mettiamo la nostra attenzione su ciò che le differenzia e non su ciò che le accomuna. Questo porta inevitabilmente ad un giudizio fallace perché sviato dall'assenza di una visione di insieme.

31. Quando ci troviamo davanti ad una scelta tra due o più opzioni, nel

tentativo di rimandare la scelta, rimaniamo in uno stato di neutralità. Questa condizione non lascia realmente le cose come stanno: anche il non scegliere significa scegliere.

32. Quando ci troviamo faccia a faccia con un'altra persona, limitiamo l'espressione dei nostri pensieri onde evitare di recare disagio a chi abbiamo davanti.

33. Tutto quello che sappiamo diviene automaticamente qualcosa che anche gli altri devono sapere. In questo ci dimentichiamo del fatto che non abbiamo tutti lo stesso livello di consapevolezza, intelligenza e conoscenza.

34. Quando viviamo una grande gioia data dal raggiungimento di un risultato, entriamo nell'ottica che potrebbero sorgere dei problemi o dei rallentamenti in grado di inficiare questo sentimento positivo.

35. Il contrario della conoscenza non è l'ignoranza, ma è il non sapere quello che non si sa. Questo genera nelle persone una certa arroganza di fondo che li spinge a mettere su la facciata di chi non ha più nulla da imparare.

36. Crediamo che la vita proceda per assoluti e quando stiamo percorrendo la strada giusta per noi, allora tutto dovrà essere semplice. In realtà, esistono situazioni complesse e difficili anche su percorsi lineari ed affini alla nostra essenza.

37. Abbiamo la tendenza a credere che una scelta da compiere oggi debba essere perfetta dato che ci accompagnerà per il futuro. In realtà, gusti e preferenze cambieranno nel tempo vanificando la validità dei presupposti che caratterizzano il qui e ora.

38. Siamo convinti che tutto ciò che ci appartiene sia meglio di ciò che appartiene agli altri.

39. Difficilmente prendiamo per buono il fatto che ragioni interiori possano avere un peso sulle nostre scelte nella stessa misura delle ragioni esteriori. Per esempio, accettare un lavoro per uno stipendio più alto viene visto come "più naturale" rispetto a firmare un contratto per un piacere personale o una soddisfazione intima.

40. Abbiamo bisogno di credere che le persone attorno a noi pensino che le nostre idee siano normali e condivisibili, anche quando decidiamo di apparire anticonformisti.

41. Non ci rendiamo conto che tutti i racconti che facciamo degli eventi passati non sono mai una fotografia fedele di ciò che è successo. Tendiamo ad enfatizzare ciò che abbiamo amato o ciò che avremmo voluto sperimentare a discapito di ciò che non abbiamo amato o che non avremmo voluto sperimentare.

42. Pensiamo che porre l'attenzione sui più piccoli dettagli sia migliore di guardare la situazione da un punto di vista più ampio.

43. La forma è più importante della sostanza. Infatti, la modalità con la quale ci vengono fornite delle informazioni risulta essere determinante per il modo con il quale le andremo a valutare.

44. Quando cogliamo un elemento particolare, questo sembra presentarsi in modo ossessivo nella nostra quotidianità. In realtà, è solo il fatto di aver acuito la nostra percezione sensoriale che ci porta a cogliere quell'elemento più e più volte.

45. Davanti ad una data soluzione che ci viene proposta, cerchiamo di

capirne il senso più generale e di adattarne gli altri aspetti al nostro modo di vedere la questione. Quindi, non elaboriamo tutta l'informazione, ma la prendiamo come uno spunto per poi incanalarlo sui binari di ciò che vogliamo o sappiamo fare.

46. Quando parliamo di noi stessi, cerchiamo sempre dinamiche esterne che giustifichino i nostri pensieri e le nostre azioni. Quando parliamo degli altri, diamo valore ai loro sentimenti ed alle loro dinamiche interiori per spiegare ciò che hanno fatto o ciò che pensano.

47. Il fatto che un evento si sia ripetuto più e più volte in passato, non è una prova del fatto che potrebbe ripetersi anche nel presente. La statistica e la probabilità non sono mai una certezza.

48. Abbiamo la tendenza a definire qualcuno in base ad un'unica caratteristica che questo condivide.

49. Se iniziamo ad incanalare una serie di risultati positivi, pensiamo automaticamente che questi siano replicabili in modo sistemico anche per il futuro.

50. Tra un premio sul breve periodo ed un successo sul lungo periodo, preferiamo quasi sempre il primo al secondo.

51. Quando ci sforziamo per costruire qualcosa, tendiamo ad attribuirgli un valore maggiore rispetto a quello che ha realmente.

52. Ci infastidisce profondamente il fatto di pensare che qualcuno ci possa conoscere fino in fondo. Ecco perché crediamo inconsciamente di conoscere gli altri più di quanto gli altri conoscano noi.

53. Non capiamo che quando facciamo una previsione "sì o no", il fatto di indovinare un evento futuro è frutto di casualità e non di bravura personale. Ogni previsione nata da una bravura personale deve essere replicabile.

54. Abbiamo la tendenza a credere che siano gli altri a dover comprendere il nostro stato emotivo senza metterli nemmeno sulla buona strada.

55. Tendiamo a vedere una relazione di causa ed effetto anche in situazioni e dinamiche che non ce l'hanno affatto.

56. Tutti ci sentiamo superiori agli altri. Possiamo ritenerci più intelligenti, più belli o più simpatici. Se invece, le doti di una persona risultano più evidenti ed incisive delle nostre, allora procediamo per compensazione. Quando, per esempio, qualcuno risulta essere più simpatico all'interno di un gruppo, pensiamo che noi siamo più lungimiranti o intelligenti.

57. Vivere costantemente nel dolore non è una condizione necessaria per arrivare alla felicità. Il vero equilibrio e la vera armonia non richiedono una preparazione. Per arrivare in paradiso non devi necessariamente passare dall'inferno.

58. Quando ci sentiamo un pesce fuor d'acqua all'interno di un gruppo, pensiamo che quelle persone non appartengono alla nostra cerchia identitaria e concludiamo che, solo in altri contesti ed in altre relazioni possiamo tirare fuori la nostra vera essenza.

59. Qualora dovesse prospettarsi la possibilità di un premio, aumentano le probabilità di compiere azioni poco nobili.

60. Muovendoci all'interno di un discorso di probabilità, numeri, risultati e statistiche, dobbiamo sempre tenere conto della dimensione del campione analizzato. Due recensioni positive su un campione di due persone sono diverse rispetto a due recensioni positive su un campione di cento persone.

61. Quando incanaliamo una serie di risultati negativi, aumentiamo anche la possibilità di fallire in futuro. Di contro, quando incanaliamo una serie di risultati positivi, nonostante l'ottimismo e la fiducia in noi stessi, la possibilità di mantenere una media positiva non aumenta.

62. Il dolore e la perdita hanno un impatto maggiore rispetto alla possibilità di guadagnare o di vivere una situazione piacevole.

63. Giudichiamo il valore materiale di qualcosa in base a ciò che abbiamo e non in relazione a quanto - quella cosa - vale realmente.

64. Quando raccontiamo un aneddoto passato lo rendiamo più positivo o negativo in base alle emozioni che stiamo vivendo nel momento del racconto.

65. Persone che si sono sempre comportate in modo retto e con un'elevata morale, tendono a razionalizzare i momenti in cui sono stati disonesti o cattivi come a giustificare quel comportamento.

66. Anche quando la cosa per la quale una persona viene incolpata non è generata dalla sua volontà, ma da fattori esterni, il giudizio nei suoi confronti sarà sempre negativo, come a sottolineare un concorso di colpa.

67. Inspiegabilmente, decidiamo di fare qualcosa con più vigore ed entusiasmo quando non abbiamo certezza della ricompensa. Di contro, quando sappiamo ciò che ci aspetta al traguardo, il livello di motivazione è leggermente inferiore.

68. A volte la motivazione più semplice è quella corretta. Se non ti chiama potrebbe significare che non gli piaci abbastanza. Tutto qui.

69. Quando ci troviamo davanti a due opzioni, non diamo mai lo stesso peso agli aspetti positivi e a quelli negativi. Chi è ottimista di natura vedrà i pro, chi non lo è, si baserà sui contro.

70. Durante una conversazione, quando abbiamo qualcosa da dire, abbassiamo il livello di attenzione rispetto a ciò che sta riferendo l'interlocutore. I ragionamenti che precedono il nostro intervento sono spesso ignorati o non capiti.

71. Se qualcuno parla costantemente male di un individuo assente, colui che ascolta queste frasi tenderà a convincersi che quei pareri personali siano fatti reali. I suoi futuri comportamenti verso la persona assente saranno sporcati da questo strano pregiudizio innestato.

72. Anche se un'azione ed un'inazione portano ad un risultato ugualmente disastroso, si giudica con più severità l'azione che l'inazione.

73. Quando raccontiamo un evento come prova irrefutabile di un'idea o di un parere, dimentichiamo che un racconto di un fatto non ha mai realmente un "valore probatorio".

74. Molto spesso dimentichiamo che anche il tempo è un fattore

determinante per valutare la validità di una scelta o la pianificazione di un'idea. Ciò che andava bene ieri potrebbe non andare bene oggi o domani.

75. Nella valutazione di un evento come una relazione o una dinamica lavorativa, si tende a riportare con maggior lucidità ciò che è successo all'inizio e ciò che è successo alla fine, rendendo secondari i comportamenti e gli episodi posti in essere durante lo svolgimento dell'intera dinamica.

76. Si ha una strana tendenza a credere che un evento negativo sia generato da un unico comportamento o atteggiamento, quando - in realtà - bisognerebbe studiare la serie di concause che hanno portato a quel risultato.

77. Quando ragioniamo sul possibile sviluppo di un'idea, non riflettiamo mai abbastanza sul fatto che i nostri stessi pensieri, gusti e preferenze potrebbero cambiare nel tempo, rendendo inefficace un percorso che sta comunque procedendo proprio come da progetto.

78. Nell'esatto momento in cui facciamo una previsione futura a qualcuno, il suo inconscio si predisporrà per attenersi a quelle direttive come fossero una vera e propria profezia.

79. Se inconsciamente percepiamo qualcuno come fosse una persona nemica, avversaria oppure ostile, critichiamo le sue idee e riteniamo qualsiasi sua proposta illusoria ed ingannevole.

80. Nel valutare i possibili risvolti di una scelta, cerchiamo di cogliere gli aspetti negativi di ogni singola opzione e, la nostra decisione, tenderà solo ad evitare di scivolare proprio su quegli aspetti negativi, trascurando il fatto che non ci stiamo focalizzando sugli elementi

positivi.

81. Nella valutazione della validità di un'idea da sviluppare, crediamo che elementi a favore come coincidenze su nomi, date o eventi siano un fattore da tenere in considerazione a discapito di altri più oggettivi e verificabili.

82. Se qualcosa è disponibile in tempi scarsi e quantità limitata, il desiderio di averla aumenta in modo esponenziale.

83. Quando cerchiamo una persona o un esperimento per avere degli elementi sui quali riflettere prima di mettere in pratica la nostra idea, è necessario verificare se quella persona o gli esperimenti siano realmente in target con ciò che vogliamo fare, rappresentando così un valido supporto.

84. Tendiamo ad essere più competitivi, critici e cattivi con le persone che suscitano il nostro interesse e che riteniamo essere migliori di noi.

85. Durante una conversazione conoscitiva, le persone daranno delle risposte che si adegueranno al modo comune di ragionare anche se questo significa non mostrare la propria essenza.

86. Quando parliamo di un individuo inserito all'interno di un contesto comunitario, come per esempio una famiglia o un partito politico, attribuiamo le sue caratteristiche a tutto il gruppo, siano esse positive o negative.

87. Siamo quasi incapaci di dividere un ricordo reale da uno sporcato dalle opinioni di altri individui che hanno giudicato ciò che è successo.

Questi 87 punti sono fondamentali da conoscere. Non puoi usare i Tarocchi se non lavori sugli aspetti appena proposti. Inoltre, diviene ancora più importante capire che, a differenza della cartomanzia, con il Tarot non cerchiamo di imporre una visione del futuro univoca alla persona che è venuta a farsi leggere le carte. Tutto procede in base ad un dialogo mirato e si prende come assioma il fatto che, il modo di vedere la questione del consultante, sia anche il modo con cui lui stesso costruisce sistematicamente il proprio strato di mondo. Ed è proprio dal modo in cui la persona racconta i fatti che noi iniziamo ad incanalare una lettura. Detto in modo più semplice: il modo di condividere la propria visione è rappresentativo del livello di coscienza di qualcuno ed i Tarocchi sono una fotografia di quel dato livello di coscienza.

Devi fare però attenzione a scindere una coscienza alterata da una coscienza centrata. Ricordo molti anni fa una serie di consulti che diedi ad una signora dolce, sprezzante di curiosità e cultura. Continuava a parlarmi di problemi familiari molto pesanti e cercavo di aiutarla con tutte le mie forze anche perché, nel mio cuore, l'avevo presa in simpatia. Mi raccontava aneddoti e situazioni disastrose ed io cercavo di districarmi nel labirinto simbolico, al fine di fornirle messaggi utili. Dopo quasi un mese sono venuto a scoprire che la signora soffriva della sindrome di Capgras. Il delirio di Capgras fa parte di quei disturbi neuropsichiatrici costituiti da false credenze che una persona mostra su qualcuno o su qualcosa in assenza di prove adeguate a sostegno. Nello specifico, chi soffre della sindrome di Capgras è convinto che una persona a lui (o a lei) legata in ambito affettivo-familiare sia stata sostituita da un sosia. Il doppione è solitamente il coniuge o un parente più o meno stretto. Nella maggioranza delle volte, il sosia viene percepito come un impostore ed è trattato con ostilità.

Quando ho scoperto la condizione psicologica della consultante, mi sono dovuto mettere davanti ad uno specchio, cercando di capire a chi stavo dando realmente i consulti. Da un punto di vista razionale, avevo sbagliato tutto e potevo cancellare un mese di lavoro. Ero avvilito e giù di morale, nella consapevolezza che un errore del genere avrebbe anche potuto acuire una condizione psicologica già di suo precaria. A livello spirituale, dovevo però ammettere che potevo sì essere entrato in contatto con una visione distorta del mondo, ma anche con una visione lucida di un mondo distorto. Chissà su quale linea della vita ci avrebbe portato un lavoro inteso in tal senso? Questo mi è anche servito per strutturare una metodologia di lavoro per la quale, durante un consulto, faccio correre parallele due strade: sulla prima decodifico il messaggio del Tarot in base a quello che sta dicendo il consultante. Sulla seconda, estrapolo un messaggio extra ordinario ed oggettivo indipendentemente da ciò che è emerso durante il dialogo preliminare. Si crea così una sorta di discrepanza arricchente tra il soggettivismo della persona ed il messaggio sopra le parti del Tarocco. Da qui, può partire il confronto. Io credo che, impostando il consulto proprio come un confronto che possa - in qualche modo o in qualche forma - aiutare il consultante, non c'è più nulla da perdere e nulla da guadagnare. Possiamo sempre rettificare un errore ed andare avanti con la lettura. È il dialogo con l'altra persona ad essere importante e non il dire dieci frasi sperando che siano corrette o, peggio ancora, prevaricando il consultante e costringendolo a credere che sia lui a sbagliare e non noi. Credimi, i Tarocchi procedono sempre così, per tutti. È questo dialogo che permette di costruire la "giusta risposta", che poi siamo sempre noi. Ecco, smettila di usare il Tarot per cercare risposte. Tu sei la risposta.

Tarot, She Wrote

Da piccolo non avevo idea di cosa fosse l'intuito. Non sono nemmeno cresciuto in una famiglia vicina ad uno stile di vita e ad un livello di coscienza affine a questo stato di cose. Di contro, da che ho memoria, mi sono sempre basato sulla deduzione. Per farti capire quanto io sia vicino al mondo deduttivo, posso solo dirti che invece dei cartoni animati, macinavo puntate della "Signora in Giallo" e non perdevo un film di "Sherlock Holmes". Quando ho iniziato a studiare i Tarocchi, pensavo di poter approcciare alla materia sfruttando proprio il mio lato deduttivo. A dirlo adesso fa quasi sorridere, ma allora non pensavo nemmeno lontanamente che il mio ragionamento potesse nascondere insidie su più fronti. Cercare di applicare la deduzione allo studio ed alla lettura dei Tarocchi significa elaborare dei processi logici e mentali nemici dello strumento in sé. Questo perché il Tarocco poggia su una struttura simbolica ed il simbolo, tra le tante proprietà, ha proprio quella di sviluppare l'intuito, che è una dote in completa contrapposizione al mondo deduttivo.

Lo ammetto senza vergogna e senza troppi problemi: ho dovuto lavorare moltissimo per sviluppare la mia intuizione. Non si tratta tanto di rinnegarla, ma di non sapere nemmeno bene cosa fosse. Quindi, a monte, ho dovuto creare una consapevolezza al riguardo, sudando giorno dopo giorno, maneggiando quotidianamente i Tarocchi, facendo più di 1.500 consulti ogni anno e cercando di attenermi il più possibile alla simbologia per evitare di scivolare sull'errore di vedere nelle carte quello che io avrei voluto vedere, per me stesso e per i miei consultanti. Tutte le volte che i miei consulti partivano dall'intuito, questo degenerava subito nell'immaginazione che è sicuramente utile in dinamiche artistiche, ma completamente inutile quando si tratta di Tarocchi. L'unico modo per rimanere sui binari intuitivi è quello di leggere il simbolo. Partendo da questo presupposto, comune ed oggettivo a tutti i lettori, l'intuito si sviluppa quasi autonomamente.

Ora, sto toccando un argomento scomodo perché è difficile spiegare che cosa significa "sviluppare l'intuito" o "sfruttare l'intuito". L'idea che mi sono fatto negli anni è che questa dote si palesa in modo diverso in ognuno di noi. Parlando con altri lettori di carte o persone affini al mondo spirituale ed energetico, mi è stato detto che c'è chi sente l'intuito come una voce che gli rimbalza in testa, altri come immagini che si palesano davanti ai loro occhi. Personalmente non mi è mai capitato di sentire voci o vedere immagini davanti a me che guidassero la mia attenzione o che mi fornissero delle risposte. Per me l'intuito è qualcosa di emotivo o di fisico. Per esempio, se devo fare una scelta, a monte non ragiono molto su quale strada prendere, ma sono sempre colto da un senso di agio o di disagio in relazione ad una o all'altra prospettiva. Credo che quella sia la mia anima che si sta esprimendo e - quindi - tendo a fluire con le piccole sensazioni che arrivano. Ecco, nella vita di tutti i giorni, trascendendo i Tarocchi, credo che il mio intuito si manifesti con sensazioni di gioia, felicità, equilibrio ed armonia oppure di tristezza, disagio, rabbia o confusione. Di contro, quando mi trovo a leggere le carte e a decodificare il messaggio mandato dagli Arcani, allora l'intuito si manifesta per mezzo del mio corpo. È come se diventassi una tela bianca sulla quale determinate emozioni si vanno ad imprimere.

Per spiegarti meglio il concetto farò prima a portare alla tua attenzione un esempio pratico preso dai miei consulti. Un consultante mi chiese riguardo un cambio di casa. Estraendo le carte per il suo consulto, iniziai la lettura incanalando il messaggio per mezzo dei simboli che avevo sotto gli occhi. Un Arcano presente era La Luna e - quindi - si poteva dedurre un passaggio da una casa all'altra, proprio grazie alla presenza di due strutture. Quella è la parte razionale, ovvero il momento esatto in cui inizio a conformare il messaggio che mi sta arrivando per mezzo dei simboli. Poi, dopo qualche secondo, cado in un profondo stato di contemplazione che trascende la logica e l'analisi, ma che entra in una dinamica che non posso spiegare completamente. La mia attenzione può essere calamitata dal fatto che le case de La Luna sono in relazione all'acqua e, contemporaneamente, posso sentire una strana sensazione di bagnato ai piedi, come quando, durante una scampagnata, ci capita di mettere il piede in un ruscello ed il calzino rimane fastidiosamente intriso di acqua.

In quel caso faccio una semplice "somma" perché penso che l'Arcano XVIII mette la struttura in relazione all'acqua ed anche i miei piedi sono bagnati. Allora posso intuitivamente pensare che questo cambio di abitazione sia una diretta conseguenza del fatto che la casa abbia un problema di allagamento (acqua ai piedi della struttura) oppure di umidità alle fondamenta che comporta la presenza di muffa. Questo è quello che mi succede sempre, in ogni singola lettura. Ovviamente non parlo della sensazione dei calzini bagnati, ma di sensazioni fisiche che possono poi essere ancorate alla simbologia del Tarocco al fine di riportare un messaggio alla persona che è venuta a farsi leggere le carte.

Ecco un altro esempio. La scorsa settimana una signora mi chiese riguardo un problema di sua figlia. Tra le lame estratte ce n'erano alcune che mi parlavano chiaramente di una situazione di disagio da parte della ragazza. Tra queste, ricordo bene l'Arcano XIII e La Stella. Ora, il duo iniziò ad agire anche su di me. In quel caso specifico ebbi una fastidiosa sensazione di nausea, come dei conati, e allora chiesi immediatamente se fosse un problema di bulimia o di gravidanza. Purtroppo, era bulimia.

Ecco, la cosa straordinaria è che più del 90% delle volte le persone confermano queste intuizioni. Questo permette di scendere ad una profondità del tiraggio alla quale non potremmo mai arrivare rimanendo su un discorso puramente razionale o accademico. Ammetto anche che, a volte, non riesco chiaramente a fare questa somma tra elementi e - quindi - ho bisogno che il consultante mi dia una conferma, una messa sulla via. Questo è il caso di una ragazza che mi aveva chiesto come poter migliorare la sua situazione lavorativa e le carte estratte furono:

La Giustizia-Il Mondo-La Casa Dio

Nella mia testa continuava a rimbalzare l'idea del: "tagliare animali, tagliare animali, tagliare animali". Ho pensato al fatto che potesse essere una veterinaria, ma sbagliavo. Lavorava in una macelleria. Certo, anche chi lavora in una macelleria taglia la carne, ma in quel frangente non mi era proprio venuto in mente. Come vedi, anche a livello intuitivo, nonostante il messaggio sia lì, davanti a me, a volte, per decodificarlo pienamente, ho bisogno di un confronto attivo con il consultante. Ecco, credo che, da questo punto di vista, più che indovinare o sbagliare, sia importante sottolineare quanto l'intuito debba danzare con la ragione, concorrendo a creare un dialogo mirato e sottile con l'altra persona. Questo ha lo scopo di aiutarla, facendole prendere coscienza del fatto che può realmente strutturare il suo strato di mondo come meglio crede e come meglio sente. Ragione ed intuito, via secca e via umida, Forza Interna e Forza Esterna. Ogni lettore di Tarocchi deve ancorarsi allo studio razionale per permettere all'intuito di attecchire e crescere piano piano, come uno stelo che ogni giorno, da timido e fragile, diviene sempre più forte e vigoroso. Una volta fiorito, l'intuito è un super potere da utilizzare anche oltre la tua pratica tarologica. Puoi impiegarlo nella tua quotidianità. Da qui parte anche una profonda rivalutazione del senso stesso di una lettura di carte. Quando finisci una meditazione con il Tarot, concediti del tempo per far sedimentare quelle informazioni dentro di te, fino ad una comprensione che va oltre ciò che è stato detto durante il consulto. E poi, metti in pratica quelle nuove consapevolezze. Una presa di coscienza, se non viene messa in pratica, non è poi così funzionale per raggiungere il tuo equilibrio. Permettimi di spiegare meglio. Ammettiamo che, dopo un consulto di Tarocchi, comprendi una cosa importantissima: per mandare avanti in modo ottimale la tua attività, devi creare delle relazioni lavorative più solide. Questo è meraviglioso. Una volta che l'hai capito, è necessario impegnarti quotidianamente per espletare queste frequenze: partecipa ai seminari, contatta persone, crea un movimento di gente attorno al tuo lavoro oppure al tuo prodotto. Se non agisci, non ottieni nulla. L'unico modo per avere successo senza muovere un dito è sognare. Nei sogni la realtà non genera attrito con l'intenzione. Puoi fare tutto e tutto ti riesce. Nel mondo reale è diverso. Ecco perché è meglio impegnarsi nella pratica della vita cosciente piuttosto che uccidersi di sogni interiori. La realtà differisce dal sogno per l'inerzia della realizzazione materiale. Quindi anche i tempi saranno dilatati.

Come ho già spiegato nel mio libro "Tarot - Un Modello Pratico", è difficile tracciare una linea dove finisce il piano metafisico ed inizia quello fisico, ovvero dove la consapevolezza deve lasciare il posto all'azione. Diciamo che la Forza Interna si adatta perfettamente a quella Esterna quando la coscienza si connette, si armonizza e si fonde con l'inconscio. Tuttavia, ripeto, questo confine è sfuggevole. Possiamo dire che, quando la consapevolezza che hai ricevuto da una lettura di Tarocchi ti ha permesso di lanciarti in un processo ed inizi a vedere i risultati, provi una sensazione simile alla caduta libera o al disagio di guidare per la prima volta un'automobile. Forse il concetto si spiega meglio quando parlo della sensazione di cadere in un sogno. Nella realtà cogli un elemento che hai già valutato grazie al Tarot ed è lì che subentra, fugace, quella contrazione allo stomaco. Non è predizione, ma comprensione di qualcosa che finalmente è, perché è sempre stata. In quel momento, il mondo interiore si sta palesando, conformando quello esteriore. Ecco dov'è il vero confine.

L'Autore

Francesco Guarino è un conferenziere, studioso di psicologia sociale e rinomato pioniere nel tracciare un ponte tra scienza e spiritualità. Prima di fondare la sua scuola di Tarocchi ha studiato direttamente con i Mastri Cartai la Tradizione dei produttori di carte.

È il creatore del *Metodo TdM*, un modello innovativo di studio e di interazione con i Tarocchi di Marsiglia in grado di sviluppare l'intelligenza dell'individuo per mezzo delle relazioni simboliche tra gli Arcani.

Per diffondere in modo capillare il suo insegnamento ha fondato scuola TdM, un polo di formazione e condivisione sui Tarocchi di Marsiglia. Dal 2011 si divide tra l'Europa e l'Asia per veicolare il suo insegnamento e dal 2017 ha iniziato ad esportare il suo lavoro anche in America.

Dopo un'attenta analisi storica e filologica, nel 2019 ha riportato alla luce l'antico splendore del Tarocco di Marsiglia producendo un mazzo di carte che ha per base la struttura del TdM di tipo II, ovvero il modello tradizionale per eccellenza.

Le doti di Guarino sono la chiarezza e la semplicità. Sono queste caratteristiche a rendere comprensibili ad ogni individuo i complessi insegnamenti che trasmette attraverso i suoi seminari.

Per il mercato italiano è webmaster della community tarologica *tarocchi.blog* e fondatore di *clicktarot.net*. Attraverso i suoi domini on-line raggiunge un milione e mezzo di studiosi, amanti e appassionati di Tarocchi ogni anno.

Scrive regolarmente libri di natura psicologica e spirituale.

La missione di Francesco Guarino si estende oltre i confini della formazione e del benessere personale. È infatti attivamente impegnato nell'aiuto ad associazioni no-profit che si occupano di diverse cause umanitarie tra cui: l'assistenza specialistica domiciliare e gratuita ai malati di tumore (anche in fase terminale), la prevenzione oncologica gratuita, la costruzione di scuole in Africa e la salvaguardia dei bambini dalle tratte sessuali. Tra i valori che sostengono la filosofia di Guarino ci sono: la salvaguardia della dignità di ogni persona, il diritto all'istruzione indipendentemente dalle credenze o dal reddito e l'uguaglianza tra gli esseri viventi aldilà di ogni possibile differenza.

Printed by Amazon Italia Logistica S.r.l.
Torrazza Piemonte (TO), Italy

53971054R00238